プラグマティズム、公共、道徳

教育の新たな可能性を求めて

柳沼良太 著

あいり出版

●はじめに

◆問題の所在

　「人はどう生きるべきか」「社会をどう築くべきか」「人と社会をどうつなぐか」。変化の激しい不確実な時代に、我々の想定を超えた問題が次々と現われてくると、こうした根本的な問いが改めて浮上し、真摯に議論されるようになってくる。たしかに社会が高度な情報化やグローバル化によって大きく変貌を遂げつつあり、AI（人工知能）に代表される科学技術も著しく進展している。こうした状況下で来たるべき将来の可能性に期待が大きく膨らむ一方で、今後の見通しの不透明さや暗さに漠然とした不安感や危機感も高まっている。

　こうした新しい時代に対応した生き方や社会のあり方を求めて、古くからある諸学問の理念や原理・原則を改めて持ち出し、より合理的な生き方や統制的な社会のあり方を提示する向きも強まっている。ただ、従来の知識体系や価値規範がもはや通用しなくなり、既存の社会制度やシステムが機能不全を起こしている中で、昔ながらの観念論や精神論に基づいて絶対的で合理的な原理・原則を万人に強要しようとしても無理が生じるだろう。

　一方で、新しい時代に次々と起こる問題状況を従順に受けいれて、諦念しつつ場当たり的に新しい環境に順応することで、許容された自由を享受しながら柔軟に生きようとする傾向もある。しかし、思考や行動の指針となる理論的基盤や人間として大切な道徳的原理・原則も投げ出して、その時々の問題に振り回され右顧左眄しながら節操なく条件反射的に行動するようでは、さらなる混乱や危険を招いてしまうだろう。

　それぞれの時代や社会の状況を強く反映する学校教育でも、同じような事態が起きている。一方では、新しい時代に次々と起こる問題状況（学力低下、教育格差、ネット・トラブル、規範意識の低下、人間関係の希薄化、自尊感情の低下、いじめ、校内暴力、不登校など）に対して、学校では基礎基本となる知識・技能を徹底して教え込み、規範意識や道徳意識を育成して、ゼロ・トレランスの生徒指導で規律ある学校生活を徹底させようとする向きもある。他方では、子どもの主体性を最大限に尊重して対話的に指導することが推奨され、また繊細で傷つきやすくなった子どもの心に寄り添い、カウンセリング・マインドで共感的に理解し支持しながら教育相談することも求められている。

　しかし、子どもを取り巻く教育環境は大きく変わっているため、学校側も前代未聞の新たな問題に対して十分な計画的で統制的な管理（カリキュラム・マネジメントやリスク・マネジメント）ができず、その対応が後手に回ってしまうことも少なくない。20世紀末から学校では教育活動全体を通して「生きる力」を総合的に育成すること

が求められきたが、子どもたちが将来出合うであろう諸問題を事前に予測して、実際にそれらの問題を解決し得る資質・能力を育成するためには、根本的に指導法を質的に転換し、抜本的に改善・充実を図らなければならない。

このように大きく変動する時代の社会状況や教育状況を冷静に見据えて、確たる答えのない諸問題にも具体的かつ柔軟に対応するために考案され構築されてきたのが、プラグマティズム（pragmatism）の理論であった。

◆なぜ今、プラグマティズムか

わが国では、かつてプラグマティズムが「実用主義」「実際主義」などと訳されていたこともあり、単に実用性や結果だけ重視する考え方などと誤解や曲解を受けることが多かった。昨今の一般社会においても、よい意味でも悪い意味でも口にされるプラグマティズムだが、もともとは時代が大きく変貌を遂げる時期に、人間の生き方や社会・教育のあり方をダイナミックに変革するための根本的で有力な思考ツールであった。

そもそも哲学史上で知られているプラグマティズムとは、アメリカの哲学者であるパース（Charles Sanders Peirce）が提唱したものであり、その後にジェイムズ（William James）やデューイ（John Dewey）らが多分野で発展させ、アメリカを中心に世界中に普及していった。昨今ではこれらを「初期プラグマティズム（early pragmatism）」あるいは「古典的プラグマティズム（classic pragmatism）」と呼ぶことが多い。

この古典的なプラグマティズムは、従来の形而上学や観念論につきまとう思弁性（実践や経験を介さない考え）を克服して、観念や理論を実際の人間の問題や社会の問題を解決するために役立てようとする考え方であった。その意味では、プラグマティズムは、昔ながらの哲学的な観念論よりも科学的な実験方法に近い。事実に基づいて仮説を立て、実践・経験によってその仮説の有効性を検証・省察して、そこから仮説の改善・改良をくり返すというプラグマティックな発想は、現実を見据えて理想を追求する仮説・実験型の思考モデルとして受容されていった。

それゆえ、古典的プラグマティズムは、多方面で汎用可能性が高く、哲学という狭い学問領域をはるかに超え出ていくことになる。例えば、教育学、倫理学、政治学、社会学、心理学（カウンセリングを含む）、経済学（経営学を含む）、宗教論、芸術論（美学を含む）など多種多様な分野に幅広く取り入れられるようになった。このように古典的なプラグマティズムは、とても実用的かつ現実的であり、かつわかりやすくもあったため、一般に広く普及していった。その一方で、世俗化されるにつれ多くの誤解や曲解を招くことにもなり、その評判は毀誉褒貶が相半ばすることになった。

歴史的に見ると、哲学の分野では、論理実証主義や論理経験主義からプラグマティ

ズムの論理的な曖昧性を批判され、後に言語哲学や分析哲学が隆盛することになった。政治の分野では、プラグマティズムの折衷主義的な立場が当時のナチズムや共産主義の全体主義に対抗できないと見なされ批判された。教育の分野では、プラグマティズムと関連した進歩主義教育や問題解決学習が、学力低下をもたらしたり学校の規律を乱したりすると見なされ批判された。こうして1950年代後半以降にプラグマティズムは徐々に影響力を失っていくことになった。

　それに対して、1980年代頃からはプラグマティズム・リバイバルと呼ばれる現象が起きてきたことも知られている。この頃からクワイン（W.V.O.Quine）、パットナム（H.Putnam）、ローティ（Richard Rorty）などの有名な哲学者が、プラグマティズムを分析哲学や言語哲学や解釈学の見地から再評価するようになり、「ネオ・プラグマティズム」や「ニュー・プラグマティズム」を提唱するに至ったからである。近年も哲学分野では、ローティの弟子にあたるブランダム（Robert Brandom）やマクダウェル（John McDowell）をはじめ様々な新しいネオ・プラグマティズムが台頭していることも注目に値する。

　社会学や政治学の分野でも、批判理論やネオ・マルクス主義、フェミニズム、キリスト教的社会思想、美学、環境倫理学、生命倫理学などが次々と積極的にプラグマティズムを再評価して、それに基づいて人間の生き方や社会のあり方を改革しようとする機運が高まっていった。

　教育の分野でも、1980年代から子どもが新しい社会に対応するためには自ら考え主体的に判断し行動する資質・能力を育成することが求められるようになり、プラグマティズムに基づく問題解決的な学習や体験的な学習、探究学習などがアクティブ・ラーニング（主体的・対話的で深い学び）の代表的なスタイルとして重視されるようになっていった。

　こうしたプラグマティズム・リバイバルには、1980年代頃から台頭するポストモダン的な思想状況や社会状況とプラグマティズムとの相性がよかったことも好影響を及ぼしている。ポストモダンの思想では、それまで社会で信じられてきた壮大な物語が時代に合わず無効化していることを宣告し、自律的な理性的主体という理念や整合的な体系哲学に対抗して、個々の差異性や偶発性を尊重する。こうしたポストモダンの考えは、プラグマティズムと親和性が高かったのである。

　このように思想上の流行や衰退をくり返してきたプラグマティズムではあったが、20世紀末のポストモダン的な思想状況を通り過ぎ、グローバル化や情報化が高度化して社会が複雑化し、価値観がますます多様化する今日において、各分野でその真価が再評価されるきたと言えよう。

◆公共的問題に向き合う

　近年では、人の生き方や社会のあり方を根本的に見直すために、「公的なもの」と「私的なもの」との関係性に焦点を当てる公共哲学が注目されている。昔のように党派間でイデオロギー的な政治的見解を叫び合う論争というよりも、NHKの白熱教室で有名になったサンデル（Michael J. Sandel）の講義のように、公共的問題を現実的にどう解決するか、自分ならどう行動するかを考え議論（熟議）することが関心の的になってきている。

　こうした公共的問題や社会的問題に取り組むうえでも、プラグマティズムは応用されてきた。プラグマティズムは、公共哲学を昔ながらの観念論で基礎づけるわけではないが、かといって現体制を根本から批判し対抗するラディカルな立場でもない。プラグマティズムは現実的な社会条件に留意しつつ、人間としての理想を掲げ、社会を改善・改革していこうとする立場をとる。このように社会主義や国家主義と個人主義や自由主義とが覇権争いをして拮抗していた時期に、プラグマティズムは第三の道を模索してきた。つまり、個人を生かしながら民主主義社会を築く方策、社会に貢献することを通して個人の自己実現を生かす方策があることをプラグマティズムは見出してきたのである。

◆道徳教育を考える

　個々人の差異性や主体性が尊重され、価値観がますます多様化する今日、学校では「自己の生き方」や「人間としての生き方」をどう教えるかが模索されている。こうした中で、道徳教育の拡充がめざされ、わが国の公立の小・中学校では道徳授業が「特別の教科」として新たに教育課程上に設置された。その延長線上で高校においても新たに公共科を設置することになった。

　しかし、これまでわが国の道徳授業は、国語科のように読み物教材で登場人物の心情を読みとらせ、ねらいとする道徳的価値を教え込む旧式の指導法が主流であった。また、従来の倫理・社会の授業は有名な哲学者や思想家の理論を紹介する程度であった。こうした教科書の読みとりレベルの授業は、既にわかりきったことを言わせたり書かせたりするだけで、実効性がなく、子どもが自ら道徳的問題を考え主体的に判断する資質・能力を養えないことが問題視されてきた。ここでも子どもが道徳的・倫理的・公共的な諸問題を主体的に考え協働して議論する授業に質的転換を図るべく、プラグマティズムの発想を取り入れ、指導法の枠組みを再構築することが求められてきた。

◆本書の内容構成

　以上のような問題意識から、本書では、新旧のプラグマティズムの考え方を根本的

に理解し直すと共に、それを人間の問題や社会の問題にどう活用すべきかを考える。そのため、本書はプラグマティズムの入門書ではないが、世間で一般的に考えられているプラグマティズムの印象論に引きずられないように、プラグマティズムの定義やその変遷をまずおさえておきたい。また、今日のプラグマティズムは専門分化して多種多様にあるが、筆者の基本的立場はジェイムズ、デューイ、ローティに共通する改良主義的で民主主義的なプラグマティズムである。そうしたプラグマティズムの見地から、現代の時代状況や社会状況を読み解き、答えの不確かな今日的な諸問題（特に公共性や道徳教育に関わる諸問題）の解決に取り組みたいと考えている。

　第1章では、21世紀の新しい時代状況や社会状況を見据えて、新旧のプラグマティズムの理論を全般的に概観する。パース、ジェイムズ、デューイに代表される古典的プラグマティズムやローティに代表されるネオ・プラグマティズムの特徴を紹介し、論者の類似点や相違点を示していく。同じくプラグマティストと言っても主張は多種多様であり、それぞれの立ち位置を確認しておかないと結論が大きく変わってくるし、それを他の学問分野や諸問題解決に役立てようとしてもうまくいかないから、留意したいところである。

　第2章では、プラグマティズムの思想をさまざまな学問分野（公共哲学、宗教、教養教育、教育哲学、論理学）と関連づけながら、その思想的特徴を多面的に検討する。プラグマティズムは、単なる観念的な理想主義ではないが、かといって現状に追随する現実主義でもなく、実際の人間の生き方や社会のあり方に関する問題を解決するために活用できる「生きて働く理論」である。また、プラグマティズムは単に仮説・実験・検証をベースに試行錯誤をくり返す科学主義ではなく、人間のよりよき成長や社会のさらなる発展を追求して協働探究するための理論でもある。そうした点でプラグマティズムが他の学問分野にどう活用されてきたか、今後どのように活用できるかを示していく。

　第3章では、プラグマティズムと道徳教育を関連づけて検討する。まず、デューイのプラグマティズムや教育理論が道徳教育をどのように捉えているかを検討する。次に、「特別の教科」となった道徳授業のあり方を検討する。これまで道徳授業は国語科の物語文の読みとりのような指導法であったが、これからは問題解決的な学習を取り入れた「考え、議論する」指導法に質的転換することをめざしている。この時、問題解決的な学習の理論的基盤となるプラグマティズムの理論を有効活用することが大事になる。

　第4章では、先に検討した道徳科と各教科等（社会科、理科、家庭科、特別活動、カウンセリングなど）の指導法を比較検討する。プラグマティズムの見地に立つと、道徳科こそ各教科と密接に関わっており、学習スタイルも問題解決的な学習や体験的

な学習を取り入れることで共通する。「考え、議論する道徳」を他の教科・領域と関連づけることで、実効性のある道徳科のあり方を追求したい。

　第5章では、プラグマティズムの思想を体現するアメリカにおける教育の実情を検討する。まず、アメリカの人格教育（キャラクター・エデュケーション）においてプラグマティズム的な発想がどう生かされているかを検討する。特に人格教育の指導法と評価法に注目したい。次に、多様化するアメリカの大学教育に着目して、その形態や指導法においてプラグマティズムの発想がどう生かされているかを見ていきたい。

　プラグマティックに考えると、生き方が変わり、教育が変わり、社会が変わる。こうした発想を現場の実践でいかに応用・汎用すればよいか、多様な学問分野で思考実験した成果を本書で示すことにしたい。

2019年1月15日

柳沼良太

●目次

第1章　新旧のプラグマティズムとは何か

　プラグマティズムとは何か。プラグマティズムに新旧があるのか。

　プラグマティズムは「実用主義」や「実際主義」などという訳語のイメージから中途半端に理解され、その誤解や曲解にもとづいて毀誉褒貶されることが多い。また、教育や政治などの実践的領域ではプラグマティズムが単なる「経験主義」や「道具主義」と混同されると、教育や社会の実践場面では形骸化や放任化の弊害さえ起こってくる。そもそも同じようにプラグマティズムと呼ばれる思想的立場でも、新旧では大きな違いがある。多様なプラグマティズムの論者がおり、それぞれの主張が異なっている。そこでまず、プラグマティズムの根本原理や多義性を理解するために、プラグマティズムの変遷について順を追って概観していきたい。

　1節では、パース、ジェイムズ、デューイに代表される古典的プラグマティズムを大枠で理解するために、その基本的立場を凝縮して示したい。一般的なプラグマティズムのイメージはここだけでも十分把握できるだろう。

　2節では、古典的プラグマティズムに関する深い理解をめざす。同じく古典的プラグマティストと呼ばれるパース、ジェイムズ、デューイの主張も実は大きく異なるところがある。それゆえ古典的プラグマティストの主張をそれぞれ詳しく取り上げ、その類似点と相違点を明らかにする。

　3節では、古典的プラグマティズムを批判的に継承するネオ・プラグマティズムのあり方を示す。特に、ローティの提唱する反表象主義や反基礎づけ主義の立場、啓発的哲学や治癒的哲学などの特徴的な見解を明らかにしていく。

　4節では、新旧のプラグマティズムを比較し、その類似点と相違点を検討する。特に、ジェイムズ、デューイ、ローティに共通した路線に注目し、その今日的意義や可能性を探ることにしたい。

　5節では、ローティ以降の多様なプラグマティズムの立場を検討する。批判的プラグマティズム、フェミニスト・プラグマティズム、預言的プラグマティズムなど社会改革と関連したものもあれば、ブランダムやマクスウェルのように哲学的発展をめざす動向もある。

1節　古典的プラグマティズムの基本的立場

はじめに

　プラグマティズムとは、ある観念（概念、思想）を実際の行為に移した際に、その結果の有効性によってその観念の意味や真理性を判断しようとする哲学である。言い

かえると、ある考えを実際の行為に移して、その結果からその考えの正当性や妥当性を判断しようとする哲学である。

　19世紀末に誕生したプラグマティズムは、観念を当時の宗教や形而上学に基づいて演繹的に規定することに異を唱えた点で画期的であった。一方で、プラグマティズムは、経験主義に基づき単なる試行錯誤によって観念を帰納的に規定することにも同意していない。プラグマティズムは基本的に科学的な発想を用いて、観念を行為に移した際の結果を考えることで、その観念を明確にしようとしたのである。こうした発想を論理学の問題だけでなく、さまざまな学問領域の問題解決にも役立てようとしたことで、その適用範囲や応用範囲は飛躍的に広がっていった。

　ただし、同じく初期のプラグマティストと呼ばれるパース、ジェイムズ、デューイでも、それぞれ独自に解釈し再定義している点に留意する必要がある。

1　パースのプラグマティズム

　プラグマティズムの創始者であるパースは、もともと実験科学者であり、「信念を固める方法」としてプラグマティズムを提唱している。彼はプラグマティズムの格率（Maxim）を次のように定式化している。「私たちの観念の対象が、実際的な影響があると思われる、どのような効果をもつと私たちが考えるか、ということを検討しなさい。その時、こうした効果に関する私たちの観念が、その対象に関する私たちの観念の全体である」(1)。

　このようにパースは、観念を明晰に理解するために、その観念を行動に移した結果として生じる効果に注目することを主張したのである。当時の哲学界で主流であったカントの観念論であれば、定言命法（無条件に「～しなさい」と命令する）を重視して、観念を形而上学的に定義づける。それに対して、パースはあえて仮言命法（条件付きで「～ならば、～しなさい」という命令）を重視して、観念を実験科学的に定義づけようとしたのである。例えば、「固さ」であれば、ある物を別の物にぶつけてみて、別の物が引っ込んだり傷ついたりした場合、それがある物の「固さ」の意味になる。

　また、パースは問題解決の方法を可謬的で蓋然的な信念を形成する過程に求めた。彼は疑念を暫定的に解消する信念の形成過程として、（1）固執の方法、（2）権威の方法、（3）ア・プリオリの方法、（4）科学の方法を挙げている(2)。

　（1）の固執の方法は、主観的で自己中心的な考え方になりがちであり、（2）の権威の方法は、ある共同体や国家による強制になりがちで、歴史的・地域的に限定された考え方に過ぎず、（3）は形而上学に基づく理性的な考え方であるが、独善的になりがちである。それに対して（4）の科学の方法は、既存の信念に疑念が生じたときに推論によって仮説を形成し、他者と議論することで合意を図り、新しい信念を確立するこ

とができる。こうした問題解決の論理こそが、真理を協働探究して知識を拡大させることを可能にするとパースは考えたのである。

　このようにパースのプラグマティズムは、実際の行動や実験によって得られた結果を検証することで意味を見出したのであり、疑問を解消して信念を明晰（めいせき）にする方法として発展していった。こうした真理探究では、徹底して現実的かつ合理的に実験科学的なアプローチを採っていたのである。

2　ジェイムズのプラグマティズム

　次に、パースのプラグマティズムを経験主義の見地から解釈し直し、哲学だけでなく心理学や宗教にも広く応用していったのが、ジェイムズである。彼はパースと同様に、プラグマティズムの立場から観念の意味を理解していった。

　ジェイムズは観念を行為に移して、実際的な結果からその観念の意味を見出そうとした。ジェイムズによれば「プラグマティックな方法とは、各観念それぞれのもたらす実際的な結果を辿りつめてみることによって各観念を解釈しようと試みるものである」(3)。そのため、観念の真理性は、我々の行動に、我々の新しい経験にいかに役立つかというところにあると考える。

　ジェイムズはここからさらに一歩踏み込み、新しい観念は個々人の要求を満足させる程度に応じて、個々人の経験の諸部分と満足な関係を結べるかぎりで真理になると考える。ジェイムズによれば、「新しい意見は、それが新しい経験を既に蓄積されている信念に同化させようとする個人の欲求を満足させる程度に正比例して、『真』と考えられる」(4)。このようにジェイムズは、パースと同様に、認識の正しさをその行為を通して確かめようとするのだが、さらにその適用範囲を個々人の情緒的な満足や欲求にまで広めることで、人間の心理的な問題や社会的な問題の解決にも応用していったのである。

　以上からもわかるように、パースとジェイムズではプラグマティズムの意味合いがかなり異なる。パースはあくまで客観的・合理的な因果関係を追求して、科学的な合意形成をめざしていた。それに対して、ジェイムズはさらに客観的・合理的に検証できない観念であっても、個人の中で主観的・情緒的に有用であれば、そのかぎりにおいて真理とみるのである。

　ジェイムズはプラグマティズムの適用範囲をパースのような客観的・合理的な領域に限定せず、主観的・情緒的領域にまで広げることで、大幅にその機能を拡張した。そうすることで、ジェイムズのプラグマティズムは、論理学や実験科学の領域から大きく踏み出し、心理学や教育学や社会理論の領域にも広まっていったのである。

3　デューイのプラグマティズム

　以上のようなパースとジェイムズのプラグマティズムを継承しつつ、教育理論、社会理論、政治理論、宗教論や芸術論にも広く援用し発展させていったのが、デューイであった。彼はプラグマティズムを「実験主義」あるいは「道具主義」と呼び替え、それに基づく進歩主義教育や実験主義教育の理論を確立していった。

　デューイも観念を実際に使用された結果において判断しようとした。ある観念は実験（行為）を通して保証された言明となることで、暫定的に真理として認められると考えるのである。そのため、観念や知識は生活経験の中で試され、その結果に応じて改善されたり修正されたりするものになる。

　こうした見地から、デューイはプラグマティズムに基づく問題解決の論理を教育理論にも積極的に取り入れ、問題解決学習や実験学校の経営理論にも応用していっている。彼はプラグマティズムの見地から、行為を通して学習することの重要性を説き、反省的思考の諸段階を指導の諸段階にも適用し、次のように説明している(5)。

　第1段階では、子どもが興味・関心をもって連続的な活動を行なうように経験的状況を設定する。第2段階では、この状況の中に子どもの思考を刺激する問題が現われるようにする。第3段階では、子どもがその問題を解決するために必要な情報を獲得し事態を観察できるようにする。第4段階では、子どもが解決策を思いつくように示唆を与えて、その解決策を適切な仕方で責任をもって展開させる。第5段階では、子どもが自分の解決策を実行して、その結果から意味を明らかにし、その妥当性を検証できるようにする。

　デューイは子どもがこうした問題解決の経験を通して、自らの信念を再形成し、発達課題を解決して成長を遂げると考えたのである。こうした問題解決を重視するプラグマティズムの考え方は、教育学や心理学のような分野にも広く応用されてきている。例えば、プラグマティズムの見地から、人間の考え方（観念）が感情や行動に影響を及ぼす点に注目し、その考え方（認知パターン）を修正することで感情や行動を改善しようとする。このように人間が因習的で非合理な考えに拘束された結果として、感情や行為に支障をきたす仕組みを把握し、その考え方を正常で合理的な考えに修正することで複雑な心理的問題を解決（解消）しようとしたのである。

　また、問題解決のために修正した考え方を漸進的に行動に移して、その良好な結果（成功体験）を蓄積して新たな習慣を形成していく。過去の誤った学習によって獲得された認知パターンや行動パターンを見極めて、新たな行動パターンを漸進的に経験することで適応的な習慣を形成することができる。新たな認知パターンを単に頭の中でシミュレーションして修正するだけでなく、具体的で個別的な行動パターンを経験することで、より実際的な問題解決を促進することができる。

このようにプラグマティズムを教育学や心理学に関連づけ、経験主義の見地から人間の思考と感情と行動とに総合的に働きかけることで、子どもの認知パターンと行動パターンの両方を修正し、実際の問題解決を通した成長・発達の促進方法として活用できると、デューイは考えている。

● パース、ジェイムズ、デューイの著作からの引用箇所は、慣例に従って下記のような著作集の略号と巻数および頁数あるいは段落番号によって示す。

EW…*John Dewey, The Early Works*, 1882–1898, ed.Jo Ann Boydston, 5 vols, Southern Illinois University Press, 1969–72.

MW…*John Dewey, The Middle Works*, 1899–1924, ed.Jo Ann Boydston, 15 vols, Southern Illinois University Press, 1976–83.

LW…*John Dewey, The Later Works*, 1925–1953, ed.Jo Ann Boydston, 17 vols, Southern Illinois University Press, 1981–92.

WJ…*The Works of William James*, Harvard University Press, 1975–81.

CP…*Collected Papers of Charles S. Peirce*, ed. Chartes Hartshorne and Paul Weiss, The Belknap Press of Harvard University Press, Massachusetts, 1960.

（註）

(1) Charles S. Peirce, "How to Make our Ideas Clear,"CP 5:402.（上山春平・山下正男・魚津郁夫訳、『パース・ジェイムズ・デューイ』、中央公論社、1980 年、89 頁）

(2) Charles S. Peirce,1931, CP 1.

(3) William James, *Pragmatism, A New Name for Some Old Ways of Thinking*, WJ, 1975, p.29.（枡田啓三郎訳『プラグマティズム』、岩波文庫、1957 年、39–40 頁）

(4) Ibid., 36.（邦訳、52 頁）

(5) John Dewey, *Democracy and Education*, 1916, MW 9, p.170.（金丸弘幸訳『民主主義と教育』、玉川大学出版部、1984 年、236 頁）

2節　古典的プラグマティズムの特徴

前節では、パース、ジェイムズ、デューイの古典的プラグマティズムを概括的に述べたが、ここでは前著『プラグマティズムと教育』での考察をふまえ三者の共通点と相違点を明らかにしておきたい。

1　パース、ジェイムズ、デューイの共通点

まず、パース、ジェイムズ、デューイのプラグマティズムにおける共通点からみていこう。

第1に、プラグマティズムは、知識や理論を根本的に基礎づける絶対的な基盤や永遠の本質などは存在しないと主張する点である。

　パースは、一連の推論が必然的に真理に導かれるような「第一原理」があるとは考えない。そのため、そもそも意識の確実性や哲学の固定的な出発点や終着点を否定している。ジェイムズも、真理を「属性」ではなく「過程」として捉え直し、「究極的なもの」としての「第一原理」を退け、経験の実際的な結果から真理を構築していく方法を追求している(1)。そしてデューイもまた、世界を連続的に形成される過程と捉え、新奇なものや将来に非決定論的に開かれていると見ている(2)。

　このようにプラグマティズムは、近代の「大理論（グランド・セオリー）」や「大物語（グランド・ナラティブ）」が描き出す壮大なプロジェクトとその哲学的基礎づけを反デカルト主義の立場から根本的に批判するため、ポストモダンの思想を先取りするものとも言える。ただし、プラグマティズムは、理論の基礎づけや確実性の検証が不可能であることを認めながらも、個々人が行動を通じて世界に影響力を行使できると考え、個々人の特定の道徳的なコミットが意義あることであると考える。つまり、プラグマティズムは、真理の探究に懐疑的な姿勢をとって悲観するのではなく、創造的で社会的な知性を用いて希望のある改革を建設的に推進しようとするのである。

　第2に、プラグマティズムは、観念や知識はすべて可謬的、仮説的、暫定的な性質をもつと考える点である。そのため、観念や知識は常に変化に開かれているとも主張する点である。観念や知識はそれ自体に客観的かつ普遍的な価値があるわけではなく、実際の問題を解決する道具として機能するかぎりにおいて価値があると考える。

　パースは、絶対的に確実な真理など存在しないと考え、あらゆる知識や理論は実験によってテストしてその有効性を検証する必要があると考える。それゆえ、過去のどれほど称賛された立派な観念や知識・理論であっても、時代に合わなくなったり実験によって誤りが検証されたりしたら、廃棄されることもあり得ると言う。

　ジェイムズも、知識や理論は常に連続的な生成の過程にあると考える。それゆえ、どのような観念や知識でも静態的なものとして普遍的に所有できるものではないとみる。あらゆる観念や知識はただそのまま継承するのではなく、継続的に改善・修正していくことが大事になる。

　さらにデューイも、実験主義の見地から知識や理論を暫定的で仮説的なものとみている。そのため、知識や理論は伝統的な社会や価値規範を保持するために活用するのではなく、現今のさまざまな問題を解決するためにこそ役立てるべきだと考える(3)。

　第3に、プラグマティズムは、不確実で不安定な世界を「偶然性」と「変化」によって特徴づける点である。人間はこうした偶然性や変化にどのように反応し、いかなる習慣を発達させるかが大事になる。そのため、プラグマティズムは、現今の状況に適しなくなった観念や理念を組みかえ、限界を露呈した諸因習や制度を打破したりすることで、人間が自由に創造的に生きられる世界を実現させようとする。

　パースは、世界が機械論的必然性や自然法則によって決定づけられているという観念に反対し、宇宙の偶然性や可能性を重視している(4)。また、ジェイムズは、プラグマティズムが新奇なものや偶然性に対応する思想であることを強調している。偶然性を重視することが結果的に開かれた自由な世界を生み出すとジェイムズは言う(5)。デューイも世界が「不確実で予測できない統御不能な危険なものを含んだ経験的なもの」であると述べ、予測しえなかった偶発的な事態に直面しても人間は知的に行動できるし知的に行動すべきであると主張している(6)。

　第4に、プラグマティズムは、哲学の妥当な見解に到達するアプローチとして科学的方法を尊重している点である。

　パースは、観念や概念を特別な直観や洞察によって抽象的に基礎づけることを放棄し、観念や概念の意味を明晰にするために具体的で実践的な問題解決に取り組むことを重視している。パースによれば、観念や概念の間の有意味な差異は人間行動の結果において明晰になるため、哲学の重要な仕事は、観念や概念の結果をたどり、それらの意味を検証にするところにある。こうしたパースのプラグマティズムは、後に論理実証主義のいう「意味の検証理論」(7)を先取りする主張でもある。また、デカルト以来の近代哲学の基礎づけを根底から批判したという点では、ポストモダン的な「反基礎づけ主義」の先駆けともなっている。

　同様に、ジェイムズも真理を「働くもの」として捉え、その機能性から真理を実証しようとする。ジェイムズによれば、プラグマティズムは、「抽象的観念、不十分なもの、言葉上の解決、先天的推論、固定した原理、閉じられた体系、偽装した絶対者、根源」から離れて、「具体的なもの、正確さ、事実、行動、力」へと向かう(8)。こうした見地から、ジェイムズは哲学を抽象的な哲学体系で基礎づけるのではなく、実践的な行動の結果から真理を判定する科学的方法を尊重するのである。

　そしてデューイも、科学的方法に依拠して哲学を再構成し、際限なくくり編される抽象的な形而上学的方法を放棄し、人間の日常問題の実践的な解決方法へと転換している。デューイにとって、哲学の役割とは、過去の伝統的な哲学的問題に焦点を当てて普遍的な真理や本質を探究することなどではなく、個人や社会の実際の諸問題に対する解決策を探究することにある。デューイは、人間は将来を構想しそれを実現するさまざまな能力をもっており、自分を取り巻く世界に対して実験主義的な立場をとって、問題に対する解決策を協働して探究し、それを実験してみることに哲学の役割があると考える。

　第5に、プラグマティズムは、「可謬主義（fallibilism）」の立場から、仮説は実験や実際の行動によって試され漸次改良される必要があるとみる点である。

　パースは知識や理論の絶対的な真理性を批判することによって可謬主義の立場

にたつ(9)。パースはあらゆる観念や知識の「偶発性（contingency）」と「可塑性
（malleability）」を認め、仮説を前提とした推論形式をとるため、どんな観念や知識で
もテストの結果が正しいかぎりにおいて真理を発見したり拡張したりするが、逆にテス
トの結果が間違っていれば、単なる誤謬に帰着することになる。こうして時代に合
わない観念や知識を放棄して、変化と進歩の可能性に開かれた観念や知識を得て理論
を構築していこうとするのである。このようにパースは、実験的精神をもって経験的
知識を随時修正していくことができる可謬主義を支持するのである。

　ジェイムズもまた可謬主義の立場にたって、観念や概念の絶対的な真理性や誤謬性
を認めず、観念や概念の実際的な値打ちを知るためには、それらが個人の経験の流れ
の中で実際どのように働くか、他の諸経験とどのように調和するかを確認する。さま
ざまな観念や概念の相違は、必ず異なった形態の行動を導くものであり、さもなけれ
ばそれらの相違には意味がないと考える。

　こうした可謬主義を重視するプラグマティズムは、伝統の多様性やパースペクティ
ブの多元性をも肯定している。パースは、探究の過程で取り交わされる議論は多様性
をもち、批判的探究の共同体は再解釈や修正にいつも開かれていることを強調してい
る。実在論の立場をとるパースは、個人の経験にもとづく多元主義には否定的であっ
たが、ジェイムズは個人的な経験を重視して多元主義の重要性を強調している。ジェ
イムズは、プラグマティズムは個人でも社会でも多元主義にもとづいているからこそ
偶発的に変化する開かれた世界に対応できると言う(10)。そして、デューイも同様に
多元主義を重視し、人間同士の「ダイナミックな結び付きは質的な多様性にもとづく」
と言う(11)。デューイによれば、個人や社会の多元性の中に個人の成長と社会の変化
の可能性が見出されるのであり、「進歩的な社会は個人の多元性を重視する」べきで
ある(12)。

　第6に、プラグマティズムは、経験の連続性を重視する点である。

　晩年のパースは、可謬主義から「連続性の原理」を導き出している。パースによれ
ば、「連続性の原理は、客観化された可謬主義の観念である。可謬主義とは、私たち
の知識は決して絶対的なものではなく、常に不確実性と不確定性から成る連続体の中
に漂っているという学説である。そして、連続性の原理とは、すべてのものがそのよ
うに連続体の中に浮遊しているという説である」(13)。こうしたパースのプラグマ
ティズムの存在論的側面は、ジェイムズの根本的経験論や後期デューイの自然主義的
形而上学にも継承されている点に注目する必要がある。

　第7に、プラグマティズムは、個的自我の見通しうることには限界があり、その
パースペクティブは共同社会において形成される真理によってこそ拡張されると主張
する点である。

　プラグマティズムが問題解決における協働探究の重要性を強調するのはそのためである。パースにとって、プラグマティズムとは、個人が究極的哲学を追究することではなく、探究者の共同体において実験的検討によって真理の候補となるものを提示することなのである(14)。それに対して、神や実存の問題にも関心をもっていたジェイムズは、こうした自我の社会的性格をともすれば軽視する傾向がある。とはいえ、ジェイムズは個人を社会的集合体から孤立した存在とみているわけではなく、多様な個人の在り方を包括する全体性を重視している。デューイは、社会的集合体こそが個人の発達にとって不可欠であると考え、「孤立した個人は何者でもなく、有機的な社会制度の目的や意義を取り入れることで個人は真の人格を得る」と言う(15)。デューイは、価値判断が孤立した個人によって下されるものではなく、人々の相互交流の結果であることを強調し、社会的集合体の意義を重視している(16)。

　このようにパース、ジェイムズ、デューイはそれぞれ強調点に違いこそあれ、以上のようなプラグマティズムの基本的主張を共有している。特に、それぞれのプラグマティズムの根底には、現在における望ましいものの投影である未来を想定し、その実現の手段を創出する人間の諸能力の可能性に対する信頼がある。

(註)

(1) William James, *Pragmatism, A New Name for Some Old Ways of Thinking*, WJ, 1975, p.99–100.

(2) John Dewey,"The Development of American Pragmatism," LW 2, p.19.

(3) John Dewey,"Does Reality Possess Practical Character?" MW 4, p.142.

(4) Charles S. Peirce,"The Doctrine of Necessity,"1892, CP 2:645.

(5) William James, *Pragmatism*, pp.78–79.

(6) John Dewey, *Experience and Nature*, 1925, LW 1, p.43.

(7) 「意味の検証理論」は、言明は感覚経験の集合と関係づけられてはじめて意味をもつという考え方である。

(8) William James, *Pragmatism*, p.31.

(9) Charles S. Peirce,"Principles of Philosophy,"CP 1:13.

(10) William James, *Pragmatism*, pp.78–79, pp.142–144.

(11) John Dewey, "The Need for a Recovery of Philosophy,"MW 10, p.11.

(12) John Dewey, *Democracy and Education*, MW 9, p.315.

(13) Charles S. Peirce,"Fallibilism, Continuity, and Evolution,"1897, CP 1:171.

(14) Charles S. Peirce,"Some Consequences of Four Incapacities,"1868, CP 5:40.

(15) John Dewey, *Democracy and Education*, MW 9, p.101.

(16) John Dewey, *A Common Faith*, 1934, LW 9, p.57.

2　パース、ジェイムズ、デューイの相違点

　前項で指摘したようにパース、ジェイムズ、デューイのプラグマティズムには共通点が多く見出される一方で、三者のプラグマティズムには根本的な相違と考えられる

点も少なくない。

　第1に、パース、ジェイムズ、デューイではプラグマティズムにおける概念の認識方法が異なっている点である。

　パースは論理学的な立場から、概念の対象に実際的な操作を与えることで得られる知的な経験を重視していた。パースは、概念の理性的な意味を人間の合目的的な行動との連関においてとらえようとしていた(1)。それゆえ、主観的な感情や意志などと結びついた行動ではなく、客観的な認識と結び付いた行動に注目した(2)。

　それに対して、ジェイムズは経験主義の立場から、概念の対象に実際的な操作を与えることで得られる知的かつ感情的な行動を重視している。ジェイムズは、概念の意味を人間の実際的な行動との連関においてとらえようとしたため、客観的な認識だけでなく、主観的な知覚、感情、意志にも注目したのである(3)。ジェイムズによれば、「プラグマティズムはどんなものでも取り上げ、論理にも従えば、感覚にも従い、最も卑近な最も個人的な経験までも考慮しようとする」(4)。このようにジェイムズは純粋な理性だけでなく実践的な知性や情緒、感覚も重視することで、プラグマティズムの適用範囲を大幅に拡大しているのであった。

　デューイの場合は、大局的に見ると初期（1890年代）の頃はジェイムズから影響を受けることで、認識だけでなく感情や意志を含めた経験から概念の意味を探求している。しかし、中期（1900年代）にはパースから影響を受けることで問題解決における知的な認識作用を重視している。さらに、後期（1920年代後半以降）では再びジェイムズを評価することで、実際的な結果によって得られた知的かつ情緒的な効果も重視するようになり、全体論的なアプローチからプラグマティズムを完成させていった。デューイの場合、ある程度まで著作の時期やテーマを意識して検討する必要がある。

　第2に、上述した概念の認識方法の相違は、思考方法の相違とも密接に関連してくる。パースは数学的論理学をもとにして推論形式の精緻化をめざすのに対して、ジェイムズは心理学や経験主義をもとにして実践的な思考方法の確立をめざしている。

　本来、パースのプラグマティズムは、観念を明晰にする科学的方法であり、知的な経験にもとづいて真理を探究する論理学の一種であった(5)。そのため、パースは心理学にもとづくジェイムズのプラグマティズムを「本質的に底の浅いもの」として批判するのである(6)。しかし、ジェイムズは、プラグマティズムにおいて科学的方法や論理学を他の学問に優先させないことで、あらゆる学問に共通する信念獲得の方法を構築しようとしたのである。

　ジェイムズから影響を受けたデューイは、新カント派に見られる狭い学問的領域を超えたプラグマティズムを構築し、さまざまな学問分野に応用していったと言える。

　第3に、パースは真理の判定において客観性を求めるため探究者の共同体性を重

視するが、ジェイムズは探究者の主観的な判断だけでも十分とみている。こうしてパースは探究者の共同体性の中に真理を見出すが、ジェイムズは個人の経験の中にも真理を見出すのである。こうした両者の相違の根元には、パースの実在論的な立場とジェイムズの唯名論的で多元主義的な立場の相違がある。パースは、実在論の立場から、探究者の共同体性に注目し、知識の増大や精確な推論を通して多様な意見が収束することを重視している。これに対して、ジェイムズはあくまで個人の精神的な自由に注目し、多様な意見を収束させることよりも意見の自由や多様性を尊重している。デューイには、パースと同様に、協働探求を重視しコミュニケーションによって意見が収斂していくことを望む傾向もあるが、その一方で後期になるほどジェイムズと同様に、物事の偶然性や価値の多様性を重視する傾向が強まってくる。

　以上の３点から見て、パースの実在論的で主知主義的なプラグマティズムは、概念の対象に実際的な操作を加えることで得られる知的経験や協働探究を重視したのに対して、ジェイムズの多元論的で主意主義的なプラグマティズムは、実際的な結果を検証するものとして感情や個人的経験を重視したことがわかる。こうした事情からジェイムズはパースとは明らかに異なる独自のプラグマティズムを構築していることは確かである。しかし、ジェイムズはアメリカのプラグマティズムを経験主義に結びつくことによって別の意味で発展させることになり、後にフッサール（E.Husserl）の現象学の思想的源流としても評価を受けることになる。

　デューイは時期的に、パースと同様に概念の意味を明晰にする論理学的な探究方法や探究の共同性を重視する一方で、ジェイムズと同様に知性だけでなく、想像力、感情、意志の働きをも含めた総合的な真理探究を重視するところもある。その意味でデューイは両者のプラグマティズムの長所を領域ごとに取り入れ、より包括的かつ全体論的なプラグマティズムを構築していったと言える。

（註）

(1) Charles S. Peirce, "What Pragmatism is," CP 5:428.（上山春平他訳『パース／ジェイムズ／デューイ』、中央公論社、1991 年、237 頁）パースは、彼自身のプラグマティズムをジェイムズのプラグマティズムと区別するために、1905 年に論文「プラグマティズムとは何か」、「プラグマティシズムの問題点」、「プラグマティシズム弁護序説」を発表している。

(2) Ibid., 5:436.（邦訳、244 頁）

(3) William James, "Philosophical Conceptions and Practical Results," WJ, 1975, p.259.

(4) William James, *Pragmatism*, p.44.（邦訳、65 頁）

(5) パースは 1890 年代からヘーゲル主義の論理学を評価するようになり、特にヘーゲル主義の「３つ組のカテゴリー」、「経験の連続性の思想」、「思想発展の法則としての弁証法」を評価している。それに対して、ジェイムズは一貫して論理学やヘーゲル主義を軽視している。Charles S. Peirce, "A Guess at the Riddle,"1890, CP 1:364. Cf. Charles S. Peirce, "What Pragmatism is,"CP 5:436.

(6) Charles S. Peirce, "Pragmatism: The Normative Sciences,"CP 5:28.

3節　ネオ・プラグマティズムの特徴

はじめに

1980年代にプラグマティズム・リバイバルが起こる。ネオ・プラグマティズムの代表的な論者としては、クワイン、ローティ、セラーズ（W.Sellars）、グッドマン（N.Goodman）、デイヴィドソン（D.Davidson）、パットナム（H.Putnam）などを挙げることができる。

再びプラグマティズムに注目が集まった理由は、第一に、クワインに先導された分析哲学が、ジェイムズとデューイのプラグマティズムを再評価し、論理経験主義の設定したカント的区別を再び解消しようとしたからである。クワインやローティは、「言語」を鍵概念としながらも、論理経験主義が作り出したカント的区別を解消しようとした点で古典的プラグマティズムに近づくことになる。

第二に、論理実証主義や分析哲学の流れでは特殊な言語分析に偏向してしまい、哲学が社会的関心から離れていったことに対する反発や反省であった。分析哲学はカルナップの伝統を継承して、哲学を論理学に結び付けて政治や文学や歴史からは距離をおこうとしたわけだが、そこに物足りなさを感じる哲学者は少なくなかった。そこで、ローティは古典的プラグマティズムを再評価し、社会・政治などの思想的な領域にもその適用範囲を広げていった。

もちろん、ネオ・プラグマティズムは言語論的転回や解釈学的転回を経ることで、言語哲学やポストモダン的な意味合いが強く、古典的プラグマティズムとは異なってくるところも目立つ。そこでまず、古典的なプラグマティズムを批判的に継承し、現代的な思想状況で新たな展開を示したプラグマティストとしてローティに注目したい。彼はパース、ジェイムズ、デューイに代表される古典的なプラグマティズムをふまえ、新たに言語哲学やポストモダン思想を結び付けて近代哲学の伝統を一貫して批判的に考察することでネオ・プラグマティズムを提唱している。

ここでプラグマティズムと対抗関係にある近代哲学の伝統とは、プラトン（Platon）からカント（Immanuel Kant）へ至る哲学体系をもとに、普遍的で本質的な事柄について探究しようとする試みである。こうした哲学は、認識論を中心に据えた哲学の研究プログラムであり、具体的には超越論哲学、実在論、デカルト哲学、カント哲学、実証主義などが含まれている。こうした西洋哲学の主流を成してきた一連の哲学を、ローティにならって本書でも「形而上学」と呼ぶことにしたい。

この西洋の伝統的な形而上学に対抗して、ローティはネオ・プラグマティズムを歴史主義、反表象主義、反本質主義、反基礎づけ主義、反二元論という５つの立場から

特徴づけ、現代思想の文脈においてプラグマティズムの再興をめざしている。以下に
この五つの特徴をみていきたい。

1　ローティのネオ・プラグマティズムの5つの特徴
（1）歴史主義
　ローティは、まず形而上学が真理を歴史の外部で認識しようとしてきた点を批判し
ている。人間はどのような事柄を知るのであれ、常に特定の歴史的文脈の内部におい
て知ることができるにすぎないからである。こうした見解をローティは、歴史主義
（historicism）」と呼んでいる(1)。
　歴史主義の立場は、人間の認識に対して超歴史的な普遍性を承認しない。例えば、
「心」や「哲学」の概念、さらには「真」、「善」、「美」の概念さえも常に特定の歴史
的状況において形づくられたものであり、具体的な歴史的文脈に即してその内容を捉
えるべきなのである。ある事柄に関する理解、行為様式、習慣、学問、さらには社会
制度に至るまで、人間にかかわる一切は、歴史的状況の中で生じているため、偶発的
な性格や暫定的な性格を免れえない。
　このようにローティがいう歴史的な偶発性や暫定性は、本質や普遍性の対極に位置
づけられる。人間の文化の歴史性を強調することで、ローティは認識一般におけるコ
ンテクストの重要性に注意を向けようとするのである。

（2）反表象主義
　次に、ローティは形而上学が実在を正確に表象することを標榜（ひょうぼう）している点を批判
し、表象の正確性を決定する方法などないと主張する(2)。ローティはこうした見解
を「反表象主義（anti-representationalism）」と呼んでいる。
　言語によって把握されたどのような世界像も、他の世界像よりも正確に世界を表象
する方法とは言えない。言語も人間が創り出したものであるため、どの言語で創られ
た世界像であっても歴史的文脈に依存した偶発的なものに過ぎないからである。人間
の認識も、常に特定の言語と不可分であるため、科学や道徳や政治であっても、決し
て時代性や地域性を超越したものではありえない。それらはすべて偶発的な歴史的語
彙によって構成された暫定的な記述としての「物語（narrative）」なのである。
　ローティは、「真理」を外的自然としての実在の非歴史的で正確な表象ではなく、
その時々の文脈において適合性をもつ歴史的な社会的構築物であると見なす。そこで
の認識とは、表象において実在を獲得していくことではなく、現実的に対処するため
の行動・習慣を獲得していくことなのである。こうしたローティの反表象主義は、伝
統的な形而上学における認識論を根本から覆し、形而上学につきまとう認識の視覚的

メタファー（特に鏡像のメタファー）を退けることになったのである。

（3）反本質主義

　ローティは、伝統的な形而上学が主張してきた恒久的な絶対的真理、普遍的本質、あるいは普遍的な人間性を根本的に疑い、具体的な歴史的文脈を超越した真理や本質など存在しないと主張する。こうした見解をローティは「反本質主義（anti-essentialism）」と呼んでいる。

　ローティは、真理や本質が歴史的状況から独立して客観的に存在し、人間に探究され発見されるのを待っているわけではないと考える。人間が探究できるのは、ある時ある状況のもとで成立する偶発的で暫定的な事象だけである。いかなる観念でも、その意味内容は、ある特定の人間がある特定の歴史的文脈において、その観念に与えた意味内容にすぎない。真理や本質として把握されるものが、必ずこうした何らかの観念から構成されている以上、その真理や本質もまた、特定の人々にとって特定の時に特定の場所でうまく働いてきたものに過ぎないことになる(3)。

　ローティにとって真理や本質とは、ジェイムズのいう「役立つもの、有益なもの、信じた方がよいもの」、あるいはデューイのいう「保証された言明可能性」にかかわるものである。こうした反本質主義の立場では、絶対的真理や普遍的本質に縛られることなく、人間の文化について時代に応じた新しい語り方を創造することができるようになるのである。

（4）反基礎づけ主義

　ローティは、諸々の文化を基礎づける確固たる普遍的な知的基盤など存在しないと主張する。こうした見解をローティは「反基礎づけ主義（anti-foundationalism）」と呼んでいる。

　形而上学は人間のさまざまな歴史や文化を横断する知的基盤を形成し、普遍的で絶対的な真理によって基礎づけることができると考える。それに対して、ローティは、人間の文化に関わるものが、その時々の歴史的状況に相対的であるため、文化的・歴史的な世界を横断した普遍的基盤など存在しないと考える。

　例えば、ある共同体はその共同体に特有のエートスを有しているのに対して、別の共同体は別のエートスを有しているというのが通例である。こうした相異なる共同体や文化圏の間には、共通の基盤としての普遍的な真理基準など存在しない(4)。

　このようにローティは、普遍的な真理や本質の概念の正統性を否定するとともに、それに関連した特権的な語彙をも退け、そうしたものに訴えて共通の普遍的基盤を形成しようとする試み自体を棄却するのである。

(5) 反二元論

　ローティは形而上学に特有の二元論を解消しようと試みる。こうした見解をローティは「反二元論（anti-dualism）」と呼んでいる。

　ローティは、「実在」と「現象」との二元論的な区別をやめて、世界と人間に関する「より良い記述」と「あまり良くない記述」との区別に置き換えようとする(5)。その際、どのような基準にもとづけば記述が「より良い」ものであるのかを追究しようとする形而上学的な試みを退ける。そして、プラグマティズムの見地から、我々が良いとみなすものを多く含み、悪いとみなすものをより少なく含んでいるという意味で「より良い」と判断するに止めるのである。

　また、ローティは、形而上学における「永続的構造」と「一過的内容」との二元論的な区別を、過去と未来との区別に置き換えようとする。形而上学は「永続的構造」を持ち出すことによって過去の習慣や伝統を正当化するという発想をするが、プラグマティズムでは、不満足な現在をより満足のいく未来に変えていこうとする。大事なのは、プラグマティズムの見地から「現にある不満足な状況」を「満足できる可能な未来」に近づけることなのである。

　以上のように、ローティはプラグマティズムの立場から西洋の伝統的な形而上学を批判していったわけであるが、それで形而上学の信奉者たちを納得させることができるとは思っていない(6)。プラグマティストと彼の敵対者との間の論争を、双方が同意できる真理基準に従って解決する方法など元々ないのである。

　このようにローティもプラグマティズムと形而上学との間の哲学論争に決着をつけるための決定的な論証を提示することは難しいことを認めている。その上で、ローティが形而上学とプラグマティズムとの問題構制の違いを見据え、従来の哲学的伝統を脱構築したネオ・プラグマティズムの可能性を提示していくところに意義がある。

2　啓発的哲学あるいは治癒的哲学としてのプラグマティズム
(1) 啓発的哲学としてのプラグマティズム

　ローティはネオ・プラグマティズムを特徴づけるもの特徴として、啓発（edification）という概念に着目している。ローティのネオ・プラグマティズムは、「啓発的哲学（edifying philosophy）」であることで、形而上学に代表される「体系的哲学」から区別される。

　啓発的哲学がめざしているのは、普遍的な真・善・美の体系を万人に共有させようとする企てを放棄し、特定の文脈の中で個々人が互いに共通の関心事について自由に見解を取り交わす会話を続けることによって多様な価値を創造することである。啓発

的哲学とは、ローティによれば、「現在の直観や慣習に根拠を提供することではなく、読者あるいは社会全体が時代遅れの語彙や態度から解放される手助けをすることをめざす」(7)。

　こうした啓発的哲学は、形而上学に代表される体系的哲学との対比において明確に特徴づけられる。体系的哲学は、世界の本質の究明とか、世界の成立の解明といった問題を探究することを好んで企てる。そのため、体系的哲学は、現実の社会問題からはかけ離れた極めて抽象的な次元において人類の永遠の謎に取り組むようになり、他の文化領域との接点がなくなっていく。

　これに対して、啓発的哲学は、体系的哲学に対して変則的であると同時に反抗的である。体系的哲学が一連の特権化された記述体系の具現化をたてに、会話を打ち切ろうとするのに対して異議申し立てをする。啓発的哲学は、「究極的なもの（the ultimate）」や事物の本質を解明しようとする探究に対して強い疑念を抱き、哲学の伝統をなす「壮大な物語（grand narratives）」に対して反旗をひるがえす。こうした啓発的哲学は、実在の本質を認識しようとする体系的哲学の企てを却下していくのである。

　ローティの啓発的哲学は、「より興味深く実り豊かで優れた新しい語り方」(8) を見出そうとする。啓発的哲学に求められているのは、変則的（abnormal）であることであり、我々を古い自我から連れ出し、新しい存在となるのに力を与えることなのである。つまり、啓発的哲学は、新しい語彙や語り方を創造して、社会的な常識や因習を打破したり、新しい行動様式を構想したりすることに貢献するのである。

　こうした啓発的哲学は、新しいより改善された知的で実り豊かな語り方を見出すことをめざす。協働的な探究を続けようとするソクラテス的会話は、その成果を常に社会的ものや実際的なものに関連づけようとするのである。

（2）治癒的哲学としてのプラグマティズム

　ローティの啓発的哲学は、「治癒的哲学（therapeutic philosophy）」とも深く関連している。「治癒的哲学」とは、日常言語の働きや論理を見誤ることから生じた哲学の病を治癒しようとする営みであり、ひいては人間や社会の諸問題の解決に寄与しようとする営みでもある。こうしたローティの考えは、元々はウィトゲンシュタイン流に、対立する二つの見方が共通に囚われている描像を指摘して、そのジレンマを解消する治癒的哲学に近い考え方である。つまり、ローティは啓発的哲学が自他を啓発して人間形成に深く貢献すると共に、人間が実際に抱えているさまざまな問題を解決したり哲学の病を治癒したりするために有用なインスピレーションを与えることを重視するのである。

　ローティのいう啓発的哲学あるいは治癒的哲学としてのプラグマティズムは、ニーチェやフーコーの哲学をも多分に取り込んで、私的要素の強い自己創造を重視するようになる(9)。そこでは「アイロニー（irony）」が啓発を特徴づける重要な要因として位置づけられている。

　このアイロニーは、ニヒリズムやシニシズムに結び付くような、一般的な意味での皮肉や嘲りを意味するものではない。むしろ、アイロニーとは、公私の深刻な現実の問題に取り組む際に既存の価値基準をソクラテス的懐疑にさらすことで、新たな価値や希望を創造し、積極的に解決をもたらそうとするものである。こうしたアイロニーによって、人間は自分を記述するための言語が変化しうるものであり、自分が受け入れる「終極の語彙（final vocabulary）」の偶然性と脆弱さを自覚することができるようになる。

　アイロニーは、深刻な内省や自己批判を促すと同時に、人生を一連の意味ある選択として説明するためのメタファーとしても働く。ローティのいうアイロニーは、真面目さと軽快さを伴う会話において、物事を「詩化」する能力や社会批判の能力を育み、新たな自己創造を促して、社会変革の構想へ人間を導く働きをする。このアイロニーの働きは、自己創造や社会変革にはつきものの偶発性や不確実性にも対応できる柔軟さを備えているのである。

　ローティは、アイロニーによって人間存在に関する普遍的原理や究極的本質を相対化し、信念や欲求の歴史的偶然性を受け入れようとする人を「アイロニスト」と呼ぶ。こうしたアイロニストをローティは次のように特徴づけている(10)。

　第1に、アイロニストは自分がいま現在使っている「終極の語彙」を徹底的に疑い、絶えず疑問に思っている。現在通用している語彙といえども、普遍性や絶対性を有するものではなく、歴史的偶然性を免れないものだからである。

　第2に、自分が今現在使っている語彙で形作られた論議は、こうした疑念を解消することができないとわかっている。なぜなら、歴史的偶然性を免れない語彙で形作られた論議は、疑念を除去するために普遍的原理を標榜（ひょうぼう）することができないからである。

　第3に、哲学的に思考するかぎり、自分の語彙の方が他の語彙よりも実在に近いとは考えない。アイロニストは、中立性や普遍性という尺度で語彙を選択するのではなく、ただたんに新しい語彙を古い語彙と競わせることによって語彙の選択を行なうのである。

　以上のようなアイロニストの性向は、自己の偶然性と脆さを常に意識させずにはおかない。それゆえ、アイロニストは自分自身をも生真面目に受け取ることができないのである。

3　会話とプラグマティズム

　１項で指摘したように、ローティは認識論を中心に据えた伝統的な形而上学を徹底して批判し、「哲学の終焉」を宣告した。形而上学に組み込まれた認識論の立場から近代哲学では、主観と客観的対象との対面に即して問題構制を提示してきた。それに対して、ローティは、歴史的な文脈に根ざした人間同士の絶えざる「会話（conversation）」に即して哲学の新たな希望を見出そうとしている。つまり、人間同士が繰り広げる会話という言語に媒介された活動における哲学的意義に着目するのである。

　こうした会話を成立させるために、ローティは哲学的議論のテーマを「人間とその探究対象との関係から、相互に代替可能な諸々の正当化の基準間の関係へと移行させる」ことが重要であると考える(11)。ローティの重視する会話は、話し手を統一するような専門的なマトリックスを何ら前提としていない。しかし、それでも会話の続くかぎり、決して一致への希望を失ってはいない。ローティによれば、「会話的なものを除いては、探究を制約するものはない」のであり、対象や精神や言語の性質から引き出される全般的な制約などない(12)。ローティのネオ・プラグマティズムは、探究の方法論的制約を求める試みを一切放棄して、会話の制約のみを保持するのである。

　ネオ・プラグマティズムにおいて特定の探究方法が有する価値は、その探究方法が実践にどのような結果をもたらしたかに関連する。そのため、唯一にして最善の探究方法を実践への効果から離れて決定することなどできないのである。

　ローティにとって探究の様式とは、科学的であろうと道徳的であろうと、多様で具体的な選択肢の有する相対的な魅力に関する熟慮なのである。それゆえ、ネオ・プラグマティズムは、具体的な文脈における実践にどのような効果をもたらすかということに関してさまざまな選択肢の優劣をめぐって取り交わされる会話を重視するのである。

　ローティは、人間がさまざまな選択肢の長所や短所を吟味したり、実践がもたらす結果について会話したりすることを通して、より広汎な合意を伴う生活様式や行為様式を選択し、共同体の連帯を拡張することができると考える。探究の方法論的な制約を根本的に認めないローティは、会話を続けることにおいてさまざまな選択肢を検討し、より広範な合意が形成されることを求めるのである(13)。このような役割を担う会話は、科学的な実験という形をとることもあれば、文学についての議論という形、あるいは理想的な社会についての協働探究という形をとることもある。

　こうした会話を重視する立場は、自ずとある種の社会的義務に関する考察と結び付く。ローティによれば、人々は共同体の構成員であることによって、さまざまな行為

が社会的にどのような有意義な結果をもたらすかということを見定めるために、相互に議論したり、相手の発言に耳を傾けたり、仲間の市民と協働探究を行ったりする社会的義務を負うのである。この社会的義務との関連で、我々は互いの世界観について話し合い、強制ではなく説得を用い、多様性に寛容になり、悔い改めて自らが誤り得ることを自覚する義務が生じてくる。

　会話は多くの人々との交流を実現するがゆえに「私たち」の範囲を拡大する働きをもっている。こうした会話の働きは、調和的な将来の社会を実現する可能性を拓き、「惑星的規模の民主主義」のイメージを掲げて、「豊かで強い者が貧しく弱い者を虐待しようとすることに対して絶えざる警戒」を行なう政治的活動にも発展する。このようにローティのネオ・プラグマティズムは、オープンで寛容な態度で他者との会話を継続することによって社会変革の可能性を探るのである。

おわりに

　以上、ローティのネオ・プラグマティズムの特徴を概観してきた。「哲学の終焉」を宣告する彼の主張は、時に過激で厳しく聞こえる。しかし、それは人々を啓発し、哲学の病いを治癒し、新しい語り方を見出し、会話の継続を保障し、よりオープンで寛容な民主主義社会を築くための布石となり、社会的な連帯を導く希望にもなるのである。

　こうしたローティのネオ・プラグマティズムにも、パース、ジェイムズ、デューイらに代表される古典的なプラグマティズムの伝統が脈打っている。ポストモダンの洗礼を受けたネオ・プラグマティズムは、形而上学的な哲学の伝統を徹底して脱構築しながらも、アイロニカルな自己創造とリベラルな社会連帯を結び付ける新たな可能性を示唆しているのである。

（註）
(1) Richard Rorty, *Objectivity, Relativism and Truth*, Philosophical Papers Vol.1, Cambridge University Press, 1991, p.38.
(2) Ibid., p.1.
(3) Richard Rorty, *Consequences of Pragmatism: Essays: 1972–1980*, University of Minnesota Press, 1982, p.163.（室井尚他訳『哲学の脱構築―プラグマティズムの帰結』、御茶の水書房、1985 年、364 頁）
(4) Richard Rorty, *Contingency, Irony, and Solidarity*, Cambridge University Press, 1989 p.75.（齋藤純一・山岡龍一・大川正彦訳『偶然性・アイロニー・連帯―リベラル・ユートピアの可能性―』、岩波書店、2000 年、157 頁）
(5) Richard Rorty, *Philosophy and Social Hope*, Penguin Books, 1999. p.27.（須藤訓任／渡辺啓真訳『リベラル・ユートピアという希望』、岩波書店、2002 年、85 頁。
(6) Richard Rorty, *Consequences of Pragmatism* p.xliii.（邦訳、62 頁）
(7) Richard Rorty, *Philosophy and the Mirror of Nature*, Princeton University Press, 1979, p.12.（野家啓一監訳『哲学と自然の鏡』、産業図書、1993 年、30 頁）

(8) Ibid., p.360.（邦訳、420 頁）

(9) Richard Rorty, Contingency, *Irony, and Solidarity*, p.73.（邦訳、154–155 頁）

(10) Ibid.

(11) Richard Rorty, *Philosophy and the Mirror of Nature*, p.389.（邦訳、450 頁）

(12) Richard Rorty, *Consequences of Pragmatism*, p.165.（邦訳、365 頁）

(13) Richard Rorty, *Objectivity, Relativism and Truth*, Philosophical Papers Vol.1, Cambridge University Press, 1991. p.67.

4節　新旧のプラグマティズムの比較考察

1　新旧のプラグマティズムの共通点

次に、ここまで見てきた古典的プラグマティズム（特にジェイムズとデューイ）とネオ・プラグマティズム（特にローティ）を比較検討してみたい。

両者の類似点は、大別して3つある。第1に、進化論的な発想から影響を受けている点、第2に信念の正当化や行為習慣の形成を重視する点、第3に科学と他の諸学問との区別を曖昧にした点である。それぞれ以下に見ていこう。

（1）進化論的な発想からの影響

第1の共通点は、進化論的な発想から思想的に影響を受けていることである。古典的プラグマティズムは、19世紀末にアメリカでダーウィンの進化論から影響を受けて誕生し発展していったが、そうした思想的傾向はネオ・プラグマティズムにも受け継がれている。ローティによれば、「プラグマティズムとは、人間の自己イメージを変更しようという試みであり、その変更の結果として、人間が他の動物と異なるのは、単純に行動の複雑さにおいてだけだというダーウィンの主張に、その自己イメージがぴったりあてはまるようにする試み」(1) である。このようにプラグマティズムは進化論的な見地から、人間を「環境に対処しようと最善をつくす動物」(2)、あるいは「より多くの快を享受し苦痛を減らすことを可能にしてくれるような道具を開発しようと最善をつくす動物」(3) として理解する。

こうした進化論的な発想からプラグマティズムは、人間が環境に対処するために開発した道具の中でも特に言葉（あるいは言語）を重視する。古典的プラグマティズムにとって、言葉とは、伝統的な形而上学のいうように外的な環境の内在的本性を捉えるためではなく、人間が外的な環境に適切に対処するために必要なのである。デューイによれば、言葉は社会的相互作用をするための道具であり、人間は言葉を媒介にして社会的文化的な環境とも有意義に相互作用するのである(4)。

ローティも、人間特有の比類ない特徴として言語の使用をあげ、人間だけが言語を

用いて物事を記述し、また時代や場所に応じてその物事を再記述し、それらを通して社会関係における相互作用を成功させることができると言う(5)。言葉は客観的な対象を表象するためではなく、対象を適切に取り扱う道具を供給するために必要なのである。

　このように新旧のプラグマティズムの主要な課題は、形而上学のように言語と独立して存在する真理を見出すことではなくなる。むしろ、観念や語彙の常識的な理解が現在の問題状況には十分に対応できなくなったことを示し、ある時期のある状況において最も良く働く観念や語彙を見つけ、それらの観念や語彙の内容を時代に合わせて絶えず新しく修正することこそプラグマティズムの役割となるのである。

　こうして新旧のプラグマティズムは、まず言葉の利用を観念論的な狭い枠組みから解き放ち、人間が外的環境に対処するための道具として言葉を使用していく。こうしてプラグマティズムは、人間と環境とを結びつける因果的なネットワークを再構築しようとするのである。

（2）信念の正当化と行為習慣の形成

　第2の共通点は、プラグマティズムは非歴史的で抽象的な確実性や本質に依拠して知識や真理を根拠づけようとする形而上学の立場を放棄して、信念の正当化や行為習慣を形成する点に注目することである。

　古典的プラグマティズムは、言葉によって構築された信念が実在に関するものなのか、それとも表象に関するものなのかという形而上学的問いかけを放棄して、ある信念を保持することはどのような目的に役立つのかという問い、あるいはどのような信念が我々の欲求を満足させるのに最も適した行為習慣であるかという問いに着目する。ネオ・プラグマティズムでも、ローティが指摘するように、プラグマティズムの核心とは、真なる信念を「事物の性質を表象するもの」ではなく、「行為を成功させるルール」として考えるところにある(6)。

　また、古典的プラグマティズムでは、ジェイムズが言うように、「真なるものとは、信じたほうが良く、確定的で指定可能な理由によっても良いと証明されるものすべての名前」(7) であるため、デューイが言うように、人々は「保証つきの言明可能性」を探究して合意形成に努めるのである。

　ネオ・プラグマティズムでも、絶対的な真理の探究を放棄し、ローティが言うように「何をなすべきかについて人々の間で合意を獲得すること」、あるいは「達成されるべき目的とその目的の達成に用いられる手段に関して合意をもたらすこと」(8) を求める。このように新旧のプラグマティズムは、自分たちの信念や欲求をお互いに正当化してきたと考える点で見解が一致している。

こうした見地からジェイムズやデューイのプラグマティズムでは、精神を普遍的実在の一部として形而上学に捉えるのではなく、信念や欲求から偶発的に構成されたものとして捉える（ただし、パースのプラグマティズムでは信念を重視し、欲求の要素を取り除こうとする）。このようにジェイムズやデューイに見られる古典的プラグマティズムが精神を信念や欲望のシステムとして捉えるのに倣って、ローティのネオ・プラグマティズムでも、精神を自己と捉え直した上で、それを「信念や欲求から成る、中心のないネットワーク」(9) として規定する。

このように新旧のプラグマティズムは、歴史的な偶然性に依拠する精神や自己が、さまざまな語彙を比較対照し、新たに優れた有益な語彙を試してみることで、信念や欲求の新たな候補となるものを探し出し、それを先行する信念や欲求のネットワークの内に編み込み、自己イメージを変化させる可能性をもつと考える。ローティによれば、このような自己の再創造をくり返すことによって、「私たち自身にとって可能なかぎり最善の自己を創り出すという希望を抱く」(10) ことができるようになる。

このように新旧のプラグマティズムは、「精神」や「自己」でさえも特定の語彙を通して歴史的に偶発的に編成されていると考える。両方とも、新しい語彙の使用を学ぶことによって人間は信念や欲求を再編成することができ、自己を再創造することができるという点では合致している。

（3）科学と諸学問との区別の曖昧化

第3の共通点は、事実と価値の区別を曖昧にすることで、科学と他の諸学問との区別を曖昧にしたことである。

ジェイムズとデューイはプラグマティズムの立場からカント流に科学と他の諸学問を区別するやり方を根本から批判し、その境界線を曖昧にしてきた。こうしたプラグマティズムの方針は、後に論理実証主義や論理経験主義から強く批判されたことも知られている。カルナップ（R.Carnap）やポパー（K.R.Popper）に先導された論理経験主義は、事実と価値の間にカント流の鋭い区別を再び設け、また科学と他のイデオロギー・形而上学・宗教との間にも区別を設けた。論理経験主義はフレーゲ（F.L.G.Frege）とラッセル（B.A.W.Russell）の哲学を支持して、あらゆる古いカント的区別を言語論化したのである。

それに対して、クワインやローティはプラグマティズムが事実と価値の区別を曖昧にし、科学と他の諸学問との区別を曖昧にする方針に賛同している。ローティは「科学の論理」「社会実践的な価値」「芸術における審美」の三者間にある方法論的な相違を除去し、諸学問や芸術や社会改革を貫く構造的な連続性を明らかにしようとした。プラグマティズムは、「真（the True）」、「善（the Good）」、「道徳（the Moral）」の絶

対的概念をそれぞれ孤立させて定義づけたり、事物の真の存在形態を探究したりする伝統的な形而上学の試みを放棄する。

　そこで、プラグマティズムは、概念や観念が相互にどのように適合し合うかを調べ、それらの概念や観念を用いて現在の状況を適切に生きるための方策を探究する。さらに、より良く豊かな将来を実現するための方策を構想して、実際に実験することでその有効性を検証し、その状況に応じた最良の方策を決定するのである。ローティがジェイムズやデューイのプラグマティズムを高く評価するのは、事実と価値とのあいだの鋭いカント的区別を曖昧にしようとしたからであり(11)、その結果として科学と宗教の区別、科学と形而上学の区別を曖昧にするからであった。

　また、ジェイムズとデューイは古典的プラグマティズムから哲学の問題だけでなく、政治や歴史の問題にまで広く言及するようになる。ローティは言語論的転回によって事実と価値のあいだにあるカント的な二元論を克服し、哲学を論理学だけでなく政治や文学や歴史にまで広く関連づけていった。特にローティは、デューイのプラグマティズムが道徳と科学の方法論的相違を取り払い、全ての文化を1つの連続的な活動として把握している点を高く評価している(12)。こうした意味で、ジェイムズとデューイ、そしてローティは同じ方針を打ち出している。

　以上の諸点では新旧のプラグマティズムが共通しているが、必ずしもジェイムズ、デューイ、ローティでは強調するところに強弱や濃淡があるため、全面的な一致ではない。本書ではプラグマティズムの中でもジェイムズ、デューイ、ローティに共通する路線を積極的に評価するため、パースを源流とするプラグマティズムとは解釈が異なるところも出てくる。

（註）

(1) Richard Rorty, *Philosophy and Social Hope*, Penguin Books, 1999, p.72.（邦訳『リベラル・ユートピアという希望』、須藤訓任／渡辺啓真訳、岩波書店、2002年、154頁）

(2) Ibid., p.xxiii.（邦訳、23頁）

(3) Ibid.

(4) John Dewey, *Human Nature and Conduct*, MW, vol.14. John Dewey with Arthur F. Bentley, *Knowing and the Known*, LW.vol.16.

(5) Richard Rorty, *Consequences of Pragmatism*, p.165.（邦訳、365頁）　R.ローティ「超越論的論証・自己関係・プラグマティズム」、竹市明弘編訳、『超越論哲学と分析哲学』、産業図書、平成4年、35頁参照。

(6) Richard Rorty, *Objectivity, Relativism and Truth, Philosophical Papers Vol.1*, Cambridge University Press, 1991, p.65.

(7) William James, *Pragmatism*, Harvard University Press, 1978, p.42.

(8) Richard Rorty, *Philosophy and Social Hope*, p.xxv.（邦訳、27頁）

(9) Richard Rorty, *Contingency, Irony, and Solidarity*, Cambridge University Press, 1989, p.10.（齋藤純一・山岡龍

一・大川正彦訳『偶然性・アイロニー・連帯―リベラル・ユートピアの可能性―』、岩波書店、2000 年、26 頁）

Richard Rorty, *Objectivity, Relativism and Truth*, Philosophical Papers Vol.1, Cambridge University Press, 1991, p.192.（富田恭彦訳、『連帯と自由の哲学』、岩波書店、1988 年、192 頁）

(10) Richard Rorty, *Contingency, Irony, and Solidarity*, p.80.（邦訳、166 頁）

(11) Richard Rorty, *Philosophy and Social Hope*, p.31.（邦訳、91 頁）

(12) Richard Rorty, *Consequences of Pragmatism*, p.163.（邦訳、365 頁）　Cf. Richard Rorty,"Introduction," *Later Works of John Dewey* 8, p.x.

2　新旧のプラグマティズムの相違点

　次に、古典的プラグマティズムとネオ・プラグマティズムの相違点について検討してみたい。両者の相違は大別して２つある。１つは、古典的プラグマティズムが「意識」や「経験」に焦点を当てるのに対して、ネオ・プラグマティズムが「言語」に焦点を当てる点である。もう１つは、古典的プラグマティズムが科学的方法を尊重するのに対して、ネオ・プラグマティズムが科学的方法を放棄し、会話を重視する点である。以下でこの２点に絞って新旧のプラグマティズムの相違点を検討したい。

（1）経験重視か言語重視か

　まず第１の違いは、ジェイムズやデューイのプラグマティズムが、「意識」や「経験」を重視するのに対して、ローティは、「言語」を重視する点である(1)。具体的に言うと、ジェイムズやデューイは観念論的な形而上学を批判し、ロック（J.Locke）以降のイギリス経験論を継承して「意識」や「経験」を主題として取り上げるのに対して、ローティはフレーゲ（F.L.G.Frege）以降の分析哲学を継承して「言語論的転回」を遂げ、「言語」を主題として取り上げるのである。

　前節で、新旧のプラグマティズムは言葉に注目する点で共通していると指摘したが、ローティはその特徴をより強調することでジェイムズやデューイの経験論を軽視する傾向がある。こうした点から、ローティはジェイムズの根本的経験論や後期デューイの自然主義的形而上学を部分的に批判的にみている傾向が窺える。ローティは、後期デューイが、ジェイムズの根本的経験論と同様に、「認識よりも感情を強調する一般化や類推を行なって認識論的問題を解決しようとした」(2)とみている。ローティによれば、後期デューイの自然主義的形而上学は、前期に強い影響を受けたヘーゲルやT．H．グリーンの観念論的存在論や汎心論を部分的に復活させており(3)、「経験的自我と物質的世界との関係を解決するために、その両方を産出する超越論的自我を再び持ち出した」(4)とみている。そしてローティは、デューイが『経験と自然』で打ち出した企図の背後には、新ヘーゲル主義と自然主義とを正当に取り扱おうとする考えがあると考え(5)、「デューイの『経験と自然』の中で構築された体系は観念論

的にみえるし、そこでの心身問題の解決は再び超越論的自我を呼び出しているように思える」(6) と指摘している。このようにローティは、プラグマティズムを徹底させるためには、ジェイムズや後期デューイのように経験主義に立脚した形而上学や超越的自我論について多くを語るべきではないと主張するのである。

　ただ、こうしたローティの見解は、ジェイムズやデューイの経験主義を全く否定したものではないことも確かである。というのは、ローティは、クワイン（W.V.O.Quine）と同様に、経験主義の適用領域を「経験」や「意識」から「言語」へと移行させたとみることもできるからである。ローティは経験主義を言語論的に転回することで、経験主義に内在する形而上学や超越的自我論を排除し、言語的行為にもとづく社会的実践に注目したとみることができる。

（2）科学的方法の受容と拒絶

　第2の違いは、パースやデューイのプラグマティズムが、科学的方法を重視し、それを採用すると自分の信念が真である公算が高まると仮定するのに対して、ローティのネオ・プラグマティズムはこうした科学的方法やそれに伴う仮定を放棄して、絶えざる会話を重視することである。

　ローティは、伝統的な形而上学に特有のモチーフである絶対的真理の探究については徹底して懐疑的であり、かりに科学的方法を用いたとしても絶対的真理、純粋芸術、本有的特性、人間性それ自体という虚無点（focus imaginarius）へ漸進的に接近できるとは考えない。つまり、ローティはパースやデューイが共有する科学的方法による真理の獲得を否定的にみるのである。

　この点を前節でみたパース、ジェイムズ、デューイの思想的相違とデューイの思想的な変遷を踏まえて検討してみたい。パースは科学的方法を論理的に精緻化しようと試み、中期デューイはパース流の科学的方法を取り入れプラグマティズムを再構築しているが、後期になるとジェイムズからの影響で科学的方法を強調することはなくなった。ジェイムズは、パースや中期デューイほど科学的方法に対して強いこだわりを見せないが、それでも「プラグマティックな方法」は重視している。ただ、ジェイムズにとっての「プラグマティックな方法」とは、「理論上の違いと言われているものが、実際に何らかの違いをもたらすか」という反プラトン主義的なプラグマティズムの論点を強調するものであって、何か一つの方法を採用するというものではない(7)。パースは、あくまで理想的条件のもとで信じられるであろうことを真理と同一視したが、ジェイムズや後期デューイは真理に関する話題を回避し、代わりに正当化について語るようになったと言える。

　ローティは、ジェイムズや後期デューイに倣って、真理を探究することではなく、

より良い正当化について議論することを重視する。ローティは、伝統的な形而上学に内在する真理獲得のための形而上学的方法や科学的方法に対して懐疑的な態度を取り、「絶えざる会話」のみを求めていく。ローティによれば、「会話」への拘束を除けば、探究に課せられている拘束は存在しない(8)。このようにローティは、プラグマティズムに形而上学的方法や科学的方法を取り入れて多様な見解を収斂して合意形成を図ろうとはせず、多様な見解をもつ個々人の間で自由に会話を続け、強制のない寛容な連帯をめざそうとするのである。ローティによれば、「私たち（We）自身の仲間から文化を継承し、彼ら（They）と会話することが、私たちにとって唯一の導きの手がかりとなる」(9)。そこで求められるのは、仲間の探究者と共に具体的な選択肢がもつ相対的な魅力について語り合うことなのである。こうしてみるとローティは、伝統的な形而上学の代わりに科学的方法を取り入れるというアプローチはとらず、ジェイムズや後期デューイのように伝統的な形而上学における基礎づけ主義に懐疑的な態度をとり、会話における偶然性や多元性を重視するのである。こうした方法崇拝の伝統と決別しようとするローティの考えは、クワイン、パットナム、デイヴィドソンとも共通した路線であり、いわゆる「方法のないプラグマティズム」をめざしているのである。

　以上の2つの相違点につけ加えて、知性と感情の関係の捉え方についても言及しておきたい。このテーマについては、前節で述べたように、パース、ジェイムズ、デューイでそれぞれ見解がわかれるし、またデューイも時期的に強調点が変わる場合もあるため容易に分類することはできない。パースは、カントと同様に、知性と感情を分け、また認知的なものと非認知的なもの、信念と欲求という区別を厳密に行ない、知性の認識能力や信念の明確化を一貫して重視する。それに対して、ジェイムズは、知性と感情の区別を曖昧にし、さらに認知的なものと非認知的なもの、信念と欲求という区別を曖昧にすることで二元論を克服しようと試みた。こうしたパースとジェイムズの間に立つデューイは、中期にはパース流に知性と感情を区別したうえで知性の働きをより重視していたが、後期にはジェイムズ流に知性と感情の区別を曖昧にし、さらには知性と感情の融合をめざす方針を採っている。ローティは、人間の言語使用に焦点を当てることによって理性に内在する先験的能力を認めず、知性と感情の区別を曖昧にしようとする点でジェイムズと後期デューイの路線を受け継いでいる(10)。

（註）

(1) Richard Rorty, *Philosophy and Social Hope*, Penguin Books, 1999, p.35.（須藤訓任／渡辺啓真訳『リベラル・ユートピアという希望』、岩波書店、2002 年、97-98 頁）この論点に関しては、パースのプラグマティズムは論理学に徹しており経験主義には深く関連しないため除外されている。

(2) Richard Rorty, *Consequences of Pragmatism*, p.214.（室井尚他訳『哲学の脱構築—プラグマティズムの帰結』、

御茶の水書房、1985 年、455 頁）

(3) Ibid., p.79.（邦訳、210 頁）

(4) Ibid., p.83.（邦訳、217 頁）

(5) Ibid., p.81.（邦訳、213 頁）

(6) Ibid., p.85.（邦訳、219 頁）

(7) Ibid., p.xxi.（邦訳、20 頁）

(8) Richard Rorty, *Consequences of Pragmatism*, p.165.（邦訳、367 頁）

(9) Ibid.（邦訳、368 頁）

(10) Richard Rorty, *Philosophy and Social Hope*, Penguin Books, 1999, p.153.（須藤訓任／渡辺啓真訳『リベラル・ユートピアという希望』、岩波書店、2002 年、193 頁）

5節　多様なニュー・プラグマティズムの動向

1　社会改革をめざすニュー・プラグマティズム

　プラグマティズムは前述した分析哲学以外の分野でも再評価されている。中でも、ジェイムズやデューイに代表される古典的プラグマティズムは、教育理論や社会理論・政治理論にも言及し、社会活動にも積極的に関与していったことが知られている。

　しかし、こうした古典的プラグマティズムは戦後に政治的な左右両派から批判を受けることになったのも事実である。批判の対象となったのは、プラグマティズムの楽観的で理想主義的な傾向であった。ジェイムズやデューイのようにプラグマティズムの立場で個人の成長や社会の発展をめざした場合、成長や発展の基準や方向性が曖昧になると指摘されたのである。その結果として、プラグマティズムは現実政治の権力闘争を看過しがちになり、現状をただ肯定したり、ファシズムのような全体主義に対抗できなくなったりすると言われた。

　その後、前述したようにローティがネオ・プラグマティズムの見地からジェイムズやデューイの社会理論や政治理論を再評価するようになる。そしてローティは苦痛や残酷さを減少させる寛容な民主的社会のあり方を現実的に議論する素地を提供していった。政治闘争がより複雑に多様化し、特に階級や人種やジェンダーをテーマに議論が進む中で、こうした社会認識を強く抱いたニュー・プラグマティズムも台頭してきた。

　その代表的なものとしては、プラグマティズムを批判理論やネオ・マルクス主義と結び付けた「批判的プラグマティズム」、フェミニズムと結び付けた「フェミニスト・プラグマティズム（feminist pragmatism）」、キリスト教的社会思想と結び付けた「預言的プラグマティズム（prophetic pragmatism）」である。まず、ニュー・プラグマティズムとしてこの三つの動向を確認しておこう。

（1）批判的プラグマティズム

　まず、ジルー（H.A.Giroux）やアップル（M.Apple）は、デューイのプラグマティズムや教育理論を批判理論やネオ・マルクス主義に関連づけて、「批判的プラグマティズム（critical pragmatism）」を掲げている。教育的経験を「解放」や「エンパワーメント」という批判理論の用語を使ってラディカルに解釈し直し、プラグマティズムの発想でより公正で平等な民主主義社会の人間関係を再構築しようと試みている(1)。

　このラディカル・プラグマティズムはデューイ流の考え方を左派的に発展させるため、ローティのネオ・プラグマティズムには権力関係に対する関心が不足していると批判する。ラディカル・プラグマティズムから見ると、ローティのネオ・プラグマティズムでは周縁化されて権力のない他者の苦痛や危機を見過ごしてしまったり、現存の権力者を優遇する既存の社会規範を保持したりすることになってしまう。そうした社会の権力構造を根本的に見抜いて、個人を解放しエンパワーメントするための教育改革や社会改革をラディカルに断行しようと訴えているのである。

　こうした諸々の指摘は、ある意味もっともであり、新しいプラグマティズムがよりアクチュアルに社会の問題を発見するためには、その遂行される教育的・社会的な改革が人種（race）・性（gender）・階級（class）の差にどのような影響を及ぼすかに着眼する必要がある。さらに、社会的特権者や社会的弱者がこうした不公平な社会構造の結果からどのような利益または不利益を被るかまで十分に吟味しなければならない。

　ただし、ローティの場合は、社会的関心をあまり広げ過ぎると、社会問題の根底にある経済格差の問題を軽視することに繋がる点を懸念している。社会制度のラディカルな改革（革命）は実際のところ困難であるため、現実のリベラル社会における経済格差やそれに伴う教育格差を漸進的に改良していく道をローティは選んでいることは言い添えておきたい(2)。

（2）フェミニスト・プラグマティズム

　セイグフリード（C.H.Seigfried）、ミラー（M. Miller）、フレイザー（N.Fraizer）らは、プラグマティズムとフェミニズムとの間に相互補完的な関係を築いて、ケアリング的な見地も取り入れながら新たな「フェミニスト・プラグマティズム」を展開している(3)。

　このフェミニスト・プラグマティズムの立場では、どのような既存の公平を装った理論においても、必ず特定の個人や集団の関心や利益と結び付いていると考える。そうした認識を前提にして、フェミニスト・プラグマティストは、科学的方法論の実証的な解釈を批判し、個人の経験や社会的・文化的文脈（特に父権社会の文脈）に注目

することで社会実践と理論を結び付けようとするのである。

　また、フェミニスト・プラグマティズムは、デューイのプラグマティックな美学を取り入れて、伝統的な哲学の普遍的な観念に挑戦し、真理の判定には知性だけでなく感情や愛情をも考慮すべきであると考える。そこでの認識方法は、「理性」を特権化することを拒否し、代わりに感情、感覚、衝動、習慣を含めた「知性」を重視する。

　このようにフェミニスト・プラグマティズムは、伝統的な哲学の偏向した男性中心になりがちな概念を再定義し、男女の日常的な問題解決に従事したり、抑圧された社会秩序を漸進的に再構築したりすることをめざしている(4)。こうした見解の重要性は、ローティも認めており、ネオ・プラグマティズムにおける社会的実践や認識論に関する弱さを補い、現実問題としての家父長制や性差別を除去したり、抑圧された女性の権利を拡張したりするための教育実践に貢献することになるだろう(5)。

（3）預言的プラグマティズム

　ウェスト（C.West）は、ローティのネオ・プラグマティズムに共感しながらも、その思想的中心に宗教的エートスが欠けている点を批判している。そのうえで、デューイなどの古典的プラグマティズムに内在する宗教的エートスや社会的理想主義の意義を強調することで、新たに独自の「預言的プラグマティズム」を提唱している。

　ウェストによれば、プラグマティズムの本質とは、将来の倫理的意義を強調し、人間の主体的な意志と行動が将来を変容する潜在能力をもつと主張するところにある(6)。そこで、プラグマティズムとキリスト教的な社会思想を関連づけることで、あらゆる人々の根本的な平等を社会実践的に求めていこうとするのである。

　この預言的プラグマティズムは、エマーソンからジェイムズ、デューイに共通する預言者的エートスを継承し、より民主的で平等な社会制度を再建するために、具体的な社会的問題を協働探究し、公共的領域を活性化させることに貢献している。また、こうした動向は、より広範囲な社会運動のエネルギーを結集して力強い連帯や同盟を呼びかけると共に、現代文化の批判的反省から社会的指導者を養成することにも展開している。

　ただこの点でいえば、ローティのネオ・プラグマティズムも晩年になるほどリベラルな民主社会における連帯を重視するようになっている。ローティは宗教色こそ強く出していないもののアメリカの国家的理念にも通じた預言的エートスは多分に持ち合わせていたと言える（この点は本書の2章2節「プラグマティズムと宗教」を参照のこと）。

2　ブランダムとマクダウェルのプラグマティズム

　ローティのネオ・プラグマティズムを批判的に継承したブランダムやマクダウェル

の新しいプラグマティズムにも注目が集まっている。両者とも元々は分析哲学を研究しており、同じピッツバーグ大学に所属しており、ローティから思想的影響を受けた点でも共通している。

　以下ではこうしたブランダムとマクダウェルの新しいプラグマティズムの動向を検討しておきたい。

（1）ブランダムの推論主義的プラグマティズム

　ブランダム（Robert Brandom）はローティの弟子として有名なプラグマティストである。彼は『明示化』をはじめ『哲学の中の理性』や『プラグマティズムの諸展望』などでプラグマティズムを新たに展開している。ブランダムはカントやヘーゲルの思想を再評価してプラグマティズムとして再解釈している。

　ブランダムは概念間の推論関係に注目することで明示化される規範性を重視している。ローティは、知識を基礎づけることができるものを、知識の実践を超えて探す必要はないと主張している。それを受けてブランダムは知識が社会言語学的な実践領域で長い時を経て深まってきたのだから、知識がそれ自体より深い何かによって正当化されることはないと述べる。

　また、ブランダムはローティ流に「経験」の概念を否定していく。ローティは古典的プラグマティストが「経験」という用語を再定義するのではなく、捨て去るべきだったと述べているが、そこからブランダムは「『経験』だけが私の言葉ではない」(7)と結論づける。

　こうして基礎づけ主義を克服しようとするブランダムのネオ・プラグマティズムは、知識が働く領域を特定し、知識の土台への探究を止めるべきだと考える。そもそも表象主義的な基礎づけ主義を回避するローティのプラグマティズムは、言語と経験との関係が真剣に問い始められることで理解が深まり、分析哲学の伝統を活気づけることになった。

　この言語と経験の関係は、ジェームズとデューイにとっては関心の対象であったが、プラグマティズムを発展させた哲学的構想の中では、それほど重要な関心事ではなかった。ジェイムズとデューイはまだ基礎づけ主義の形態に打ち勝つだけの思想的道具を十分に持ち合わせていなかった。それでも、古典的プラグマティズムの発想は、ネオ・プラグマティズムの反基礎づけ主義、可謬主義、反懐疑主義、反権威主義、改良主義にも引き継がれている。

　そこで、ブランダムの言語論的転回は、強い反基礎づけ主義への移動をめざしている。彼は徹底して表象主義や基礎づけ主義を回避するために、セラーズやローティの路線に賛同している。言語を重視して経験を否定するセラーズは、主観的な心の確か

さからではなく、間主観的な対話型の合意によって仲立ちされる知識概念を重視している。こうした間主観的な対話の合意という考え方は、ローティによっても擁護されている。

　ブランダムは、ローティが言語主義への特定の批判をすることで、プラグマティズムの反基礎づけ主義を徹底させることに賛同している。ブランダムは、基礎づけ主義の立場から実践への哲学的基盤について議論するのではなく、プラグマティズムの立場から実践の歴史的な領域について議論すべきであると考えるのである。

（2）マクダウェルのネオ・プラグマティズム

　マクダウェル（John McDowell）は、自らプラグマティズムを提唱しているわけではないが、ローティのネオ・プラグマティズム（特に『自然と哲学の鏡』）やウィトゲンシュタインの哲学を参考にして、哲学を治癒的なものとして捉え直している。ローティがネオ・プラグマティズムを「啓発的哲学」や「治癒的哲学」として特徴づけたことは前述したが（1章3節参照）、マクダウェルも基本的にはこうしたローティの考えから主著『心と世界』を書いている。

　近現代の体系的哲学が思考や言語を分析し、それらが世界とどのような関係にあるかを説明しようと躍起になったのに対して、マクダウェルの考える治癒的哲学はその問題を再記述して静寂な世界に連れ戻そうとする。体系的哲学では言語や概念における混乱によって心が世界や現実とのかかわりを失ってしまい、漠然とした「不安」に感じる病気に罹っている。そこでマクダウェルはプラグマティックな発想から、そうした「不安」を解消し、平安をもたらすことによって治癒しようとするのである(8)。

　ただ、マクダウェルは、ローティのネオ・プラグマティズムをそのまま継承しているわけではない。ローティが社会言語学的なプラグマティズムの立場から「探究上で対話的なものを阻止する制約は何も存在しない」と指摘した場合、それでは相対主義と変わらないと言う批判を受けた。マクダウェルも、こうしたローティのいう社会言語学的な合意では、相対主義者が考える非基準の明示と代り映えせず、真理や善や正義の基準をより明確に提示できないと考える。

　そこでマクダウェルはプラグマティックな発想から、自己（心）と世界を改めて結び付けようとする。人間が何かを経験されるのは、既に命題的な内容をもっているからであり、何かを受容する際にはそこに何らかの概念が動いていることになる。マクダウェルによれば、「親切なふるまいとは何か」を知っているから、異なる状況でもそこでの親切な行為とは何かを判断し、実際にその行為をすることができる(9)。こうした前提から、人間はそれぞれの問題状況において「自分はどうすべきか」について道徳的な理由を考慮しながら、正しい判断ができるようになる。マクダウェルは人

間が言語を習得することによって概念的能力を身に付け、道徳的に考えたり行為したりできるようになる点を強調し、道徳教育の新たな展開を示すのである。

3　多分野のニュー・プラグマティズム

　プラグマティズムは哲学や社会理論だけでなく多方面・多分野に適用され広まっていった。特に注目すべきプラグマティズムの分野として、美学、経営学、カウンセリングの分野に触れておきたい。

（1）シュスターマンのプラグマティズム的美学

　シュスターマン（R.Shusterman）は初め分析哲学を研究していたが、後にデューイの美学や芸術論に関心をもち、独自のプラグマティズム的な美学を構築した。彼はアートの定義やポップアートなどの哲学的解釈においてプラグマティズムの論法や道具立てを応用している点ではユニークな立場である。シュスターマンによれば、「プラグマティストの美学が推奨するのは、芸術を再考し形成し直す積極的行動者としての役割」である(10)。

　また、ガリソン（J.Garrison）もデューイのプラグマティズムに関連した美学を再評価している。芸術の本質的価値に着目したうえで、人間性を根本的に変容する芸術の教育力を強調している点で重要である(11)。

（2）経営学のプラグマティズム

　経済学や経営学の分野でもプラグマティズムは早い時期から高く評価されてきた。古くは、フォレット（M.P.Follet）の集団論やサイモン（H.A.Simon）の意思決定論は、ジェイムズの心理学やプラグマティズムから影響を受けていた(12)。また、バーナード（Chester Irving Barnard）の経営理論は、デューイの倫理思想から影響を指摘されている(13)。

　ドラッカー（Peter Ferdinand Drucker）もマネジメントやマーケティングの理論を展開する際にプラグマティズム的な問題解決論を重視している(14)。経営のような実学の分野では、プラグマティズムの見地から、実際に問題の解決に役立つ知識・概念・理論を道具と捉えて、それを実際に使ってみて効果を検証し、そこに課題があればよりよいものに改善・修正しながら発展させる方針が適している。何か問題が生じれば、何が問題かを正しく定義して明確に把握し、それに対応する選択肢をなるべく多く考え、それぞれの選択肢についてメリットやデメリットの相対的な重要性を比較して分析・検討し、その根拠から推論された結論を出すことになる。問題の分析・検討では基本的に左脳型で論理的に詰めていくが、ビジョンの構想や解決策の創出では右脳型

で自由な独創的な考えを追求することになる。

　このように経営において問題解決の計画（Plan）を暫定的な仮説として立て、それを事業の現場で実行に移し（Do）、その結果（成果）を検証して（Check）、もとの計画を改善していく（Action）というPDCAサイクルは、もともと実験主義的な発想から来ており、プラグマティズムの考え方にも通じている。どのような計画（Plan）も絶対的・究極的なものではなく、暫定的な仮説として設定され、実際にその計画を遂行してその真価を問うことが重要になる。それゆえ、この仮説としての計画は、実行されて初めてその価値を判断され、有意義であれば活用され続け、機能が十分でなければ意味がなくなり、適宜に改良・改善・改革が加えられ続けることになる。こうしたプラグマティックな発想からドラッカーは、企業による利益追求ではなく社会貢献を重視し、企業倫理として誠実さ（integrity）が最も大事であると考えている。

　ローゼンソール（S.B.Rosenthal）やブックホルツ（R.A.Buchholz）もプラグマティズムの見地から経営倫理学を再構成している(15)。彼らはビジネス教育のプロセスを全人格的教育に関わるものと考え、個人が自由な実験的探究活動において問題解決をすることで経験的探究のスキルを発展させようとする。また、デューイのプラグマティズムに倣って、経営倫理を企業外部からの圧力と考えるのではなく、社会と企業の相互作用の中でもたらされるものと見て、ダイナミックで継続的な自己管理能力の成長やコミュニティの発展に導こうともしている。

（3）カウンセリングのプラグマティズム

　カウンセリングの分野でもプラグマティズムは評価されている。来談者中心療法を提唱したことで知られるロジャース（Carl Ransom Rogers）は、デューイのプラグマティズムや教育理論から影響を受けている。彼は人間を能動的で自律的な存在と見なし、問題を抱えている場合にはその相手の話すことに積極的に傾聴して、共感的に理解し支持することにより、自分の人生の問題を見つめ直し、問題を解消したり解決策を自ら見出したりできるようになると言う。

　こうした来談者中心療法は、徹底して非指示的手法や非審判的手法を貫くため、クライエントの言語能力が十分高くないと効果の薄い場合もあった。そこで、論理療法（後の論理情動行動療法）や認知療法、短期療法ではプラグマティズムの発想を取り入れ、積極的にクライエントの問題解決に関与していく方針をとった。そこでは、まず問題を明確化して、その原因を見出し、その解決策を具体的に考える。問題に対して非論理的で歪んだ考え方（イラショナル・ビリーフ）をもっている場合、それに気づかせてより論理的で納得できる考え方（ラショナル・ビリーフ）に転換できるように支援し、思考習慣に肯定的な影響を与えようとしたのである。

　また、カウンセリングでは話し合うだけでなく、実践・行動を通して思考を変えていく行動療法もある。これもジェイムズやデューイのプラグマティズムのように行動が思考や感情に与える影響の大きさを認識したうえでの有効な働きかけであり、治癒効果が高いことも知られている。例えば、カーシェンバウム（H.Kirschenbaum）はこうした認知療法や行動療法の問題解決のプロセスを取り入れて、「思考すること」「感じること」「コミュニケーションすること」「選ぶこと」「行動すること」の５つに分類している(16)。これらを具体的な活動として示すと以下のようになる。第一に、批判的、論理的、創造的、多角的に考える。第二に、自分自身の内なる感情に気づき、その感情を受け入れ、抑うつ的な感情を取り除き、肯定的な自己概念を味わう。第三に、明確なメッセージを伝え、共感的に理解し、コミュニケーションする。第四に、選択肢を考え出し、それぞれの選択肢の結果をじっくり検討する。第五に、くり編し、一貫して、スキルを使いながらうまく行動する。こうしたプラグマティズムの発想に基づくカウンセリングの手法はそのまま問題解決的な学習にも応用できるのである。

おわりに

　以上の多様なプラグマティズムの展開を概観していくと、プラグマティズムは既に現代社会の学問諸分野において広く汎用され、深く浸透した考え方であり、ある意味で日常化していると言っても過言ではない。

　大きく変動する時代状況や社会状況において仮説をもとに行動計画を立て、実行を通して改良・改善しながら成長や発展を図ろうとする健全な思考方法は、意識しているかいないかはともかく、プラグマティズム的な発想が脈打っている。それゆえ、当然のように人間に関わる社会理論、教育理論、心理学理論など多様な学問諸分野にプラグマティズムは息づいているのである。

（註）

(1) Henry Giroux, *Schooling and the Struggle for Public Life: Critical Pedagogy in the Modern Age*, Minneapolis: University of Minnesota Press, 1988. Henry Giroux, *Border Crossings: Cultural Workers and the Politics of Education*, New York: Routledge, 1992. Michael W.Apple, *Education and Power*, Routledge & Kegan Paul Ltd., 1982.

(2) Richard Rorty,"Two Cheers for the Cultural Left," D.J.Gless & B.H.Smith（eds.）, *The Politics of Liberal Education*, Duke University Press, 1992, p.238.　Richard Rorty, *Essays on Heidegger and Others, Philosophical Papers Vol.2*, Cambridge University Press,1991, p.6.

(3) Charlene H. Seigfried, *Reweaving the Social Fabric: Pragmatism and Feminism*, The University of Chicago Press, 1996.　Majorie C.Miller,"Feminism and Pragmatism,"The Monist 75（4）, 1992. Nancy Fraser, *Unruly Practices: Power, Discourse and Gender in Contemporary Social Theory*, University of Minnesota Press, 1989.

(4) Ｎ．フレイザー「もうひとつのプラグマティズム」『思想』第 931 号、岩波書店、2001 年 11 月。　ローティのフェ

ミニズム論に関しては、次の論文を参照のこと。

（5）Richard Rorty, "Feminism and Pragmatism,"*Truth and Progress*, Philosophical Papers, Volume 3, Cambridge University Press.

（6）Cornel West, *Prophetic Thought in Postmodern Times*, Monroe, Common Courage, 1993.

（7）Robert Brandam, Articulating Reasons: An Introduction to Inferentialism. Cambridge: Harvard University Press, 2000, p.205n7

（8）John McDowell, *Mind and World, With a New Introduction*, Harvard, 1996, p.xiii. John McDowell 2000,115.

（9）John Mcdowell, *Mind, Value, and Reality*, Harvard University Press, 1998. ジョン・マクダウェル『徳と理性マクダウェル倫理学論文集』、勁草書房、2016 年、55 頁。

（10）Richard Shusterman, *Pragmatist Aesthetics: Living Beauty, Rethinking Art*, Blackwell, 1992.（秋庭史典訳『ポピュラー芸術の美学―プラグマティズムの立場から―』、勁草書房、1999 年、21 頁。）

（11）Jim Garrison（ed.）, *The New Scholarhip on Dewey*, Kluwer Academic Publisher, 1995.

（12）M.P.Fillett, The New State, Longmans, Green, 1920（邦訳『新しい国家』、文眞堂、1993 年）。H.A.Simon, Administrative Behavior, The Free Press, 1947-97.（邦訳『経営行動』、ダイヤモンド社、2009 年）

（13）Chester Irving Barnard, *The Functions of the Executive*, Harvard University Press, 1938.（邦訳『経営者の役割』、ダイヤモンド社、1968 年）

（14）Peter F.Drucker, The Effective Executive, Harper Collins Publishers, NewYork, 1966.（邦訳『経営者の条件』、ダイヤモンド社、2006 年。

（15）サンドラ・B. ローゼンソール、R.A. ブックホルツ『経営倫理学の新構想』、文眞堂、2001 年。 Sandra B. Rosenthal, Rogene A. Buchholz, *Rethinking Business Ethics: A Pragmatic Approach*, Oxford University, 1999.

（16）Howard Kirshenbaum, *Advanced Value Clarification*, Pfeiffer & Co, 1977. Howard Kirscenbaum, "Beyond Values Clarification,"in Howard Kirshenbaum, Sidney B. Simon（eds.）*Reading in Values Clarification*, Winston Press, 1974.

第2章 プラグマティズムと諸学問領域

　プラグマティズムは他の学問領域とどのように関連しているのか。また、プラグマティズムは他の学問領域でどのように生かされているか。既にプラグマティズムは諸学問の基本的な考え方や手法として取り入れられ、多くの分野で広く浸透してきた感がある。そこで、改めてプラグマティズムと諸学問領域との関係性を検討してみたい。

　本章では、プラグマティズムと公共哲学、宗教、教養教育、教育哲学、論理学を関連づけて吟味する。初めに、昨今マスコミ等でも注目されている公共哲学との関係である。公私の関係性をプラグマティズムはどのように捉え、いかに公共哲学を構築するかについて、他の公共哲学と比較しながら検討する。

　次に、学校の道徳教育および道徳授業との関係である。わが国の小・中学校で「特別の教科」となった道徳授業をプラグマティズムの立場でどう捉えるべきか考える。

　第三に、実際的なプラグマティズムとは一見すると疎遠な感じのする宗教との関係である。プラグマティストは宗教をどう捉えてきたかを振り返り、宗教との関係を吟味する。

　第四に、プラグマティズムを教養教育と関連づけて考える。リベラル・アーツとしての教養教育は一般（共通）教育と呼ばれ、学問の基礎基本を学修するうえで重要とされながらも、それほど重視されていないところがある。そこで、プラグマティズムの見地から教養教育のあり方、特に哲学の教育について検討したい。

　第五に、プラグマティズムと近いようでいて遠い存在でもある教育哲学との関係性を再考してみたい。教育哲学ではプラグマティズムを一研究分野として見なしているが、プラグマティズムの見地から教育哲学はどうあるべきか考えたい。

　最後に、プラグマティズムを論理学（特に形式論理学）と関連づけて考える。論理的な考え方の代表とされる演繹法や帰納法と比較しながら、プラグマティズムの論理展開の独自性と意義について吟味する。

1節　プラグマティズムと公共哲学

はじめに

　プラグマティズムの見地から公共哲学について検討してみたい。というものも、プラグマティズムはもともと民主主義や社会改善主義の考え方と非常に親和性が高いため、プラグマティズムに基づく公共哲学を構築することは当然できるからである。

　もともとプラグマティストとして有名なジェイムズとデューイは、単にアメリカの哲学者として有名なだけでなく、社会・政治思想家としても名声を博していた。彼ら

の提唱したプラグマティズムは、20世紀初頭から哲学や社会・政治思想のアメリカ的形態として世界的に脚光を浴びることになった。

特に、デューイは自由放任主義や福祉国家的資本主義に反対する一方で、共産主義やファシズムの全体主義にも対抗し、プラグマティズムの立場から伝統的な個人主義・自由主義・民主主義の刷新を唱えている。社会的な問題解決に向けた協働探究の理論を展開すると共に、そのコミュニケーション過程で個々人の成長をも企図する点で、デューイの思想は傑出していたと言える。デューイのプラグマティズムは、今日の参加型民主主義や協議的民主主義あるいは熟議民主主義の先駆的思想として評価されると共に、わが国で従来注目されてきたアーレント（H.Arendt）流の共和主義、サンデル（M.Sandel）流の共同体主義、あるいはハーバーマス（J.Habermas）流の市民公共性論とも異なる点で、注目に値する独自の公共哲学として再認識されてきた。

1980年代にプラグマティズムやデューイが再評価されたことに大きく貢献したのが、ローティ（Richard Rorty）であった。もともとローティは、分析哲学や言語哲学を専門としていたわけだが、哲学の言語論的転回から解釈学的転回を経て、プラグマティズムを再評価するに至っている。ローティは、特にデューイが自然主義や歴史主義の立場から伝統的な神学―形而上学的信念や二元論を脱構築すると共に、公共的で民主主義的な社会改革を推進した点を高く評価している。

また、ローティは、デューイに先行してジェイムズが従来の真理対応説を棄却し、多元主義の見地から人間の多様な生き方（信じる意志）を尊重し、リベラルな社会改善主義を提唱した点も評価している。そこで、ローティはジェイムズとデューイのプラグマティズムに沿って哲学の将来を再構築しようと試みたであった。

ただ、その一方で、ローティは、ジェイムズやデューイのプラグマティズムを正統に継承していないとして批判されることも少なくない。というのも、ローティは、伝統的な形而上学に特有の基礎づけ主義、本質主義、表象主義を徹底して拒絶するあまり、ジェイムズやデューイが重視した「経験」「精神」「意識」というキー概念から離れようとするからである。また、ローティはパースのような論理学的方法、ジェイムズのような心理学的方法、デューイのような科学的方法を社会的な問題解決に適用しようともしない。その意味でローティのネオ・プラグマティズムは、「方法なしのプラグマティズム」とも呼ばれている。

そもそもローティは、プラグマティズムの始祖であるパースや社会的行動主義を提唱したミード（G.H.Mead）に対しては、一定の距離を置いている。それに対して、ローティはジェイムズやデューイのプラグマティズムには親近感を覚えるわけであるが、当然ながらそこには大きな違いも見出せる。そこで、本章では、特にジェイムズ、デューイ、ローティのプラグマティズムを比較検討しつつ、彼らに共通する思想的特

徴を取り上げ、プラグマティズムを「希望の公共哲学」として再解釈することを目的
とする。

　先行研究としてジェイムズ、デューイ、ローティを比較検討したものに、コープマ
ン（C.Koopman）の『移行としてのプラグマティズム』があり、歴史主義に関する三
者の共通点を指摘しているが、公共性や公共哲学についての言及はほとんどない(1)。
また、植木豊は『プラグマティズムとデモクラシー』において、「デューイ的公衆」
に注目してデモクラシーの公共哲学を模索しているが、基本的にデューイの『公衆と
その問題』に限定した見解で展開している(2)。

　本節では、プラグマティズムの見地から公共哲学を検討する。節の構成としては、
まずプラグマティズムにおける公と私の捉え方について、デューイとローティの思想
的遍歴に着目しながら考察する。次に、ジェイムズ、デューイ、ローティに共通する
プラグマティズムの特徴として真理観、多元主義、ヒューマニズム、社会改善主義、
自由民主主義、アメリカニズムに注目して比較検討する。最後に、三者に共通するプ
ラグマティズムを「希望の公共哲学」として捉え直し、その今日的意義と課題につい
て考察することにしたい。

1　公的なものと私的なもの

　まず、デューイとローティの思想を公私の問題と関連づけて歴史的に再構成すると
ころから始めたい。デューイの哲学は、一貫して個人の自己実現と社会の発展とを相
互補完的な関係として捉え、公私が矛盾・対立しないところに特徴がある。

　デューイは自伝的論文「絶対主義から実験主義へ」（1930年）において、彼の私的
なキリスト教的信仰と当時社会に台頭してきた進化論的な哲学的思考との間に鋭い断
絶が生じ、それを克服するために哲学研究に従事したと述懐している(3)。

　初期のデューイはキリスト教の見地から、人間は他者への献身的な奉仕活動（地上
に神の国を創造する活動）を通して完全な自己を成就するという枠組みを重視してい
る。後にデューイは新ヘーゲル主義と生理学的心理学を結合した絶対的観念論の見地
から、主観的な個別的意識が全体的な普遍的意識との関係で相対化され統合される過
程でその本性や能力を開発し自己を精神的に統一するという枠組みに捉え直してい
る。

　さらに、ジェイムズの機能的心理学やダーウィン主義から影響を受けることで、有
機体としての人間が社会的環境と相互作用（interaction）し、そこで生じた諸問題を
解決する過程において個々人が成長するという枠組みに捉え直している。こうして
デューイはキリスト教やヘーゲル主義に内在する絶対的な目的論や本質論を取り除
き、ジェイムズやダーウィンの思想にある多元性や流動性や偶然性の見地を取り入

れ、単に宗教的信条や哲学的原理を擁護するためではなく、民主主義社会の創造とそれを通した個人の成長とを目的とした独自の哲学を再構築している。

こうして誕生したデューイのプラグマティズムは、「実験主義」あるいは「道具主義」とも呼ばれ、習慣の再編のみならず、概念の刷新、思想の改造、さらに社会制度の改良にも応用されていく。

『公衆とその問題』（1927年）では、人間と環境との自由な交流（transaction）の中で生じた利害対立の問題に対して、新旧や優劣の対立を和解・調停する過程で、各個人が独自の能力に応じて責任を共有し、その共同体に奉仕し貢献すると共に、必要に応じて成果を享受すると見ている。デューイはこの交流から生じた結果の帰属範囲に注目し、「交流の行為当事者のみに影響を及ぼすもの」を私的なもの、「第三者にまで影響を及ぼすもの」を公共的なものと分けている(4)。

こうした公私の関係は相互循環的で連続しているため、従来のように公的な国家権力と私的な個々人とが対立する構図を乗り越えている。この文脈でデューイのいう「公衆」とは、「交流の間接的な諸帰結によって組織的な配慮を要すると思われるほどまで影響を被る人々すべてから成り立っている集まり」(5) であるため、公と私を現実的に架橋する存在にもなり得るのである。

一方のローティは、私的領域と公的領域を厳密に分けて考えるところに特徴がある。ローティは、自伝的論文「トロツキーと野生の蘭」（1992年）において、トロツキーという社会的連帯の象徴と「野生の蘭」という厭世的で耽美的な個人的趣味との間に対立が生じ、それを統合する単一のビジョンを得るために哲学研究に取り組んだと述懐している(6)。そこで、初めはキリスト教やプラトン主義など絶対主義的な哲学を志向したが、後に言語哲学やプラグマティズムの研究を経て、哲学や科学的方法では公私を統合する単一のビジョンを獲得することは不可能と考えるに至る。

この点についてローティは、『偶然性・アイロニー・連帯』（1989年）の中で、私的領域における自己創造の語彙と公共的領域における社会的正義の語彙とは共約不可能であるため、「理論のレベルで自己創造と正義とを統合する方策はない」(7) と説明している。ローティは、個々人の私的な生や目標がラディカルに多様で詩的な性質をもつため、必ずしも公共的なニーズと一致しない点を強調するのである。

こうしたローティの考えをもとに提唱されたのが「リベラル・アイロニスト」である。ここでいうリベラル・アイロニストとは、私的領域で「自分自身の最も中心的な信念や欲求の偶然性」をアイロニカルに直視する「歴史主義者・唯名論者」であり、公的領域では他者に与える屈辱や苦痛の減少や残酷性の回避を希求してリベラルに連帯する人々である(8)。

さらに、ローティは、アイロニーの私的哲学に役立つニーチェ（F.W.Nietzsche）

やフーコー（M.Foucault）とリベラルの公共哲学に役立つデューイや後期ロールズ（J.Rawls）とを明確に区別する。そして、公的領域にある社会問題では、デューイらに倣って、歴史主義的で反普遍主義の見地から弱者救済や機会均等の理念を正当化し、民主主義を哲学に対して優先させるのである(9)。

ここでローティは、あえてデューイを（ロールズと同様に）個々人のアイデンティティ問題に立ち入らない「公共哲学者」として解釈する。そのため、ローティはデューイ哲学の半分しか継承していないと批判されることもある。しかし、ローティは論文「教育、社会化、個性化」（1989年）の中では、デューイの私的哲学を援用しながら、社会化の過程で形成された受動的な自己像を新しい語彙によって再記述し、新しい自己像を再創造する教育的プロジェクトに賛同している(10)。

つまり、ここでローティは、公共的な人類連帯に寄与するデューイの社会政治思想と、私的な自己創造に役立つデューイのロマン主義的な道徳思想とをあえて切り離してみせる。そのうえで、デューイの自然主義的形而上学を脱構築することで、ポストモダン的思想状況下でも再評価され得るデューイ像を目的に応じて提示するのである。

このように公私を峻別するローティの哲学は、公私の連続性を強調したデューイの立場よりも、私的領域の重要性を強調していたジェイムズの立場に近いとも言える。唯名論や根本的経験論を提唱するジェイムズは、個人の内的経験も外的経験も純粋経験として尊重し、私的領域と公的領域を厳然と区別する。ローティも、ジェイムズが公的領域における知的な議論だけでなく私的領域における実際的・情緒的な訴えや「信じる意志」を重視した点に注目している。

ここで再びデューイの思想的遍歴に目を転じると、たしかに1900年代に科学的方法を用いて独自の道具主義を社会探究理論として確立しようと努めた時期は、パースからの影響もあり、私的で相対的な感情や感性の働きを否定的に捉え、より論理的で科学的な知性の働きを優先させる傾向が強かった。

しかし、この頃でもデューイはエマーソン流の超越主義には共感を寄せ続け、1910年代になるとジェイムズのプラグマティズムを再評価し、さらに第一次世界大戦への参戦支持に対しても反省の念が深まると、社会政治問題を扱う際には知性と協力と実験だけでなく、感情や想像力に触発された内的経験や平和的心情をも重視する必要があることを強調している。特に晩年のデューイは、当時台頭してきた論理実証主義とは袂をわかち、事実と価値の間の境界を乗り越え、科学、哲学、道徳、宗教、芸術、政治、社会制度の間に連続性を見出している。

例えば、『誰でもの信仰』（1934年）では、想像力を介して現実の諸条件に関する観念が理想目的として統合され、それが社会的知性によってより明確で強烈なものとな

り、自我を統合するほどの包括的な目的となる時、その実現に向けた社会的行動を駆り立てる感情や衝動が呼び起こされると述べている(11)。また、『経験としての芸術』（1934年）では、想像力が個と全体を結び付け、知性と感情（情熱）を融合することで、「善きものにとっての主要な道具」となり、「芸術は道徳性以上に道徳的になる」と指摘する(12)。こうした論調と符合して『公衆とその問題』でも、「自由な社会的探究が感動的で充実したコミュニケーションの芸術とわかちがたく結びつく時、民主主義は自らを成就するだろう」(13)と予言的に語っている。

　こうしてデューイは、「確実性の探究」を「想像力の要求」に置き換え、政治や社会制度に関する探究理論を体系的に構築するよりも、それらの興隆について歴史—社会学的に物語り、宗教や芸術とも通底した深く豊かなコミュニケーションによって民主主義の進歩や人類の連帯を実現させる道を構想している。こうしたデューイがジェイムズに再び接近する所で、ローティは深い賛同の意を示すことになるのである。

2　真理観、多元主義、ヒューマニズム

　次に、ジェイムズ、デューイ、ローティのプラグマティズムにおける共通点を見出すために、真理観、多元主義、ヒューマニズム、社会改善主義に焦点を当てて検討していきたい。

　プラグマティズムの真理観は、観念を行為に移した際の結果に意味を見出すところに特徴がある。ジェイムズが「真の観念とは我々が同化し、有効と認め、確認し、検証することのできる観念である」(14)と言うように、検証できる概念を真理と認め、真理の可謬的・可変的・仮説的な要素に注目するのである。この見解は、パース以来プラグマティストに一貫した主張であり、後の論理実証主義の主張にも先行している。

　また、ジェイムズは多元主義の立場から、物事のあり様は単一ではなく、世界は不完全に統一され動的に移り変わるため、人間が住む諸実在も多元的であると考えたうえで、真理が個人の内的経験でもつ意味を重視し、真理が個々人の欲求を満足させる点、私たちの経験の諸部分と満足な関係を結べる点、そして他の諸々の真理と整合する点にも注目している(15)。

　さらに、ジェイムズはヒューマニズムの見地から、人間の共同的努力が多元的宇宙に決定的な貢献をし、現在とは違った多様でよりよい将来を実現できると考える。ジェイムズによれば、「私が擁護するプラグマティズムは、ある究極的な不屈の精神に、そして確実性や保証なしに生きようとする意志に頼らねばならない」(16)。そこで、ジェイムズは社会改善主義の見地から、人間の共同的努力が社会の進歩を促進すると共にその崩壊を軽減し、「世界救済」を創造することも可能になると見ている(17)。

　デューイも道具主義の見地から、真理を暫定的な作業仮説として捉え、その合理性を「多様な要求の間に有効な調和をもたらす」点に見出す(18)。そこでは、客観的な実験の結果として現われる現実の変化や精神の変容に着目するため、問題解決の過程（疑念の発生、問題の設定、仮説の形成、推論、仮説の実験と検証）を経ることで「保証された言明」(19) に至ることを重視する。

　こうした科学的方法を偶発的で多元的な社会の問題解決にも応用し、人間の「共感的洞察と改革の知的努力」によって社会的条件を改善するために協働探究することを重視する。デューイにとって、多様な価値観や多元的な展望を交流させる自由で開かれたコミュニケーションを行なう社会改善主義こそが、「自信と正当な希望」(20) をもたらすのである。

　ローティの場合は、ジェイムズやデューイのように経験主義を重視しないが、言語の偶然性や多元性に注目することでプラグマティックな転回をすることで、真理とは「自由で開かれたエンカウンターの行程で信じられるようになったもの」(21) と見なす。そのため、「不変の構造との照合によって過去の慣習や伝統を正当化すること」ではなく、具体的な代案やプログラムを比較検討し、「不満足な現在をより満足できる未来に替えていくこと」が重要になる(22)。

　こうしてローティは、永遠の非人間的な拘束に従属するのではなく、ジェイムズやデューイのように、人間が誤り得ることを自覚したうえで、社会改良の暫定的で人間的なプロジェクトに参加することを重視する(23)。ローティにとって、多元的で偶発的な意見をダイナミックにやり取りする「会話」を継続することが、強制のない合意をもたらし、社会的な希望に繋がるのである。

　こうしたジェイムズ、デューイ、ローティに共通するプラグマティズムは、知性のみならず感情や想像力の働きに注目し、自由にコミュニケーションによって多元的な人々の多様なアイデアや価値観を交流させること自体を重視するところに特徴がある。

　これに対して、パースやミード（さらにはハーバーマス）に共通するプラグマティズムが、あくまで知性や理性の働きに注目し、理想的なコミュニケーション状況において合理的な議論を通じて多様な意見を収斂させて合意形成に至ろうとするのとは異なる点に留意しておきたい。

3　自由民主主義、アメリカニズム、希望

　ジェイムズ、デューイ、ローティに共通するプラグマティズムは、自由民主主義と関連づけることで特徴がより際立つ。近代的な自由民主主義は、普遍的で画一的な人間像を前提としており、自由かつ合理的に議論すれば予定調和的に合意に達すると考

える。それに対して、プラグマティズムは、多元的で多様な人間像を想定するため、社会の対立や紛争を解決するためにコミュニケーションし続けることを重視する。

　ジェイムズは、多様な個人の内的経験を重視し、「相手の心の自由を互いに細かく気を配って謙虚に認め合う」ことによって「はじめて知性の共和国が実現され、内面的寛容の精神が勝ち取られる」(24) と言う。デューイは、原子論的個人主義や「抑圧からの解放」に結び付いた初期自由主義の限界を踏まえ、実験的・協力的知性の方法によって人間精神の自由と人間的諸能力の全面的発達を実現させる「再生自由主義」(25) を提唱している。また、デューイは単なる政治的手続きや制度としての民主主義ではなく、個々人の生き方に関連した「社会のすべての成員の全面的な発達に寄与する」民主主義を希求している(26)。

　こうした自由主義や民主主義を実現させるために、デューイは単に目だけで傍観者的に関わるのではなく、耳で参加者的に関わり「活気にあふれ社交的な思考や感情」で親密で多様な交流をすることが望ましいと考える(27)。ローティも、私的な信念を絶対的に根拠づけることはできないが、社会の残酷性や他者の苦痛を減少させるために、「リベラル・ユートピアという希望」を抱いて会話を継続させることが必要であると考える。こうした「標準的なブルジョワ的自由」(28) を保障することで、私的救済の追求や私的な自己像の創造も実現可能になるのである。

　以上のように自由主義や民主主義に結び付いたプラグマティズムは、哲学のアメリカ化とも呼ばれ、未来に依拠することで希望の象徴的なビジョンを提供するところに特徴がある。ジェイムズは、アメリカの相互扶助や相互尊重の伝統に希望を見出し、「平和の統治とある種の社会主義的均衡が漸進的に到来することを心から信じている」(29) と述べている。デューイも、アメリカが互いに好意的で協力的な人間関係をもつと共に、個々人の最善の方法で最善の能力によってコミュニティに奉仕する機会をもつ点から、民主的理想を有する国家であると見ている(30)。

　たしかにデューイは時にラディカルな民主主義に基づく社会改革を希求するが、それは無からの新しい社会を創造したり全面的な革命を起こしたりするわけではなく、現実に生きている人間が主体となって環境との相互作用で累積した慣習や制度を漸進的かつ改善主義的に再構築することをめざしている(31)。こうしたデューイの政治的態度は、初期のセツルメント活動をはじめ、トロツキーの社会主義や左派的な第三の党を支援した政治活動からも伺い知れるだろう。

　初期のローティも、「哲学と政治に関連はない」という立場であったが、晩年になるとデューイ哲学とアメリカ民主主義には密接な関連性があることを認めるようになり、ローティ自身も政治思想を語り始めるようになる。ローティによれば、「デューイが念頭にあったのは、プラグマティズムもアメリカも希望に満ちた改善主義的で実

験的な精神構造の表われであるということであった」(32)。

　こうしたアメリカニズムと関連したプラグマティズムは、一方でラディカル左派から偏狭なナショナリズムやエスノセントリズムに通ずると見なされて批判された。他方で、ポストモダン派からは、「進歩という物語」に依拠した楽観的で特殊な文化現象と見なされ批判されたこともある。

　これに対して、ローティは、デューイのプラグマティズムを「改善主義的リベラル左派」と位置づけたうえで、それがアメリカの立憲民主主義に由来し、弱者救済や機会均等を重視し、自由で寛容な精神に基づいて社会正義の実現をめざす国家的物語に結び付いていることを強調している。ローティは、デューイに倣ってこの国家的物語を「道徳的アイデンティティを助長する試み」(33) として教育的に活用することにも賛同している。

　ここでは、デューイのいう未来に開かれた「民主主義の進歩」「自由の獲得」「個の成長」という希望の物語こそが、「アメリカの崇高なもの」の象徴なのである。たしかにそうしたプラグマティズムには哲学的な基盤や判断基準のない曖昧性を有するが、それだからこそ共感的な詩的想像力を介して人々を啓発し、魂を鼓舞し、生き生きとした社会連帯と共に自己創造の契機ともなり得るのである。

4　公共哲学としてのプラグマティズム

　ジェイムズ、デューイ、ローティの三者は、たしかにそれぞれの時代的背景、方法論への比重、公私の捉え方で相違点はあるが、多元的で偶発的な社会状況においても科学・政治・芸術等の境界を乗り越え、「希望の物語」を掲げて人間的な共同的努力によってリベラルな民主主義社会を改善主義的に創出しようとする点では共通している。

　こうしたプラグマティズムに基づく「希望の哲学」は、協同社会を基盤とした協働探究や自由なコミュニケーションを続ける原動力になると共に、その過程で自己省察・自己批判・自己評価をもたらすことで、個々人の成長や自己形成を行なう機会を与えるため、公と私を架橋する「公共哲学」として評価されるべきである。

　こうしたプラグマティズムの公共哲学が形成される過程を理解するうえで、デューイが実際の時代状況で起きた社会政治問題と真摯に取り組む中で彼の哲学を再構築し続けた軌跡は、実に示唆に富む。彼は実験的・科学的・社会的知性だけでなく感情や想像力の働きをも総合的に取り入れ、自由な協働探究をコミュニケーションの芸術と結び付けて深化させ、その交流過程を通して多元的な個々人と社会の相互成長を豊穣にもたらす公共哲学を再構築していった。

　この点を冒頭に提示した他の公共哲学と比較して特徴づけておきたい。アーレント

の共和主義では、市民的徳を備えた没利害性に基づく人々が、傍観者的な立場から間主観的に意思形成を行なう。それに対して、デューイは間接的な結果に影響を受けることで関心を共有する人々なら誰もが「公衆」として問題解決の当事者となり、主体的に関与して責任や成果を共有できることを重視している。

　また、サンデルの共同体主義では、公共性の基盤にある歴史的・共同体的な共通善を前提として「状況づけられた個人」の間で普遍妥当的な合意形成をめざしている。それに対して、デューイは多元的なグレート・コミュニティにおいても公衆が多様な価値観を持ち寄り、協働探究することを重視している。

　さらに、ハーバーマスの市民公共性論では、非公式な意見形成の場となる公共圏においてコミュニケーション的理性によって公共的な問題状況の圧力に鋭く反応することをめざしている。それに対して、デューイは公衆が実際の問題に負担と責任をもって取り組み、時に他の私的・公的組織とも連携しながら解決することを重視する。

　こうしたデューイの哲学をジェイムズとローティの間に位置づけて再解釈すると、プラグマティズムは従来のように論理実証主義、分析哲学、現象学のような哲学的伝統の一端として軽視されるべきではなく、現実の問題解決に立ち向かう公共哲学として再評価されるべきなのである。そこには、真理や道徳の理論を体系的に構築した哲学ではなく、希望の創出を社会実践的に追究した哲学、つまり公共哲学としてのプラグマティズムがあるからである。

　今日のポストモダンな時代的状況では、高度な情報化やグローバル化によって差異化と断片化が進展する多元的で複雑化した社会状況になる一方、公と私の接点を見失った個人が自己の分裂性や解離性を伴ってアイデンティティ危機に瀕する私的状況も深刻化している。また、文明の衝突が起こると共に、ナショナリズムの台頭が顕在化して国際的な政治状況も緊迫化している。

　こうした中で、ジェイムズ、デューイ、ローティのプラグマティズムに脈打つ「希望の公共哲学」は重要性を増すことになるだろう。今後の課題としては、こうしたプラグマティズムの社会探究理論的な側面を精緻化して現実の公共的な事例に対応させて有効活用することである。また、日本のアイデンティティとも関連づけてプラグマティズムの自己創造の側面を明示すると共に、公共性の発達に向けた物語論的な道徳教育を学際的に再構築することも重要であろう。

（註）
(1) Colin Koopman, *Pragmatism as transition. Historicity and Hope in James, Dewey, and Rorty*, Columbia University Press, New York, 2009.
(2) 植木豊『プラグマティズムとデモクラシー――デューイ的公衆と「知性の社会的使用」』、ハーベスト社、2010年。
(3) John Dewey,"From Absolutism to Experimentalism,"1930, LW 5, pp.151-152.

（4）John Dewey, *The Public and its Problems*, LW2, p.243.（植木豊訳『公衆とその問題』、ハーベスト社、20頁）

（5）Ibid, pp.245-246.（邦訳、23頁）

（6）Rorty, Richard, *Philosophy and Social Hope*, Penguin Books, 1999, p.7.（邦訳『リベラル・ユートピアという希望』、須藤訓任／渡辺啓真訳、岩波書店、2002年、51頁。

（7）Richard Rorty, *Contingency, Irony, and Solidarity*, Cambridge University Press, 1989, p.xiv.（齋藤純一・山岡龍一・大川正彦訳『偶然性・アイロニー・連帯』、岩波書店、2000年邦訳、4頁）

（8）ibid, p.xv.（邦訳、5頁）

（9）Richard Rorty, "The Priority of Democracy to Philosophy,"in *Objectivity, Relativism and Truth*, Philosophical Papers Vol.1, Cambridge University Press, 1991, p.177.

（10）Richard Rorty, "Education, Socialization, and Individuation,"*Liberal Education*, Vol.75, No.4, 1989, p.7.

（11）J.Dewey, *A Common Faith*, LW 9, p.13.

（12）John Dewey, *Art as Experience*, LW 10, p.350.

（13）John Dewey, *The Public and its Problems*, LW2, p.350.（邦訳、176頁）

（14）William James, *Pragmatism*, in *The Works of William James*, Frederick H.Burkhardt（ed.）, Harvard University Press, 1975, p.97（枡田啓三郎訳『プラグマティズム』、岩波文庫、1957年、200頁）

（15）Ibid., p.34, 41.（邦訳、65, 80頁）

（16）William James, "The Absolute and the Strenuous Life,"1906, In the *Works of William James*, 1975, p.124.

（17）William James, *Pragmatism*, p.137.（邦訳、286頁）

（18）John Dewey, *Human Nature and Conduct*, MW14, p.136.

（19）John Dewey, *Logics*, LW 12, p.16.

（20）John Dewey, *Reconstruction in Philosophy*, MW 12, p.182.（河村望訳『哲学の再構成』、人間の科学社、1995年、134頁）

（21）Richard Rorty, *Contingency, Irony, and Solidarity*, p.68.（邦訳、142頁）

（22）Richard Rorty, *Philosophy and Social Hope*, p.32.

（23）Richard Rorty, *Consequences of Pragmatism*, University of Minnesota Press, 1982, p.166.（室井尚他訳『哲学の脱構築』、御茶の水書房、1985年、369頁）

（24）William James, The *Will to Believe and Other Essays in Popular*, 1897,（Cambridge, 1979）, p.32.

（25）John Dewey, *Liberalism and Social Action*, LW 11, p.64.（河村望訳『自由と文化・共同の信仰』、人間の科学社、2002年、332頁）

（26）John Dewey, *Reconstruction in Philosophy*, p.186.（邦訳、140頁）

（27）John Dewey, *The Public and its Problems*, p.371.（邦訳、207頁）

（28）Richard Rorty, *Contingency, Irony, and Solidarity*, pp.84-85.（邦訳、174頁）

（29）William James, *Memories and Studies*, Longmans, Green, and co, 1911, p.286.

（30）John Dewey, "Nationalizing Education,"1916, MW 10, p.210.

（31）John Dewey, "Creative Democracy"1939, LW 14, p.226.

（32）Rorty, Richard, *Philosophy and Social Hope*, p.24.（邦訳、79頁）

（33）Richard Rorty, *Achieving Our Country Leftist Thought in Twentieth-Century America*, Harvard University Press, 1998, p.43, 51.（小澤照彦訳『アメリカ　未完のプロジェクト』、晃洋書房、2000年、45, 55頁）

┃2節　プラグマティズムと宗教
～デューイの宗教論再考～

はじめに

　プラグマティズムは現実的な問題解決に対応できる理論であるため、時に世俗的にも映る。思弁的な学問とは一線を画すプラグマティズムは、形而上学的要素を多分に有する宗教をどのように考えるのか。

　プラグマティズムの提唱者として有名なパース、ジェイムズ、デューイ、そしてローティは、意外にも宗教の考え方に理解を示す。特に、デューイの宗教論は、既成宗教や超自然主義から離脱して、自然主義やプラグマティズムに基づく民主的でヒューマニスティックな「共通の信仰」のあり方を提示していると評価されている(1)。その一方で、保守的な右派からは、デューイの宗教論は世俗化し過ぎて、宗教の本質や深遠さを喪失していると批判されてきた。他方で、ラディカルな左派からは、デューイの宗教論が青少年期に影響を受けた福音主義の用語や構造を残存させているため、宗教的偏向を克服できていないと批判されてきた。こうしたデューイのプラグマティックな宗教論に関する賛否両論は、彼の教育論に対する是非とも関連している。

　そこで本節では、プラグマティズムの宗教論として主にデューイの宗教論に着目し、彼自身の精神史を辿り、彼の哲学の中心にある「自我の統合」と「民主主義社会の発展」に関連づけて考察する。そのうえで、デューイの宗教論に対する左右両派からの批判的見解を取り上げて再検討する。さらに、今日のポストモダン的社会状況で、デューイの宗教論をいかに評価すべきかを再考することにしたい。

　本章の内容構成としては、1項でデューイの思想的遍歴と前期の宗教論の特徴を明らかにし、それが中期の教育論や民主主義論へと展開する過程を明らかにする。2項では、後期の宗教論として『誰でもの信仰』を取り上げ、その宗教論における自然主義的側面と形而上学的側面を分析する。3項では、デューイの宗教論に関する諸批判を取り上げ、リベラリズムやプラグマティズムと関連づけながら反論を試みる。最後に、昨今の宗教に関連する若者問題や国際政治問題について言及し、デューイの宗教論の今日的意義を再考することにしたい。

1　キリスト教から民主主義へ
　デューイの思想には時期的な変遷があるが、それは当然ながら宗教論にも色濃く反映している。デューイはニューイングランド地方の敬虔な福音主義的文化背景の中で

生まれ育ち、信仰心の篤い母ルシナの影響もあって幼少から地元バーリントンの第一組合教会会衆派に所属し、熱心に教会活動をしていた。

青少年期のデューイは、聖書の教義を合理的に解釈し経験を通して省察する方針や、相互扶助の共同体で奉仕活動を行なう中で自己実現する方針に賛同していた。しかし、その一方でスコットランド常識哲学（直覚主義）に基づく偏狭な宗教的義務や情操教育には否定的であった。

デューイの回想によれば、こうした既存の宗教がもたらす「自我を世界から、魂を肉体から、自然を神から引き離す分割の意識」が「痛々しい圧迫」や「内面的な破裂」となり(2)、伝統的な宗教的信念と彼自身の率直な考えとの間に葛藤を感じ、「重苦しい個人的危機の源泉」となった(3)。こうした葛藤によって分裂しそうな自我を統合するために、デューイは後にヘーゲル主義や生理学的心理学を取り入れ、キリスト教を自由主義の見地から合理的かつ体系的に再構築する試みをしたと考えられる。

次に、ミシガン大学の教員時代においてデューイが学生キリスト者協会で講演した内容（例えば、論文「神の知識に対する義務」、「宗教的な感情の位置」、「キリスト教と民主主義」、「再構築」など）から、前期デューイの宗教論を特徴づけておきたい。

デューイによると、宗教とは「真理を把握し、それによって生きること」であり(4)、「神聖な意志へ我々の意志を慎ましく自己投入すること」(5) である。このように日常的な生活経験において神の意志を理性によって探究すると共に、その実現に向けて献身的に社会活動することが、真の自由を獲得して自我を統合する唯一最善の方法なのである。この見解は、キリストの言葉「あなたたちは真理を知り、真理はあなたたちを自由にする」（ヨハネによる福音書8章32節）と関連しており、ブレストウ（L.O.Brastow）が説く会衆派の教義とも矛盾していない。

ただし、ここでデューイの用いる「神」とは、既に超自然的な人格神ではなく、現実世界にある「真理そのもの」あるいは「人間の生命と宇宙の実在に関する真理」(6) であり、後にはヘーゲル主義の影響で「普遍的意識」や「宇宙の自己意識」(7) ともなる。

また、「人間」とは、真理によって生きることで神が受肉（incarnate）し、「宇宙の絶対的真理の器官」や「普遍的真理の器官」(8) になる。こうした人間は神（あるいは宇宙）と一体化しようとする「宗教的感情（religious emotion）」に導かれて、自発的に現実世界で神の意志を探究し発見し、それを実現しようとする献身的活動を行なうことで自己実現していくと考えられる(9)。

こうした独特の宗教観を前提として、デューイはキリスト教を「宗教ではなく啓示」(10) であると指摘する。ここでいう「啓示」とは、超越神から恩寵として偶発的かつ受動的に授けられるのではなく、能動的かつ意図的な協働探究によって発見され確証されるのであり、社会的諸関係を通じて人々の共同作業において達成されるの

である。こうした能動的な協働探究の中で啓示される真理によって、抑圧されていた人々の孤立した状態を克服し、階級利害の壁を破壊し、「人類の精神的統合」を可能にし、キリストが「神の国」と呼んだ「真理の共同体」を現実世界に実現することができると考えるのである(11)。デューイの考える民主主義論や教育論も、こうした宗教的な理想目的を実現する手段として登場してくるのである。

　こうしたデューイの宗教論は、伝統的なキリスト教の用語（例えば神や啓示など）を使用しているものの、宗教の排他性や全体主義的性質や宗派的対立を克服するために、すでに合理的な解釈が不可能な神秘的体験や教義的要素（例えば神の人格性、三位一体論、キリスト論、原罪論など）を取り除いている。そこでは科学的な認識活動のように、知性と経験を用いて自主的かつ能動的な協働探究を行なうことが重視されている。こうした汎神論的あるいはヘーゲル主義的な論理構造を有する前期の宗教論は、既により普遍的で世俗化した信仰形態になっていると言える。

　その後、シカゴ大学へ転任して実験学校を設立・運営する中期になると、デューイはダーウィニズムやジェイムズの機能的心理学から強い影響を受け、学校教育や民主主義を社会的な進歩や改革の主要な手段とみなし、思想上でも宗教色は消え失せていくことになる。

　たしかに、デューイは『私の教育的信条』（1897年）で学校の教師を「神の預言者」や「神の国の案内者」(12)と呼ぶように宗教的な意味合いの用語を残している。しかし、この頃は既に人間の行為や民主主義を機能主義や道具主義の見地から分析している。実際の生活でも、デューイはシカゴ大学への転任を機に第一組合教会からは遠ざかり、ジェーン・アダムズの設立したハルハウスのセツルメント活動に積極的に関わり、社会扶助や社会改革団体の活動により一層関心を寄せるようになる。

　以上の点から中期デューイは、キリスト教を擁護するよりも、「子どもの成長」という教育目的や「民主主義社会の発展」という社会目的を優先させるようになっている。そこでは、既に宗教的感情よりも科学的知性や社会的知性を重視するようになり、特殊な神秘体験よりも理想目的の実現に向けた協働探究を重視するようになる。そうすることで、デューイ独自の実験主義的な哲学や教育理論を構築するに至っている。

　ただそれでも、人間が宗教的共同体において真理を協働探究し相互扶助する過程で自己実現するという宗教的枠組みは、子どもが学校という胚芽的で典型的な共同生活において協働的に問題解決学習を行なう過程で社会的に成長するという教育的枠組みでも生かされている。この点では、ロックフェラー（S.C.Rockefeller）が指摘するように、デューイの哲学を根底で支えているのは、一貫した宗教的信仰と民主的なヒューマニズムであったことは確かだろう(13)。

2　共通の信仰としての宗教論

　後期のデューイは、再び人間経験に深い影響を与える宗教や芸術を重視するように
なる。例えば、『経験と自然』（1925年）では、科学・道徳・芸術の間に想定される区
別を取り除き、存在の一般的な特徴を認識する「自然主義的形而上学」を構築して
いる。その延長線上に彼の宗教論における集大成として、『共通の信仰（A Common
Faith）』（1934年）が刊行されている。次に、この書を中心にして後期デューイの宗
教論を特徴づけてみたい。

　後期の宗教論における第一の特徴は、基本的には中期と同様に、超自然的なものに
関連した成立宗教に依拠するのではなく、科学的方法に基づき社会的知性を用いて継
続的に協働探究することを重視する点である。ここでいう科学的方法とは、観察・実
験・記録・反省を行なう開放的で公共的な方法であり、「検査された探究によって信
念を変化させると同時に、信念に到達するための方法」(14) である。デューイにとっ
て協働探究し仮説形成する科学的態度は、道徳的・精神的理想としての民主主義を実
現するために役立つため、科学的であると同時に社会的であり、宗教的でもあり得る
のである。

　こうした観点から、デューイは特定の信仰と実践を伴う制度化された組織として規
定される「1つの宗教（a religion）」ではなく、いかなる対象や目的・理想に向かっ
ても取り得る態度として規定される「宗教的なもの（the religious）」を重視すること
になる(15)。デューイによれば、存在の断片的で変わりやすい諸出来事に対して本物
の「全体的見通し（perspective）」(16) を導入し、「包括的で持続的な変化を態度の中
にもたらす」(17) と、そこに明確な「宗教的なもの」が現われる。

　このように「宗教的なもの」とは、「経験の質」に関わるものであり、結果論的に
規定される。これは教育論において適切な指導がなされているかどうかを判断するた
めに、子どもの成長それ自体に注目するのと同様の論理構造である。こうした結果を
重視する見解は、プラグマティズム的であるが、実のところキリストの言葉「木はそ
の実によって知られる」（マタイによる福音書12.33）という発想とも共通している。

　また、この「宗教的なもの」とは、デューイによれば、生命（life）がその環境条
件に受動的に従服する適合（accommodation）やその環境条件を能動的に変革する適
応（adaptation）ではなく、両者を総括して生命とその環境条件の中でより良い状態
をもたらす調整（adjustment）として現われる。このように経験における能動性と受
動性を調整して、包括的で持続的な変化を態度の中にもたらすのが「宗教的なもの」
であった。そのため、「宗教的なもの」は決して宗教経験に限定した性質ではなく、
美的経験、科学的経験、道徳的経験、政治的経験、あるいは同胞愛や友愛の経験にで

も属し得るのである(18)。

　後期の宗教論における第二の特徴は、自我と宇宙全体との融合によって自我の統合を成し遂げるという形而上学的構造を再び組み込む点にある。この点は、中期の思想にはほとんど見当たらず、むしろ前期の宗教論を復活させた感がある。デューイによれば、「自我は常にそれ自体を超えた何ものかに向けられているため、その自我の統合は、世界の諸場面を私たちが宇宙（the Universe）と呼んでいる想像的全体性に変換するという統合の考えに依拠している」(19)。そこで、人間は想像力を通して包括的な理想目的を創り上げ、それを社会的知性によって洗練し、その実現に向けて献身的に社会活動する過程において、自我の統合が達成されると考える。

　こうした「理想と現実との活動的な関係」において両者を融合する働きをし、人間の孤立やそこから発する絶望や反抗の気持ちを克服し、自我の統合を促すのが、デューイにとっての「神」あるいは「神聖なもの」であった(20)。こうした「神」は、前期に提示された「真理としての神」とは異なり、人間の欲求や行動をかり立てる理想目的を打ちたて、その目的の実現の可能性を検討し、その実現に向けて行為を推進する際に働く機能として捉えられている。こうした包括的な理想目的に対する献身によって自我の統一をめざす経験論が、デューイ宗教論の骨格にはある(21)。

　後期の宗教論における第三の特徴は、理想目的の実現に向けた社会的行動を重視し、それを駆り立てるものとして宗教的感情に再び注目する点である。想像的な理想目的を提示するだけでは、その実現に向けた社会的行動へと人間を駆り立てることはできない。この点でデューイは人間性の中に「現在の環境条件を改善して望ましい調和ある関係を築き上げようとする衝動」(22) や、「愛情、慈悲、正義、平等、自由などを志向する衝動」(23)、あるいは「正義や安定を求める愛情と情熱的願望」(24) があることに注目する。

　こうした衝動や感情が呼び起こされるためには、想像力を介して現実の諸条件に関する観念が理想目的として統合され、社会的知性によってその理想目的がより明確で強烈なものになり、自我を統合するほどの包括的目的となる必要がある。この意味で「宗教的なもの」とは、「感情によって触発された道徳性」(25) でもある。こうした理想目的を実現する協働探究の過程において、知性は感情や熱情と矛盾なく結び付き(26)、社会的行動を推進する力となるのである。

　この点は、前期に強調した宗教的感情と中期に重視した科学的知性や社会的知性とを融合した概念として、新たに「情熱的知性」(27) を提起することで、社会的行動を駆り立てる力の源泉を見定めたとみることができる。

　以上から、後期デューイの宗教論には、第一の特徴として示した自然主義的でプラグマティックな側面と、第二の特徴として示した存在論的で形而上学的な側面とが併

存して成り立っていることがわかる。こうした二つの側面は、どのように両立しているのだろうか。デューイは科学的方法を重視して実際的な効果を検証しながら真理を協働探究したり民主主義社会の発展をめざしたりする立場を堅持している。それと同時に、エマーソンの超絶主義やヘーゲル主義とも連なるような、自我と宇宙全体との調和的な融合を図り、その完全な調和作用の過程で自我が統合するという形而上学的構造も組み込んでいる。

　この二つの側面を橋渡しするのが、第三の特徴として示した、理想目的を実現する社会的行動であり、それを駆り立てるのが情熱的知性である。こうした重層的な特徴を有するために、ボイスバード（R.D.Boisvert）が指摘するように、デューイの宗教論は経験の豊饒な次元を切り拓いたとも評価されるのである(28)。こうした宗教論の諸特徴は、デューイが青年期から課題としていた「自我の統合」と「民主主義社会の発展」とを融合するプロジェクトの最終帰結であったとも言えるだろう。

3　デューイの宗教論をめぐる諸論争

　以上のデューイの宗教論は、本節の冒頭でも取り上げたように、自然主義的でリベラルな宗教思想として評価される一方、さまざまな方面から反論も提起されてきた。以下にこの反論を取り上げながら、プラグマティズムの宗教論を再検討してみたい。

　まず、伝統主義者や原理主義者からデューイの宗教論を批判する立場がある。その中でもバルト（K.Barth）からティリッヒ（P.Tillich）やニーバー（R.Niebuhr）に至るニュー・オーソドキシーの立場が有名である。彼らはデューイのようにキリスト教をブルジョワ的精神で世俗化すると、人生の頽廃や人間の罪悪から目を背けることになり、宗教の深遠さを見失うことになると批判している(29)。また、デューイの宗教論では当時台頭してきたナチズムのような巨悪と戦うための宗教的情熱が生じないという批判もある。さらに、デューイの宗教論は、科学性や普遍性を強調するあまり神秘体験の一回性や個別性の意義を軽視し、悲劇の感覚を喪失することにもなるという批判がある。

　これに対して、中期以降のデューイは、こうした邪悪や贖罪という教義上の問題に執着したり神秘体験の特殊性に巻き込まれたりして、検証不可能な問題に振り回されるのを慎重に避けるようになる。デューイにとって重要なのは、民主的な理想目的を協働探究し、漸進的に実現する社会活動に専念することそれ自体なのであり、そこに教義上の意味合いや神秘的要素は必要ないのである。

　ただし、かくいうデューイ自身にも神秘体験があったことも知られている。それはオイルシティでハイスクールの教師をしていた頃（前期）の話である。若きデューイは、神への祈りの効用について疑問を抱いていた。そして思い悩んだ末に、超自然的

な絶対者という外的基準に則らなくても、「自己の内なる神」である理性に従って真理の探究を行なえば、「宇宙との一体感」を感じられると考えたのである。その時、デューイの心の中で罪意識が解消され、解放された経験をしたのであった(30)。このようにデューイにとっての神秘体験とは、精神的態度に包括的かつ永続的な変化がもたらされて、自我の統合がなされた経験であり、後期の宗教論とも矛盾しない見解なのである。

　こうした方針からデューイは、中期から教会活動には取り組まなくなる。1902年と1940年には、公立学校に宗派別の宗教教育を導入するべきかが社会的問題となり、デューイもその審議に関わった。その際、デューイは教会制度の形式主義や宗派間の対立によって生徒に相互の違いを意識させ、宗派別の価値観を助長し、民主主義社会の実現を阻害する可能性があるとして、宗派別の宗教教育を公立学校に導入することに反対している(31)。

　それよりも、デューイは学校教育では特定の宗派に拘束されることなく、「学問の自由」や「教育の自由」を保証し、民主主義の理想や科学的方法を重視すべきであると主張している(32)。ただし、自由主義神学者のコー（G.A.Cor）が提案したように、デューイの教育理論を自由主義宗教教育に適用し、経験の再構成をめざして問題解決的な協働学習に取り組むような宗教教育であれば、十分に賛同し得ると思われる(33)。

　その一方で、デューイは前期から芸術教育には強い関心を示し、美術や文学などの芸術が有する教育的意義に論及している。1934年に刊行された『誰でもの信仰』の宗教論と『経験としての芸術』の芸術論が、共通の論理構造を有していることを考えれば、デューイにとって芸術教育は宗教教育が果たすべき役割を代替し得るとみていたと想定できよう(34)。つまり、デューイは芸術のコミュニケーション的機能によって知性と感情が融合され、人間同士が結び付けられ、人間と宇宙全体が一体化されて、自我の統合や民主主義社会の発展に寄与すると見ていたと考えられる。

　次に、マルクス主義の見地を取り入れてデューイの宗教論を批判する立場もある。例えば、フック（S.Hook）はデューイが民主主義社会を実現するために自由主義の社会活動や芸術論を重視したことには賛同するが、それを宗教論にまで敷衍（ふえん）して「神」という用語を用いたことには反対している。また、エルドリッジ（M.Eldridge）も、デューイが世俗化した理想目的を再び伝統的な宗教用語で価値付けたことは失敗だったと見ている(35)。こうした宗教用語は誤解や曲解を招く元であり、宗教右派への安易な妥協となり、民主的な社会変革を推進するうえでの障害になると見なすのである。

　たしかに、デューイは宗教論において超自然主義を放棄している。しかし、あらゆる「宗教的なもの」や「神」に背を向けたわけではなかった。むしろ、理想的目的

と現実的条件の融合において感情が呼び起こされ、思考と感情が結合する点に着目し、そこに社会的活動を駆り立てる力の源泉として「神」の作用を見出したのである。それによって、新たな自己統合と社会改革の可能性を示唆したところに、プラグマティックな宗教論の意義がある。

　以上のようにデューイの宗教論は、左右両派からの批判にある程度まで応答しているが、実際のところはそうした極端な宗教右派とラディカル左派による二項対立の論争に巻き込まれることを回避している。むしろ、デューイは宗教的な超自然主義を放棄して世俗化しながらも、「宗教的なもの」の機能を彼独自のプラグマティズムやリベラリズムに組み込み再生させるという「第三の道」を模索していたのである。

　こうしたリベラルな世俗化の路線を言語哲学の見地から再評価する立場もある。例えば、サール（J.Searl）やローティ（R.Rorty）は、デューイの宗教論における経験主義的基礎づけや形而上学的側面には否定的だが、リベラルな世俗化を推進する態度には積極的に賛同する。特にローティは、デューイの宗教論をキリスト教の隣人愛と結び付け、人類の苦痛や屈辱や差別をできるだけ減少させるためにリベラルな連帯を図ろうとするプロジェクトとして評価している(36)。

　また、ローティはポストモダン的思想状況を見据え、デューイのように私的領域の自己実現と公共的領域の社会的実践とを融合させようとする試みには批判的であるが、リベラルな人類の連帯を求めて協働探究（会話）を継続する方針には賛同している(37)。こうしたローティの言う「人類の連帯」とは、キリスト教の隣人愛（例えば「良きサマリア人の喩え」を参照）とも通底しており、現実に苦悩する他者を救済すべきと考えるリベラルの倫理的エートスなのである。

　ただし、デューイの宗教論は協働探究という言語的実践に止まるものではなく、理想目的の実現に向けて社会的実践に向かうこともまた確かである。この点では、ウェスト（C.West）が指摘するように、デューイの宗教論がより民主的で平等な社会制度を再建するために、人間の知性と行動によって公共的領域を活性化させ具体的な社会的問題を解決し続け、将来を改善しようとした点に注目する必要がある(38)。こうした見解は、エマーソンからジェイムズやデューイに至る思想に共通した「預言的エートス」を継承するもので、人間の根本的な平等を実現するために社会奉仕活動や社会改革活動へ向かうキリスト教の社会理想主義にも関連している。

おわりに

　以上から、デューイのプラグマティズム的な宗教論は、時代的・文化的背景から影響を受けて時期的に変遷し、その内的論理構造も重層的であるため、多様な解釈があり、賛否両論の意見が寄せられてきた。

　それにもかかわらず、その骨格となる特徴も見出された。それはまず、超自然主義や既成宗教から離れて、想像力を通した全体的見通しによって民主的な理想目的を打ち出し、それを科学的知性や社会的知性で協働探究して洗練すると共に、その実現に向けた社会活動を重視する点である。次に、こうした経験の中で人間の態度に包括的かつ持続的な変容をもたらす「宗教的なもの」に注目する点である。さらに、こうした経験の中で理想と現実との活動的関係において、思考と感情が調和的に結合して、「自我の統合」が達成すると見る点である。

　最後に、こうしたデューイの宗教論が今日のポストモダン的社会の諸問題にどのような示唆を与えてくれるかを検討したい。高度な情報化やグローバル化によって価値観が多様化し、現実感覚が多重化する中で、今日の若者も青年期のデューイと同様に、自我の分裂や意味の喪失に苦悩している。その反動で、既成宗教のみならずカルト団体にも引き寄せられ、安易に劇的な覚醒やオカルト主義に魅せられ私的耽溺に陥ったり、オウム事件のように過激な反社会的活動を行なったりすることがある。

　それに対して、デューイは超自然主義や既成宗教に頼らなくても、民主的な理想目的を実現するために協働探究や社会的活動を行なう過程で宗教的な質を伴う経験をし、自我の統合と民主主義社会の実現とを漸進的に成し遂げる術を提示してみせたのである。

　また、今日の国際紛争の根底には、アメリカの同時多発テロ事件のように、文明の衝突のみならず宗教の対立が垣間見える。ここで双方が特定の宗教・宗派に基づく原理主義的な発想を押し付け合うだけでは、互いの差異性や異種混淆性を克服することは不可能である。そこで、ロックフェラーが指摘するように、デューイに倣って公共的領域において万人に共通する「グローバルな倫理」(39)を協働探究し続けることが重要になる。

　こうした見地では、全人類の宗教的・文化的な多様性を認め合い、相互依存的な世界の現実を踏まえて混乱する国際紛争や環境問題の解決に当たることが求められる。もちろん、そこで構想される「グローバルな倫理」でさえも自文化に根差す偏向の可能性を念頭に入れ、文化的多様さに対する宗教的寛容さを持って多文化間の対話を続けることが必要となるだろう。

　このようにデューイの宗教論は、今日の疎外される若者問題や激化する国際紛争を解決するうえでも有益な示唆を豊かに与えてくれる。宗派・階級・民族・人種に制限されることなく、誰にでも共通する信仰のあり方を探究するプラグマティズムのプロジェクトは、未完であり、これからも人類の課題になり続けるのである。

（註）

(1) 拙稿「デューイ教育学における宗教観に関する一考察」、『日本デューイ学会紀要』第 39 号、1998 年。

(2) J.Dewey,"From Absolutism to Experimentalism," LW5, p.153.

(3) *Ibid.*, pp.149–150. Cf. G.Dykhuizen, *The Life and Mind of John Dewey*, Southern Illinois University Press, 1973, p.13.（三浦典郎／石田理訳『ジョン・デューイの生涯と思想』、清水弘文堂、1977 年、40 頁）

(4) J.Dewey,"Christianity and Democracy,"EW4, p.4.

(5) J.Dewey,"The Place of Religious Emotion,"EW1, p.90.

(6) J.Dewey,"Christianity and Democracy,"p.7.

(7) J.Dewey,"Psychological Standpoint,"EW 1, p.142.

(8) J.Dewey,"Christianity and Democracy,"p.7.

(9) この点に関しては以下の論文を参照。J.Dewey, *Psychology*, EW 2, p.295.　J.Dewey, "The Obligation to Knowledge of God,"EW 1, p.62.

(10) J.Dewey, "Christianity and Democracy,"p.4.

(11) *Ibid.*, p.8.

(12) J.Dewey,"My Pedagogic Creed,"EW 5, p.95.（大浦猛訳編『実験学校の理論』、明治図書、1977 年、26 頁）

(13) Steven C.Rockefeller, *John Dewey: Religious Faith and Democratic Humanism*, Columbia University Press, 1991. 市村尚久「未完の進歩主義教育の現代的意義―「子どもからの教育理論」再考―」『教育学研究』第 67 巻第 1 号、2000 年 3 月、37 頁参照。

(14) J.Dewey, *A Common Faith*, LW 9, p.27.（岸本英夫訳『誰でもの信仰』、春秋社、昭和 26 年、61 頁）

(15) *Ibid.*, p.8.（邦訳、15 頁）

(16) *Ibid.*, p.17.（邦訳、40 頁）

(17) *Ibid.*, p.13.（邦訳、29 頁）

(18) *Ibid.*, p.9.（邦訳、18 頁）

(19) *Ibid.*

(20) *Ibid.*, pp.36–37.（邦訳、81–84 頁）

(21) C.G.Vaught,"John Dewey's Conception of the Religious Dimension of Experience," in *Pragmatism and Religion*, University of Illinois Press, 2003.

(22) *Ibid.*, p.18.（邦訳、43 頁）

(23) *Ibid.*, p.54.（邦訳、124 頁）

(24) *Ibid.*, p.79.（邦訳、122 頁）

(25) *Ibid.*, p.16.（邦訳、38 頁）

(26) *Ibid.*, pp.51–52.（邦訳、122 頁）

(27) *Ibid.*, p.52.（邦訳、122 頁）

(28) R.D.Boisvert, "What Is Religion?" in *Pragmatism and Religion*, University of Illinois Press, 2003.

(29) R・ニーバー著、武田清子訳『光の子と闇の子』、聖学院大学出版会、1994 年、138 頁。

(30) M.Eastman, "John Dewey"in *The Atlantic Monthly*, No.168, 1941, p.673.

(31) J.Dewey, "Religion and Our Schools,"MW 4, p.165. J.Dewey, "School Time Voted for Church Study," *New York Times*, November 14, 1940, p.1.

(32) J.Dewey,"Academic Freedom,"MW2, pp.53–66. J.Dewey,"Democracy in Education,"MW3, pp.229–239.

(33) 佐野安仁「戦後のキリスト教教育とデューイ」、杉浦宏編『日本の戦後教育とデューイ』、世界思想社、1998 年、292 頁参照。

(34) 拙稿「デューイ芸術論の教育的意義」、『日本デューイ学会紀要』第 40 号、1999 年。

(35) S.Hook, *Pragmatism and the Tragic Sense of Life*, Basic Books, 1975. M.Eldridge, *Transforming Experience: John Dewey's Cultural Instrumentalism*, Vanderbilt University press, 1998, pp.155–156.

(36) R・ローティ著、須藤訓任訳「宗教と科学は敵対するものなのか？」、『思想』、2000年第3号、19頁参照。

(37) R.Rorty, *Contingency, Irony, and Solidarity*, Cambridge University Press, 1989, p.194.

(38) C.West, *Prophetic Thought in Postmodern Times*, Monroe, Common Courage, 1993.

(39) S.C.Rockefeller,"Faith and Ethics in an Interdependent World"in *Pragmatism and Religion*, University of Illinois Press, 2003.

3節　プラグマティズムと教養教育

　グローバル化や情報化が進展する中では、学校教育で習得した最新の知識や技能でさえ数年後には一般化し陳腐化して使い物にならなくなることがある。こうした時代には、大人（社会人）も生涯にわたって学習し続けることが求められる。大学教育でも専門化と大衆化の傾向を増す中で、生涯学習時代における教養教育の在り方が根本的に問い直されてきてもいる。

　1991年の大学設置基準の大綱化以来、一般教育は廃止・改変され専門教育が強調されるようになる一方で、教養教育はカリキュラム全体の中に反映されるようになった。また、2002年2月の中央教育審議会の答申では、「新しい時代における教養教育の在り方について」が発表され、今後の教養教育として、社会の変化に迅速に対応して自ら学び考える問題解決力を養うと共に、広く古典教養を学んで豊かな人間性を涵養することが求められた。

　こうした教養教育の変化に対応して哲学の教育も、従来のように人文科学分野で古典的テキストを講読して、真・善・美を追究することを通して人間形成を図る型から、専門分野で基礎知識や研究方法を習得する型へと移行し、さらには現代的課題の解決をめざす型へと変化する傾向も現われている。

　こうした多様化し複雑化する教養教育において哲学の教育はどのようにあるべきか。本節では、プラグマティストとして有名なデューイとローティの教養教育論に注目したい。1項では、伝統的な教養教育論とデューイの教養教育論を比較し考察する。2項では、教養教育の方法論を問題解決学習と関連づけて再検討を試みる。そして3項では、教養教育における哲学の教育を具体的に考察し、今日の生涯学習社会における教養教育の在り方を検討したい。

1　教養と哲学

　まず、伝統的な哲学とデューイの哲学を比較検討するところから始めたい。伝統的な哲学は、経験と実在を二元論的に捉え、日常の生活経験を超越した永久不滅の実在を探究し、その実在を正確に表象する知識に関心を寄せていた。それに対して、

デューイの哲学は、実在と経験の問題を「将来の可能な経験」と「現在の意味ある経験」の問題として一元的に捉え直し、知識や理論を歴史的・社会的文脈や行為の結果と関連づけ、より良い将来を創造するために「人間の問題」に関心を向けたのである。

　ネオ・プラグマティストのローティがデューイの哲学を積極的に評価している理由は、デューイの哲学が「啓発的（edifying）」で「治癒的（therapeutic）」であるためである(1)。ここでローティがいう「啓発」とは、「教育（education）」に近い概念であり、ドイツ語の「ビルデゥング（Bildung）」から大きな影響を受けている(2)。この「ビルデゥング」は、知的遺産として獲得されるべき「教養」を意味する語であると同時に、人間形成の過程としての「陶冶」を意味する語でもある。「啓発的哲学」は、「新しく改善された知的で実り豊かな語り方」を見出すことで、自己を啓発し、新しい存在になるのを助けるのである(3)。

　一方の「治癒的な哲学」とは、日常言語の働きを見誤るところから生じた病理現象を治療しようとする立場であり、哲学的な働きかけによって人間の問題や社会問題を治癒（解決）しようとする立場でもある(4)。つまり、デューイの哲学は、自己を啓発し人間形成に深く寄与すると共に、実際の哲学的問題や社会的問題を解決するために有用なインスピレーションを与えつづける点で、今日の思想状況でも重要なのである。

　こうしたデューイの哲学は、教養教育論とも密接に関連している。伝統的な教養教育は、知識を実在の正確な表象とみるため、「教養」を固定的で内的なものと捉え、過去の知的財産である教養を子どもに継承させ、理想的な人格を形成しようとする。この場合、子どもの成長は、既存の社会的規範や普遍的事象によって方向づけられることになり、子どもの潜在的な可能性も既存の規範や規模に規定され矮小化されることになる。

　それに対してデューイは、知識を問題解決の道具とみるため、「教養」であっても生成的で啓発的なものとして捉え直し、子ども（学生）の成長それ自体を教育目的とする(5)。デューイにとって、過去の知識や教養は、現在の経験をできるだけ豊かに意義あるものとし、望ましい将来を実現するために重要なのである。

　こうしたデューイの知識論は、ハッチンズ（R.M.Hutchins）との大学教育論争にも反映している(6)。ハッチンズは、学生が「グレート・ブックス」（古典）を習得して論理的な思考を養い、リベラルな価値規範を共有できるようにすることを重視する。これに対して、デューイはグレート・ブックスが現代の問題解決に役立ち、将来の経験を豊かにする点で意義があるとみる(7)。同様に、ローティもグレート・ブックスは個人にインスピレーションを与え、新たな自己創造や社会改良に役立つ点で重要であるとみている。ちなみに、ローティにとっての代表的なグレート・ブックスがデューイの著作でもある(8)。

　また、伝統的な教養教育論では、新カント派に代表されるように学問を科学、道徳、芸術の分野に区分する。こうした区分は、学問全体を本質的価値に応じて秩序づけ、階層化するため、セクショナリズムや形骸化を起こす原因にもなった。

　それに対してデューイは、古典的原理を信奉して経験的な自然科学や社会科学を従属させることに反対し、科学、道徳、審美的鑑賞の間に想定される区分を取り除こうとする(9)。ローティも、デューイに倣って科学と道徳と芸術の方法論的相違を取り除き、全ての文化を一つの連続的な活動として把握することで、ポストモダン的アプローチを見出している(10)。

　さらに、伝統的な教養教育論では、教養教育と職業教育（あるいは産業教育）を厳密に区別する。こうした区分は、職業教育や産業教育に対する教養教育の優位性を認め、上流階級のための教養教育と労働者階級のための職業教育とを峻別することにもなった。

　それに対してデューイは、教養教育と職業教育の連続性を強調し、職業のもつ知的・社会的意味を認め、職業的要素を取り入れた教養教育を提唱した(11)。デューイにとって、職業と教養を区別することは教養教育を現実社会から隔離された空論とするだけでなく、上流階級と労働者階級の差別を固定化するため民主主義の理念に反することなのである。

　以上から、伝統的な教養教育は、保守的な立場から人間性や究極目的を基礎づけて、学生を社会化しようとする。それに対して、デューイの教養教育は進歩主義の立場から学生の能力を解放（liberate）して個性化を促そうとする。こうした二つの見解には決定的な相違が生じている。

　ここでローティは、初等・中等教育では児童や生徒に伝統的な基礎知識や価値規範を教えて社会化し、後の高等教育ではその社会化の過程を相対化するように学生をデューイ流に啓発すれば、両者の見解は調停できるとみている(12)。デューイとローティでは初等・中等教育の指導法において決定的な相違があるが、高等教育における教養教育では学生を啓発し、民主主義社会の構成員となる自律的な個人を育成しようと試みる点では共通している。

2　教養教育と問題解決学習

　次にデューイの教養教育論を問題解決学習と関連づけて検討してみたい。デューイは、道具的知性による認識過程を重視し、科学的方法で知的な習慣形成をするために問題解決型の学習理論を提唱している。デューイは反省的思考の5段階として、「問題状況の感得」、「問題状況の明確化」、「解決策の示唆」、「示唆の推論による展開」、「実験による検証」を提示し、この段階に基づいて学習方法を組み立ている(13)。

　この学習法では、第1に子どもが興味や関心のある連続的な活動に従事し、第2に子どもの思考を刺激する問題状況を設定し、第3に問題解決のための情報収集や正確な観察を行なわせ、第4に解決のための示唆を与えて適切な仕方で展開させ、第5に解決策を実際に適用して意味を明らかにする(14)。

　このように子どもが観察と推論と実験の過程を反復することを通して、問題の認識を深め、行為の意味を確認し、実際に解決を図る学習が、いわゆる問題解決学習の原型となるものである。こうした問題解決学習は、当初は進歩主義的な幼稚園や小学校・中学校に普及していくが、後にデューイはこの学習に社会的・政治的・経済的テーマを導入することで高校や大学における教養教育にも対応できるスタイルに改造している(15)。デューイは、学生がより良い社会をめざして社会的・政治的テーマを協働探究したり、社会を再構築する社会実践に参加したりすることを通して、現在の社会状況に精通するようになり、将来の民主主義社会に参加できる教養を習得しながら成長するとみるのである。

　こうした問題解決型の教養教育は、学生の興味や関心のある社会問題を取り上げ、適切な問題解決に至るように指導し、知的側面において科学的態度や思考習慣を形成する。学生は、社会問題をよく観察し、利用可能な証拠を集めて解決策を構想し、それを社会実践の結果によって検証する態度を養う。こうした学習過程で、学生は社会の変化に対応できる問題解決能力を身に付けると共に、寛容で民主的な精神を育むこともできる。

　ここで留意すべき点は、問題解決学習はもともと実験学校のように比較的制限された教育環境の中で、一般的な科学的方法によって規律ある習慣形成をめざしていたことである。問題解決学習を行なう教師の中には、形式的な段階説に執着したり、個人の経験を他の全体の経験に還元して画一的な習慣を形成したりすることがあった。そうした事例を取り上げて、問題解決学習では豊かな情緒や批判的精神を涵養することができないと批判されることもあった。晩年のデューイは、こうした点をふまえて問題解決の過程を段階説や科学的方法で拘束することがないよう配慮し、また日常の生活経験を美的経験にまで高めて、個々人の多様性の中に全一性を感得するような全体論的なアプローチを展開している。

　一方、ローティは問題解決型の教育に実存的な物語論を取り入れることで新たな展開を示唆している。ローティは教育のテーマとして「英雄物語」と「マイノリティの物語」を取り上げている(16)。「英雄物語」とは、時代や社会の束縛に対抗しながら寛容で民主的な社会を創造してきた歴史上の偉人の物語であり、一方の「マイノリティの物語」とは、歴史的に抑圧され排除されてきた社会的弱者についての物語である。学生はこうした物語を読むことで現行の価値規範や優先的合意に懐疑を抱き、過

去と異なる一層自由で素晴らしい社会の在り方や具体的な改革案を考え、健全な批判的精神や民主的精神を育むようになる(17)。

3　教養教育における哲学の教育

　デューイとローティの教養教育論に共通するのは、実際の問題解決の過程において自己実現と社会的連帯の可能性を見出す点である。次に両者の見解を参考にしながら、哲学の教育について具体的に検討してみたい。

　まず、哲学の教育では、従来の概念や語り方の分析をする必要がある。概念や語り方は歴史的・社会的文脈から影響を受けると共に、生活や社会に影響を及ぼしているため、その相互作用を歴史的・社会学的な認識によって洞察することが不可欠である。

　デューイによると、「もし価値の特殊な条件や概念の特殊な結果に対する洞察が可能であれば、哲学は生活の中で生じる深刻な葛藤問題を位置づけて解釈する方法となり、それらに対処する手段を打ち出す方法となり、つまりは道徳的・政治的な診断と予後の方法となる」(18)。同様に、ローティも、過去の信念や言語が将来の信念や要望と対立している問題状況を見出すために、「私たちが創り出してきたさまざまな語り方の長所や短所を比較する」ことを重視する(19)。そのためには、新旧の概念や語り方を比較検討し、概念や語り方がどのような道具として考案され、それによって過去に何が起こり、将来何が起こると希望されるかを吟味する必要がある。こうして学生は、概念や語り方を歴史社会学的に認識し、実験主義的な立場から社会的問題に取り組めるようになる。

　ここで重要なのは、概念や語り方を行為やその結果と結びつけて検討することである。デューイによると、哲学はビジョンや想像力や反省によって構成されるため、行為を離れては何も修正しないし何も解決しない(20)。同様に、ローティも哲学が新しい観察や実験を行ない、例外や反例を追求し、新奇な語彙をもちいて観念や実践を再記述することを重視する(21)。この教育過程で、学生は社会的実践の根本的な前提となる概念や語り方の偶発性や可謬性を理解し、社会的な事象の成立根拠について思慮深く考察し、より建設的な希望ある社会改革へのアプローチを見出すことになる。

　次に、哲学の教育では、より有益で実り豊かな概念や語り方を考え出し、よりよい世界のユートピア像や問題の解決策を構想することになる。ここでは世界の多様な存在様式への反省を前提として、新しくよりよい存在様式や語り方や他者との交際様式を熟慮し、現実的な人々の要望に対応させて民主的な社会へと変革するための具体的な解決策を構想するのである。哲学は具体的な解決策やユートピア像を構想するために、人々が世界を意味のあるものにしようと試みてきた根本的前提や方法に慣れ親しみ、多様で具体的な選択肢の相対的な魅力に関して熟慮することが重要になる。

　このような議論は、従来は哲学の専門家にしか理解できない難解な学術用語によって遮断されてきたが、民主主義社会を築くためには人間の問題や社会的問題を取り上げ、有用なビジョンや解決策を協働探究するべきなのである。ローティによれば、フーコー（M.Foucault）やデリダ（J.Derrida）に代表されるポストモダニストであっても、もし時代に適さない伝統的な概念や制度を脱構築したり社会的矛盾を批判したりするだけで、それらに代わる具体的な解決案や新たなユートピア像を提示できなければ、無意味でしかないのである(22)。

　こうした探究において、デューイは学生が科学的な態度や道具的知性を身に付け、多様な見解を収斂して合意形成することを重視する。一方のローティは、文学的な態度や詩的想像力を身に付け、合意の希望を持ちながら共約不可能な異文化と自由に交流することを重視する。こうした点で両者に相違も見られるが、こうした教育の過程で学生が探究的な思考力や想像力を用い、寛容な社会をめざして民主的な意思決定をめざすという点では共通していると言える。

　最後に、哲学の教育は、解決策の有用性を検証するために実際の社会活動にコミットすることが重要になる。伝統的な哲学者は絶対的な真理の世界を観照し所有することを重視したが、デューイは個人が実際の社会活動に参加することによって社会的共感や社会的責任感を増大させ、その過程で教養を実践的に身につけることを重視する。換言すると、哲学の教育は、経験の意味を増大し、道徳的態度を改めさせる度合いに応じて重要になるのである。

　ローティによれば、哲学者は「デューイ的な社会的民主主義者」となるべきであり、司祭や賢者と共有する役割から詩人やエンジニアや弁護士と共通する社会的役割へ転換し、社会的構想のビジョンを実現するために社会的実践にコミットする必要がある(23)。そこで教師の役割は、会話のパートナーとして学生に有益で実り豊かな語彙や語り方を示唆し、諸々の暗示をまとめ上げて興味深い可能性を提示し、哲学的な因習の障壁を取り除き、特定の社会的プロジェクトに関して助言や注意をし、漸次に社会を改良することに関与することになる(24)。

　ただし、デューイは教師や学生が積極的に実際の社会的活動にコミットすることを推奨するが、ローティは社会的希望を抱いて民主的な連帯のために実践することを重視しながらも、言語行為にもとづく社会的実践を発達させることにとどまる(25)。

　こうした哲学の教育は、社会批判や社会改革の内容を含むが、それは決してマルクス主義のように学生を革命運動に従事させ、社会システムを根本から激変させようとするものではない。ローティによれば、「私たちが革命家であるよりも、改良主義者であるならば、私たち教師は学生に希望のメッセージと良識ある市民性をもたらすべきである」(26)。ここで留意すべき点は、リベラルな国家的物語が、個人の自由

を尊重し、漸次に差別や疎外を減少させ、寛容な民主主義社会を築こうとする「開かれた目的」を有する点である。そこで学生は国家の残酷で不寛容な側面をアイロニックに批判しながらも、それを除去するために漸次に社会を改良できる希望があると考えるようになる。こうして学生は「社会正義のための闘争を自国の道徳的アイデンティティの中心としてみる」ようになり(27)、希望ある実行可能な社会改革をめざすようになる。こうしたデューイとローティの思想的な源泉には、エマーソン（R.W.Emerson）の思想がある(28)。そこには、エマーソンが示唆したように、「自己信頼」や「自己実現」を個人的規模だけではなく共同体的規模でも試み、詩的な想像力を自由に働かせて「自由と希望の物語」を掲げながら漸次に改良を試みるプラグマティックなエートスが受け継がれているのである。

おわりに

　以上から、デューイとローティがめざす教養教育とは、学問の自由にもとづいて個々人が社会的問題に主体的に取り組んで問題解決能力を身に付け、誰もが自由に自己実現（創造）を最大限に行なう機会を平等に提供する教育であると共に、他者との共生や連帯をめざして新たな公共性を築き上げる教育であることがわかる。こうした教養教育を最もよく具現化できるのが、前述した問題解決型の哲学の教育である。ここで留意すべき点は、安易に学生の興味・関心に追随して学力低下を引き起さないようにするため、問題解決型の探求や対話を少人数制の演習で行ない、問題解決に役立つ古典（グレート・ブックス等）や多様な他者の物語（カルチュラル・スタディーズ等）を読み解き、人文的教養や歴史社会学的な認識を身に付け、豊かな人間性と健全な批判的精神を涵養することである。

　こうした教養教育は、専門教育の基礎・基本となるとともに、民主主義社会において問題解決に取り組む万人のための教育となる。そのためには、従来のように大学運営上の経済的効率性だけを優先するのではなく、問題解決型の学習に対応できるカリキュラムの編成や大学教員の能力開発（Faculty Development）を推進したり、開放的生涯学習体制を整備したりすることが求められる。こうしたプラグマティズムに基づく教養教育が万人のための教育となる時、新たな哲学の教育モデルを再構築することも可能になるだろう。

(註)

(1) Richard Rorty, *Philosophy and the Mirror of Nature*, Princeton University Press, 1979, p.5.（野家啓一監訳『哲学と自然の鏡』、産業図書、1993 年、23 頁）

(2) Ibid., p.359.（邦訳、419 頁）

(3) Ibid., 359.（邦訳、420 頁）

(4) Ibid.

(5) Richard Rorty, "Education, Socialization, and Individuation,"Liberal Education, Vol.75, No.4, 1989, p.5.

(6) John Dewey, "President Hutchins' Proposals to Remake Higher Education," 1937, LW 11, pp.397–401.　John Dewey, "The Higher Learning in America,"1937, LW 11, pp.402–407.　Cf. R.V. Arcilla,"Metaphysics in Education after Hutchins and Dewey,"Teachers College Record, Winter91, Vol.93 Issue 2, p.281.

(7) John Dewey, Democracy and Education, 1916, MW 9, p.81.（金丸弘幸訳『民主主義と教育』、玉川大学出版部、1984 年、126 頁）

(8) Richard Rorty, Achieving Our Country, Harvard University Press, 1998, p.131.（小沢照彦訳『アメリカ　未完のプロジェクト』、晃洋書房、2000 年、142 頁）

(9) John Dewey, Experience and Nature, 1925, LW 1, p.304.（邦訳、河村望訳『経験と自然』、人間の科学社、1997 年、402 頁）

(10) Richard Rorty, Consequences of Pragmatism: Essays: 1972–1980, Minneapolis: University of Minnesota Press, 1982, p.163.（室井尚他訳『哲学の脱構築―プラグマティズムの帰結』、御茶の水書房、1985 年、365 頁）

(11) John Dewey, "The Higher Learning in America,"LW11, p.402–406.

(12) Richard Rorty,"Education, Socialization, and Individuation,"p.5.

(13) John Dewey, How We Think, 1910, MW 6, p.223.

(14) John Dewey, Democracy and Education, p.170.（邦訳、236 頁）

(15) John Dewey,"Education as Politics,"1922, MW 13, p.334. John Dewey,"Youth in a Confused World,"1935, LW 11, p.353.　John Dewey,"The Need for Orientation,"1935, LW 11, p.164. John Dewey,"Education and Social Change,"1937, LW 11, p.408.

(16) Richard Rorty, "The Dangers of Over-Philosophication,"Educational Theory, Vol.40, No.1, Winter 1990, p.42.

(17) Richard Rorty,"Education, Socialization, and Individuation,"p.5.

(18) John Dewey, "The Influence of Darwinism on Philosophy,"MW 4, p.13.

(19) Richard Rorty, Consequences of Pragmatism, p.xl.（邦訳、57 頁）

(20) John Dewey, "The Need for a Recovery of Philosophy,"MW 10, p.46.

(21) Richard Rorty, Rorty & Pragmatism, edited by Herman J.Saatkamp, Jr, Vanderbilt University Press, 1995, p.93.

(22) Richard Rorty, Objectivity, Relativism and Truth, p.16. ローティ「脱構築とプラグマティズムについての考察」（Ｓ．ムフ編『脱構築とプラグマティズム』、法政大学出版部、2002 年）参照。

(23) Richard Rorty, Rorty & Pragmatism, p.198.

(24) Richard Rorty, Philosophy and the Mirror of Nature, p.393.（邦訳、453 頁）

(25) Richard Rorty, Consequences of Pragmatism, p.161.（邦訳、361 頁）

(26) Richard Rorty, "Richard Rorty Replies," Liberal Education, Vol.75, No.4, 1989, p.30.

(27) Richard Rorty, Achieving Our Country Leftist Thought in Twentieth-Century America, Harvard University Press, 1998, p.51.（小澤照彦訳『アメリカ　未完のプロジェクト―20 世紀アメリカにおける左翼思想―』、晃洋書房、2000 年、55 頁）

(28) Richard Rorty, Philosophy and Social Hope, Penguin Books, 1999, p.34.（須藤訓任・渡辺啓真訳『リベラル・ユートピアという希望』、岩波書店、95 頁）R.W.Emerson, "The American Scholar,"Selected Works of Ralph Waldo Emerson, Vol.1, 1837.（斎藤光訳『自然について』日本教文社、1996 年）

4節　プラグマティズムと教育哲学

はじめに

教育とは個々人が人生の発達課題を解決して成長することを助長する働きかけであ

る。それゆえ、教師が単に自らの教育実践を通して培った信念や経験則に固執することなく、教育の技法と理論を根拠づけて子どもの成長に役立てるために、教育哲学は重要な役割を果たす。

　そもそも教育哲学とは、教育という事象（実践）について哲学的な分析や考察する学問領域である。具体的には、教育の理念や目的、教育の対象、教育上の価値、教育問題などについて哲学的な考察を行なうものである。ただ、こうした教育哲学も、時代と共に学問のための学問になってしまい、その研究意義が見失われてしまうこともある。現在では大学の教員養成に関わるカリキュラム上からも教育哲学の名前は消えつつある中で、教育哲学は自らの存在意義をどう考えるべきなのか。

　そこで本節では、教育哲学のあり方を様々な角度から再検討し、プラグマティズムと教育哲学の関係から新たな可能性を探求したい。一概に教育哲学と言っても多種多様な型があるため、まず、教育哲学における研究上の類型を取り上げて検討を加える。次に、プラグマティズムの見地からそれぞれの教育哲学を吟味したうえで、本来の使命である教育に貢献する哲学のあり方を考察することにしたい。

1　教育思想の歴史研究

　一般に教育哲学の研究では、過去の有名な教育思想や教育哲学について考察するものが多い。例えば、ルソー、ペスタロッチー、ヘルバルト、フレーベル、デューイなど有名な教育学者の説を取り上げて解説したり吟味したりするのである。

　この種の教育に関する古典的なテキストの研究は、教育哲学の研究というよりも教育思想史研究という意味合いが強くなる。この種の研究では、その古典的なテキストを研究対象として取り上げ、有名な教育学者の解説を詳細にすること自体に意義を見出すことがある。古典的テキストの内容を上回る見解を提示したり独自の斬新な解釈を示したりできればよいが、単に従来の解釈を要約した程度であればあまり意味がないことになる。プラグマティズムの見地でいえば、過去の教育思想をふまえて今日の問題解決への示唆や現代的意義を見出そうとするのであれば新たな研究意義を見出せる。

2　哲学の教育への援用

　次に、特定の哲学を教育研究の分野へ援用する研究がある。自己形成や意味生成などにおいて既に哲学体系として構築された理論に基づいて教育の事象を意味づけ直すのである。

　この種の研究は、本来は哲学体系として独自に成立しているものを実践的な教育研究へ転用して再解釈するため、哲学を教育に橋渡しをする独創的な試みとなる場合も

ある。しかし、中には既存の有名な哲学を強引に教育学研究へと接合することで、論理的な整合性に欠ける研究になる場合もあるので注意したいところである。

デューイのプラグマティズムや実験主義は哲学理論であるが、もともと教育理論を意識しているため、その哲学理論がそのまま教育哲学としても通用するように構成されている点で扱いやすいところがある。

3　教育の哲学的分析

第3に、教育という事象を哲学的に分析し考察する研究がある。つまり、教育の理念や目的を設定しようとする研究である。こうした研究をめざした代表的な思想家がヘルバルトである。彼は教育の目的を倫理学によって基礎づけ、教育の方法を心理学によって基礎づけようとした。

今日でも、教育哲学は教育の実践的な理論として、教育の理念や目的、あるいは教育における価値や規範を根拠づけ、長期的で普遍的な教育の目標を導き出す役割を果たしている。

ただし、形而上学や観念論によって教育の理念や目的などを基礎づけた場合、現実離れした哲学的分析になってしまい、学校現場の実態や諸問題に対応しないこともある。そこでプラグマティズムの見地から、教育の理論や目的は実際の教育実践と関連づけて再構築することが求められる。

4　教育の哲学的方法

第4に、教育という事象を哲学的方法によって考察する研究がある。つまり、実際の教育事象や教育問題を哲学的方法によって分析して、その実態を見極めようとするのである。例えば、論理実証主義では、教育に関する諸々の事例やデータを収集して分析し、その動向を検討する。いじめや不登校という教育問題でも、実際の事例や発生件数を調査して、統計処理することで一般的な法則を導き出すことになる。

ただ、こうした実証的（possitivistic）で帰納法的な哲学的方法を用いると、単に現状是認型の結論を導き出しやすい傾向がある。プラグマティズムの見地を取り入れると、教育の現状を分析してその傾向をただ是認するのではなく、子どもの成長や民主主義社会の発展を目的としてよりよき教育をめざして改善・改革を図ることが大事になる。

5　教育理論に対するメタ認知

第5に、教育理論に対するメタ理論をめざす研究がある。つまり、「教育理論の理論」として、より高い次元の理論を形成しようとするのである。教育という現象その

ものを対象とするのではなく、教育の現象やその理論を対象として考察し、メタ理論を形成するのである。

　こうしたメタ理論は、さまざまな教育理論がどのような役割をもち、どのように基礎づけられているかを吟味することができる点で有効である。ただし、メタ認知すればするほど実際の教育実践から離れてしまい、評論家のような言説になることもある。高所から教育理論を俯瞰（ふかん）するメタ認知は、現状の高度な認識レベルにとどまる。プラグマティズムでは、こうした現状のメタ認知を問題発見に役立てながらも、さらに実際の教育実践に具体的な改善策を提供することに向かうところに意義がある。

6　教育の言語分析

　第6に、「教育の言語」を分析する研究もある。つまり、言語哲学や意味論、語用論から教育実践について語る言葉の意味分析や概念定義をするのである。

　例えば、「教育とは何か」「学習とは何か」「教育と学習の違いは何か」などを分析することで、教育の根本的な意義を探究していくことができる。また、学校でいじめ問題が生じた時、「どのような事象をいじめと呼ぶか」「何をもっていじめ問題の解決とするか」を検討する。

　こうした教育の言語を分析することで根源的な意味分析や概念定義はできるが、これも上述したメタ認知と同様に、教育問題の発見に繋がっても、そこから具体的に教育の問題が解決されるわけではない。教育の言語分析で見出された問題を踏まえ、プラグマティズムの見地から教育の問題解決に進むことが大事になる。

7　〈教育〉の批判的考察

　第7に、そもそも教育そのものの前提を問い直そうとする研究がある。これはポストモダン的な見地から教育（特に近代教育）の前提や基盤を批判的に検討し、教育の自明性をラディカルに問い直すのである。教育を一度〈　〉の中に入れて、その存在を根本的に疑うのである。この教育哲学は、〈教育〉を疑うだけでなく、教育哲学の営みそれ自体を疑うことにもなる。その点で、絶えず教育哲学の自己反省を促す契機ともなっている。

　ただし、〈教育〉を疑うだけで教育の可能性を否定したり悲観視したりするだけでは無意味どころか弊害すらある。ここでもプラグマティズムの見地から〈教育〉の根源的課題を解消または解決するためにどのような改善策や改革が必要になるかを考えたいところである。

8　プラグマティズムの教育活用

　最後に、改めてプラグマティズムに基づく教育哲学を取り上げよう。プラグマティズムの発想では、問題現状を把握し、その解決策を仮説として設定し、実際にそれらを実験（実践）して、その効果から仮説の正当性を検証（省察）する。

　一般に教育では、深遠な哲学理論から究極的・普遍的な教育目的を導き出し、そこから教育実践のあり方を規定していく。そのため、教育の結果が悪くても、教育の理念や目的を修正することはない。それに対して、プラグマティズムでは、子どもの成長それ自体を教育目的とするため、それ以外の理念や理論は教育実践の結果に応じて柔軟に変えられる。教育という事象や実践を冷静に見据え、教育の問題状況を分析し、それを解決するための具体的な解決策を考え、実際に実践して検証・省察し、それを教育の改善・改革に役立て続けるのである。

おわりに

　今後も教育哲学は、過去の教育思想を継承し発展させたり、さまざまな哲学的方法を教育に活用したりするうえで重要な独自の研究分野であり続ける。しかし、教育哲学が実際の教育実践から離れて、教育臨床の問題解決から遠ざかってしまえば、その存在意義が問われることになるだろう。その際に、プラグマティズムの発想をもって、現実の教育実践と哲学の橋渡しをすることが大事になる。

　本来、教育哲学は、教育と哲学が組み合わさるという特性を生かして、現実の教育事象を踏まえて、実際の教育問題の解決に役立てると共に、絶えず教育という営みを批判的・創造的に内省することが求められる。

　そのためには、教育哲学が1つの研究分野に固執して他の研究分野を排斥するのではなく、折衷主義的なプラグマティズムの立場から、ケース・バイ・ケースで教育哲学を選択し、必要に応じて活用したり補完したりするべきである。そこでも、単に過去の哲学的な教育理論の知識や方法に執着するだけでなく、今日の教育現場の臨床問題を踏まえて問題意識をもち、教育哲学を日々の教育実践の内省に活用すると共に、個別な教育臨床問題の解決に応用しようというプラグマティックな発想が大事になる。

5節　プラグマティズムと論理学

　プラグマティズムは、1章1節で見たように、もともとはパース流の論理学的な発想から誕生している。しかし、プラグマティズムは一般的に知られている形式論理学を代表する演繹法や帰納法とは発想が根本的に異なる。演繹法や帰納法は、日常的に

使われている推論形式であり、わかりやすくて適用範囲も広いが、そこでは誤用されることも多く、さまざまな限界がある。

それでは、プラグマティズムはいかにしてこの演繹法や帰納法を乗り越えて、問題解決の論理として発展していったかを検討しておきたい。

1　演繹法

演繹法とは、一般的な原理から特殊な原理や個別な事実を推論する方法である。演繹法では、大前提と小前提から結論を導き出す論法を基本とする。ここでいう論法で有名なのはアリストテレスの形式論理学である。この形式論理学の中には「三段論法（Syllogism）」がある。この三段論法とは、自明の根本原理を含む大前提と小概念を含む小前提から推論して結論を導き出す「演繹法（deduction）」である。例えば、「すべての人間は死ぬ」という大前提と、「ソクラテスは人間である」という小前提から、「ソクラテスは死ぬ」という結論を論理的に導き出す。

これは日常の生活場面でも使いやすい。例えば、大前提として「人に会ったら挨拶をする」、小前提として「友達は人である」を設定する。ここから結論として「友達に会ったら挨拶をする」という結論を導き出すことができる。大前提に確固とした根拠があれば、この演繹法は物事を推論することに適した方法となる。

ただし、大前提に確かな根拠がなければ、論理的な推論が正しくても結論は疑わしいものとなる。例えば、大前提としなる「人と会ったら挨拶をする」ことは社会・文化や時、場所、状況などで異なってくる。相手によっても異なり、目上の人なら丁寧に挨拶するし、気心の知れた友達なら簡略化したものになり、見知らぬ人には挨拶しないこともある。そうした個別の状況に合わせて考えると、そもそも大前提の根拠を考えることから始める必要がある。

このように一般的で抽象的な原理から特殊で具体的な事例について結論を導き出すという演繹法は、ときに抽象的な理論や原則を一方的に押し付けることもある。大前提が間違っていると、具体的な結論も独断や偏見に満ちたものとなる。実際、独裁政治などでは、この演繹法を用いて民衆を納得させ統制してきた歴史がある。宗教であれば、誰もが絶対的な教義（ドクマ）を信じている場合はよいが、それを信じられなくなってくると、ルールとして通用しなくなることになる。

他の分野でも同様で、唯一絶対の知識体系や価値観を大前提として誰もが信じている場合は問題ないが、社会が複雑化して価値観が多様化した現代において、万人を一方的に盲従させたり納得させたりすることは難しくなる。例えば、カントの定言命法でさえも、大前提が正しいのだから個別の具体的な事例では「無条件に〜せよ」と命じることになり、時として権力者の横暴な指示・命令に絶対的な服従を強いることに

なりかねない。

　こうした演繹法を用いた教育は一般によく行なわれている。1つは、教師が子ども
に知識や技能を唯一絶対的なもの（教義）として一方的に教え込むインドクトリネー
ション（indoctrination）である。もう1つは、教師が子どもに知識や技能の大切さを
理解させ、納得させたうえで教えるインカルケーション（inculcation）である。一般
的に学校では子どもに理を教え諭すインカルケーションを用いているが、時には子ど
もに有無を言わせず知識や価値観を押し付けるインドクトリネーションに近づくこと
もある。子どもが論理的にも心情的にもなかなか納得しない場合、教師の権威で強引
に説き伏せようとするならば、インカルケーションは容易にインドクトリネーション
へと転換してしまうのである。

2　帰納法

　帰納法とは、多くの事実を一般化して推論することである。多くの情報（データ）
や特殊事例から一つの命題を導き出す方法である。例えば、「このカラスは黒い」「あ
のカラスも黒い」「そのカラスも黒い」。ゆえに「すべてのカラスは黒い」という結論
を出すのである。この法則はあらゆる事例をすべて調べて導き出したものではないた
め、誤りである可能性は残る。例えば、先の例なら白いカラスが一匹でも見つかれば、
この論理は間違いになるが、例外が見つからないかぎり真理のように信じ込まれる。

　こうした帰納法は教育でもよく活用される。例えば、「あの子は先生の言うことを
よく聞く」、「この子も先生の言うことをよく聞く」という事例から、「子どもは先生
の言うことをよく聞く」という一般的な結論を導き出す。

　もともと個々の情報や事例は、それ自体にそれほど意味はなく、価値づけもされて
いないのだが、その情報や事例もある一定の量を超えると、何か重大な意味をもつ命
題のようになる。しかし、その命題の中には、当然ながら、たんなる迷信や不道徳な
ことも含まれる。例えば、「あの子も遅刻した」、「この子も遅刻した」、それゆえ、「私
も遅刻してよい」という結論を出すこともできる。この場合は、本来、個々の遅刻の
事実を無批判に受け入れているうちに、遅刻も何か価値あるもの（自分の得になるこ
と）であるかのように思い込むことがある。子どもは他の子どもたちや大人の事例や
情報からいろいろ学び、それぞれのケースの良し悪しをよく吟味することなく、一般
化して自分の行動に取り入れることがある。

　また、既存の知識を疑い、自分の行動に原理原則をもたず、何でも体験する中で善
し悪しを判断し、自然と習慣化していく者もいる。自分の試行錯誤の結果から自分の
行動原則を形成するのである。経験主義に基づく探究学習や体験学習では、子どもが
自ら試行錯誤をくり返して、自分なりの行動パターンを決定し習慣化することが多

い。しかし、こうした帰納法に基づいて得られた行動原理は、例外や差異を見落とし
てしまい、必ずしも正しい結論には到達できないこともある。それゆえ、帰納法だけ
では、体系的な知識や技能を計画的に習得できず、子どもたちの価値観を混乱させて
しまうこともある。

3　プラグマティズムの論理展開

　前述のように演繹法は、そもそも前提が間違っていればそれに続く結論も間違いに
なるし、帰納法は、特殊な経験や観察によって得られた知識を一般化しすぎることで、
論理的に誤った判断になることもある。

　演繹法の大前提と小前提は、帰納法によって事実と照らし合わせて証明しなければ
ならず、帰納法の特殊な情報や事例は、演繹法の仮説によって導かれ検討される必要
がある。このように帰納法と演繹法を組み合わせながら、より確かで適切な結論を導
き出そうという考え方が、プラグマティズムの考え方である。

　プラグマティズムの特徴は、概念の内容を頭の中だけで吟味するのでなく、その概
念を実験によって検証し、その結果から概念の意味を探ることである。教育で言え
ば、知識や価値をあれこれ吟味するだけでなく、その知識や価値を実際の行為に移し
て、その結果からその知識や価値の意義を探究することになる。ある問題状況におい
てどの知識や価値が正しいかと頭の中だけで考えるだけでなく、それを実際に問題に
適用して、その解決にどれほど役立ったかという結果から総合的に判断するのであ
る。

　デューイはこうしたプラグマティズムに基づいて問題解決学習を構成している。問
題解決学習の論理は、「問題解決の仮説の提示」の段階から、「推論による再構成」の
段階を経て、「実験による仮説の検証」の段階へ展開する。第1段階では、問題を発
見し、課題を設定する。第2段階では、問題を解決するための仮説を形成する。第3
に、解決に必要となる情報を収集して分析し、課題を構造化し構成し、具体的な解決
策を創造する。第4に、その解決策を実際に実行に移し、その効果を確認する。第5
に、仮説としての解決策が問題解決に役立ったかどうか評価・検証する。

　もちろん、こうした段階は固定的なものではなく、前後が入れ替わったり、いくつ
かの段階をくり返したりすることもある。段階にこだわって形式主義に陥るのではな
く、事実に基づいて柔軟かつ効果的に考察・実験を進めていくところにプラグマティ
ズムの強みがある。

第3章 道徳授業の多様な可能性を求めて

　価値観がますます多様化している今日、子どもたちに生き方を教える道徳教育はどうあるべきか。こうしたテーマは、国内外でも熱心に議論されている。価値観の押しつけにならない道徳教育として、世界各国では「考え、議論する道徳」が開発・実践されている。

　それに対して、わが国の道徳授業は国語科で物語文を読み取る指導法に倣っており、世界でも稀なほど画一的で形式化している。文部科学省では道徳が「特別の教科」となることを契機に、従来のような登場人物の気持ちを追い求める「読みとり道徳」から、道徳的問題を主体的に考え議論する「考え、議論する道徳」へと質的転換を図るよう求めている。しかし、道徳科が全面実施に至った現在でも、従来の「読みとり道徳」から脱却できずにいるのが現状である。

　そこで本章では、プラグマティズムの基づく問題解決的な学習を取り入れた道徳授業のあり方を提示したい。1節では、アクティブ・ラーニングや「主体的・対話的で深い学び」を取り入れた道徳授業のあり方として、「考え、議論する道徳」のあり方を提示する。2節では、今日のポストモダン的思想状況においてなぜ問題解決型の道徳授業が必要になるかを歴史的経緯も含めて検討する。3節では、問題解決学習の中でも多様な展開の仕方を考える。4節では、カウンセリングの理論と実践を活用した道徳授業のあり方を提示する。

　わが国の道徳授業という狭い領域の議論ではあるが、実はそこに非常に凝縮された教育上の難問や奇問が山積している。これまで道徳は観念論的に拘束された指導法に固執してきたためさまざまな弊害があった。プラグマティズム的な発想から道徳の新しい指導法に改革することは歴史的な教育上の使命にもなるのである。

1節 プラグマティズムと道徳教育
～デューイの道徳教育論再考～

はじめに

　わが国では、子どもたちが人生で出合うさまざまな問題を解決しながら、よりよく生きる力を育むことができるような道徳教育が求められている。その指導方法としては、従来からわが国の道徳授業に受け継がれてきた（登場人物の心情を）読み取る指導方法ではなく、子どもが道徳上の諸問題を主体的に考え議論する問題解決的な学習や体験的な学習へと質的転換を図ることがめざされている。

　こうしたわが国の道徳教育の改革を推進するうえで、デューイの教育理論や道徳

教育論は極めて示唆に富み有意義である。ただし、わが国で1958年に「道徳の時間」が特設されて以来、道徳授業にデューイの問題解決学習を積極的に導入しようとする傾向はあまりなかった。その遠因には、晩年のデューイ自身が道徳授業の特設に消極的であり、教育活動全体で道徳教育を実施すべきだと考えていたことが挙げられる(1)。

　わが国でも道徳が特設された当時は、デューイ研究者達（例えば、梅根悟、上田薫、牧野宇一郎）が社会科や生活指導、特別活動を重視する観点から、道徳の特設に反対する立場を取っていた。それに対して、わが国で道徳授業の普及・推進に努めていた研究者達（例えば、稲富栄次郎や勝部真長）は、デューイの教育理論が道徳授業の普及や定着の妨げになっていることを批判している(2)。こうした歴史的経緯もあり、わが国では道徳授業にデューイの問題解決学習に基づく指導方法を取り入れようとする機運がなかなか起こりにくい状況にあった。

　そうした中で、デューイのプラグマティズムや教育理論をわが国の道徳授業に活用・応用するよう主張する研究者達（例えば、大平勝馬、木原孝博、斎藤勉、行安茂）も現われている(3)。こうしたデューイに代表される問題解決学習を道徳授業に導入しようとする観点は、道徳教科化を審議してきた中央教育審議会道徳教育専門部会や学習指導要領改訂の協力者会議、道徳教育の評価等に係る専門家会議においても検討されてきた。

　以上のような歴史的背景や思想状況を踏まえ、本稿では、わが国の道徳教育や道徳授業においてデューイの教育理論や問題解決学習をいかに継承・応用・発展すべきかを検討することにしたい。

　1項では、道徳教育で育成すべき「道徳性」の概念をデューイの教育理論と関連づけて検討する。2項では、わが国の道徳科における「問題解決的な学習」のあり方をデューイの問題解決学習と関連づけて考察する。3項では、デューイの道徳教育理論を基にした問題解決学習の指導過程を詳しく検討する。4項では、学校教育全体で行なう道徳教育のあり方をデューイの教育理論と関連づけて考察する。

　以上から、デューイの道徳教育論を手掛かりに道徳科における新しい指導方法として注目されている問題解決的な学習のあり方を探究することにしたい。

1　道徳教育で育成すべき道徳性

　従来のわが国の道徳教育や道徳授業は、子どもの人格の中でも情意的側面を重視し、認知的側面や行動的側面を軽視する傾向があった。例えば、道徳教育では「生きる力」の中でも情意的側面にある「豊かな人間性」を重視し、認知的側面にある問題解決能力や行動的側面にある健康・体力には重点を置いていない。また、道徳教育で育成すべき「道徳性」の諸様相でも、道徳的な心情や実践意欲や態度ばかり重視し、

道徳的思考力（判断力）や道徳的行動力（実践力）を軽視する傾向にある。こうした心情主義が道徳教育の中核に置かれてきた。

　その一方で、わが国では学習指導要領に道徳授業で取り扱うべき内容項目を示し、授業ごとにねらいとする道徳的価値（徳目）の自覚（理解）を深めることが重視されてきた。従来の学習指導要領では、道徳性を「道徳的諸価値が内面において統合されたもの」と観念的に定義することがある。こうした徳目主義がわが国のコンテンツ・ベースの道徳授業を形成してきたところがある。こうした従来の道徳授業は子どもたちの日常生活における行為や習慣の改善に繋がらないため、実効性に乏しいと批判されることが多かった。

　それに対して、新しい道徳科においては、道徳に係る知識や価値をただ教え込むのではなく、それを活用・汎用する資質・能力（コンピテンシー）を育成することが求められてきた。そこで道徳科では、「さまざまな課題や問題を解決し、よりよく生きていくための資質・能力」（中教審答申）を養うことが重要であると提言された。2015年の学習指導要領（総則）でも、道徳性を「人生で出会うさまざまな問題を解決して、よりよく生きていくための基盤となるもの」と定義している。つまり、人生の問題を解決する資質・能力としての道徳性を育成するコンピテンシー・ベースの道徳授業が、今後は求められるのである。また、こうした「道徳性」の概念は、経済協力開発機構（OECD）のいう「キー・コンピテンシー」、国立教育政策研究所のいう「21世紀型学力」、アメリカを中心とした21世紀型スキル、イギリスのキースキルと思考スキル、オーストラリアの汎用的能力とも共通するところがある。教科横断的で総合的に人生の諸問題を解決できる資質・能力としての道徳性が、今まさにグローバルに求められてきているのである。

　このように道徳教育の目標である道徳性の概念を転換するうえで、デューイの道徳教育論は非常に示唆に富む。19世紀末から既にデューイは、上述したタイプの心情主義や徳目主義の道徳教育を徹底して批判してきた。そもそもデューイは、人間（個人的資質）と社会的環境の相互作用から生ずる問題状況に注目し、どのように解決して再適応するかを課題としている。こうした問題は、個人の新たな衝動と古い習慣の対立から生じているため、相互に適応した調和的な習慣に再形成する必要がある。そこで、デューイは日常生活の「行動方針として働く道徳性」(4) を育成すべきであると主張したのである。新しい学習指導要領で重視する「よりよく生きるための基礎となる道徳性」とデューイが提唱する「行動の指針として働く道徳性」は、方向性が一致していると言えよう。

　ここでデューイの考える道徳性の概念を再検討しておきたい。まず注目したいのは、デューイが「道徳についての観念（ideas about morality）」と「道徳的観念（moral ideas)」を分けている点である(5)。例えば、正直や親切や正義という「道徳についての観念」を教え込み、子どもに内省させて道徳的心情を育成しようとする道徳授業は、子どもに単なる形式的で非現実的な認識をさせるだけで、実際の道徳的行為や習慣形成には結びつかない。

それに対して、デューイは行動の指針として働く「道徳的観念」を生き生きとした方法で獲得するような授業が大事であるとみる。ここでいう「道徳的観念」とは、「行為に効力を及ぼし、これを改善し、別のやり方よりも、より善い行為とするような種類のすべての観念」(6)である。子どもは問題解決学習でこうした道徳的観念を習得することで、行動を方向づけたり規制したりできるようになり、現実の生活における道徳的行為や習慣形成にも結び付けることができるようになる。

また、別の箇所でデューイは、「慣習的道徳」と「反省的道徳」を分けて考えている(7)。ここでいう「慣習的道徳」とは、行為の標準と規則を先祖伝来の慣習（伝統・常識・慣例・制度など）に置くものである。この「慣習的道徳」は、単に過去から継承されてきた観念にすぎず、上述した「道徳についての観念」に近い。こうした慣習的道徳を習得した子どもは、従属的で受動的な人格を形成することになる。

それに対して、「反省的道徳」とは、良心や理性や思考を含む何らかの原理に訴えるものである。子どもはこうした反省的道徳を獲得することで、主体的に考え判断し行動する習慣を形成できるようになる。

それゆえ、デューイは「道徳についての観念」や「慣習的道徳」を教え込んで子どもを従属的な人格にする授業から、子どもが問題解決的な学習をして「道徳的観念」や「反省的道徳」を獲得し主体的な人格を形成する授業へと転換するように主張するのである。こうしたデューイの立場は、わが国でも徳目主義と心情主義に基づく道徳授業から、問題解決的な学習に対応した道徳授業へと質的転換をめざすのと軌を一にしている。

2　道徳科における問題解決学習の導入

2015年に改訂された「学習指導要領解説 総則編」によると、これまでわが国の道徳授業では、読み物の登場人物の心情理解に偏った形式的な指導が多く、望ましいと思われるわかりきったことを言わせたり書かせたりする点や実効性のない点が批判されてきた。そこで、道徳が教科化される際に、子どもたちが道徳的問題を考え、議論する「問題解決的な学習」や「道徳的行為に関する体験的な学習」が導入されることになったのである。

2015年に公示された「中学校学習指導要領解説 特別の教科 道徳編」（第4章3節5）によれば、「道徳科における問題解決的な学習」とは、「生徒一人一人が生きる上で出

会うさまざまな道徳上の問題や課題を多面的・多角的に考え、主体的に判断し、実行し、よりよく生きていくための資質・能力を養う学習」である。こうした定義がデューイの道徳教育論と共通していることは明らかである。デューイは子どもが主体的に道徳的問題に取り組み、そこに課題を見出し、その解決に向けて協働的に探究することを重視している。

　またデューイは、道徳に関する内容項目を分類し一覧表にして教え込んだり、究極の包括的な理想像を押し付けたりするような指導方法に反対である。こうした教育の都合で細分化された価値項目や観念的な理想像は、もともと子どもの経験には属しておらず、実現することも不可能だからである。このように子どもに柔軟性を欠く古い習慣や価値観を押し付けるような道徳授業であれば、子どもに成長をもたらさないため有害無益でしかない。

　しかし、デューイはすべての道徳授業を否定しているわけではない。子どもが新しい衝動と対立している古い習慣についてより知的で鋭敏に洞察し、よりよい適応を真しん摯で柔軟に考え判断できるのであれば、有意義な指導になり得るのである(8)。

　さらに、デューイは行動を正当化したり非難したりするものは動機だと考え、慈愛、純潔、忠誠などの動機や性向を養おうとする徳目主義の指導方法にも反対している(9)。こうした指導方法では、子どもはただ動機のよさを追求するだけで、実際の結果に対する責任を受け入れようとせず、ただ形式的に言葉のうえだけの感傷的な話し合いになるからである。

　こうした従来の道徳授業を改革するために、デューイは1890年代に問題解決学習を活用した道徳授業や倫理授業を開発している。例えば、「道徳的理想としての自己実現」(1893年)、「高校の倫理授業」(1893年)、「道徳教育における混乱」(1894年)、「教育の根底にある倫理的原理」(1897年)において、問題解決型の道徳授業を大枠で示している。その後、『民主主義と行為』(1916年)、『人間性と行為』(1922年)、『価値づけの理論』(1939年)などでは、道徳授業と言わないまでも、問題解決学習を生かした道徳教育の指導展開をくり返し論じている。

　こうしたデューイの考えはわが国において、登場人物の心情を読み取らせ道徳的価値を理解させることで従属的な人格を形成する授業から、道徳上の問題を考え議論することで主体的な人格を形成する授業へと質的転換をめざしているのと同じ方針である。デューイの考える問題解決学習を生かした道徳教育は、子どもが道徳上の問題を主体的、能動的、協働的に思考し、判断し、表現し、話し合うようなアクティブ・ラーニングを先取りしているとも言えるだろう。

3　問題解決学習の指導過程

　デューイが道徳教育でも問題解決学習を重視しているのは、子どもが生活行動の場面や社会的行動の場面における諸問題に向き合い、そこに矛盾や対立を感受し、その解決に向けて主体的に探究する過程においてこそ、「行動の指針として働く道徳性」を育成することができるからである。こうした学習で身に付けた道徳性は、日常生活や他教科等にも汎用でき、よりよき未来を創造する資質・能力を身に付けることにもなる。

　こうした問題解決学習において、子どもは問題状況を把握し、利害関係のある人々の考えや気持ちを共感的に理解して人間関係を適切に調整したり、自分の選択する解決策から生じる結果に思いを巡らせたりして、よりよい生き方を探究していくことになる。以下にデューイの問題解決学習をわが国の道徳授業における学習指導過程と関連づけて提示したい。

　まず、教師が道徳に関する問題状況を子どもに提示する。デューイ自身の提示した例で言えば、「慈善事業団体が被災者をどのように救済すればよいか」を考える(10)。この時、子どもは冷静で客観的な観察力によって現実的状況の場面や事態を正確に理解することが必要になる。また、繊細で情緒的な感受性によって、利害関係者の中の誰が誰に何をどのように要求しているのかを洞察することになる。

　次に、子どもたちは問題を具体的にどう解決するかを考えることになる。目的を達成するために、どのような手段を用いるかについて明確にするのである(11)。デューイにとってすべての熟慮は、「行動する方法」を探求することなのである。従来の道徳授業のように読み物資料に登場する人物の行動に関する過去の動機を詮索するのではなく、問題を具体的に解決する方法を考えるべきなのである。

　第三に、実行可能な複数の解決策を比較検討し、互いに納得できる最善策を選択し決定する。ここでの判断基準は、「すべての事実にたいして公平かどうか」、「ある事実を他の事実の利益のために蹂躙していないかどうか」(12) である。こうした考え方を身に付けることで、目先の皮相な利害に係る結果だけを打算的に考えるのではなく、広範な見通しの中に考慮されるべき複数の結果をも考えられるようになるのである。

　問題を解決するためには、過去の経験や知見の助けをかりて、こうした将来の見通しを具体的に立てることが、極めて重要になる。単なる行動の動機にばかり注目するのではなく、その行動をした結果から取るべき行為を再検討することである。デューイによれば、「もしそれが行われたら、結果として起こる行動はどうなるかを見る実験である」(13)。こうした子どもの想像上で試みられた思考実験（行動）は、最終的なものでも致命的なものでもなく、取り返しのつくものであるため、さまざまなシミュレーションを次々と試してみることができる。このように行動の結果を公平に予

見して、責任をもって判断することが、子どもの道徳性の発達を促すことになる(14)。道徳的判断力は、結果の知的な知覚によって自分の行動を適切に誘導し、実験結果によって修正され改善されるのである。

　こうした問題解決では、現在の行動の意味が増すように行動することが子どもの進歩・成長に繋がる。こうした学習の過程で、一面的な見方から多面的・多角的な見方ができるようになり、自己中心的な欲求に拘束された心的状態からより公共的な福祉の実現へ向かう心的状態へと移行することになる。このような道徳教育を通じてこそ、個人の人格形成と民主主義社会の構築が両立可能になるのである。

4　学校教育全体で行なう道徳教育の要

　わが国の道徳教育は、学校の教育活動全体を通して行なうべきものとされてきた。また、道徳授業は1958年に特設されて以来、各教科等で行なわれる道徳教育全体の要となる時間であり、道徳教育全体を補充・深化・統合する役割を果たすとされてきた。新しい学習指導要領の総則でも、道徳科は道徳教育の「中核的な役割を果たす」とされ、「各教科等で行われる道徳教育を補ったり、それを深めたり、相互の関連を考えて発展させ、統合させたりする」とされている。こうした基本的方針は、道徳が教科化する前も後も変わりはなく、デューイの道徳教育論とも合致している点である。

　デューイも学校が道徳的雰囲気を有した「萌芽的で典型的な共同体生活」(14) となることで、学校教育全体を通じて道徳教育をすることが重要であると考えた。デューイにとって、学校の教育活動全体を通して子どもたちが協働する知性の力を発揮して主体的に道徳的問題の解決に取り組むことが大事なのである。そのため、意義ある社会生活の参加の機会を最大限に活用し、経験の再構成を通してよりよい「生活様式（a way of life）」を獲得できるようにする必要がある。

　こうした指導方針を道徳授業に関連づけると、子どもたちが協働して考えた道徳上の問題解決を日常生活に反映させ応用させる機会を提供することが求められる。つまり、「行動の指針として働く道徳的観念」を日常生活でも活用して、具体的に構想した解決策を実践に移すことである。デューイによれば、「子どもは自分自身の力で選択し、その選択したものを、最後のテスト、つまり行動のテストに供するために、実行に移そうと試みる機会を持たなければならない。このようにして初めて彼は成功の望みあるものを失敗の恐れあるものから判別できるようになり、自分の意図や観念をそれらの価値を決定する諸条件と関連づけて習慣を形成できるようになる」(15)。

　子どもは学校で学んだ事柄を日常の生活経験に関連づけ応用することを求めているのであり、こうした実行する機会を適時提供することで、子どもは実際に問題解決の

場面で試行錯誤する中で社会的実践力を高め、道徳的な習慣を形成し、道徳的な人格を豊穣に形成していくのである。

　デューイの理論に即して言えば、子どもの日常生活における「第一次経験」に基づいて議論を行ない、その成果として生じた「第二次経験」を解決策として設定し、それを実践（実験）して再び「第一次経験」へ戻す(16)。こうすることで、その解決策の有効性を検証すると共に、行為と結びついた道徳的観念を認識することができるのである。こうして子どもは自ら構想した道徳的な解決策を個人的または社会共同的に実行することで、道徳的観念と行為を関連づけ、この行為を持続させることで習慣を産み出し、知的、社会的、道徳的、身体的に一体となった有機的全体としての人格を形成することができる。

　ただし、デューイが「高校の倫理授業」で提示した問題解決学習の事例（被災者をいかに救済するかという問題）を見るかぎりでは、子どもたちが解決策を話し合う段階で終わり、その後の道徳的行為や習慣に結び付けているわけではない。ここでデューイはあえて公共性の高いフィクションの資料を取り上げ、それを道徳的実践には結びつけなかったと推察することもできる。

　小学校や中学校の道徳授業であれば、子どもたちの日常生活や各教科等の教育活動と関連づけることが有意義になるだろう。道徳授業と他の教育活動を関連づける方法としては、さまざまな教育活動を行なった後にそれらを道徳授業の中で振り返るアプローチと、道徳授業をした後に他の教育活動で実践するアプローチが考えられる。デューイの教育理論に基づいて道徳授業を構想する場合、後者のアプローチがより適切であろう。

　道徳授業の後に行なう道徳的実践を計画的かつ発展的に指導する時間帯をあえてカリキュラム上で特定するとすれば、わが国の場合、特別活動や総合的な学習の時間が有力候補となる。つまり、授業である道徳的問題の解決策を考えたうえで、それを行動の指針として活用し、その有効性や意義を明らかにするのである。その意味で、道徳授業と特別活動等の連携は、以前から強く求められている重要な案件である。

　道徳授業と特別活動との連携としては、道徳授業で学習した内容を特別活動の場で生かすことが考えられる。従来のわが国の道徳授業では、資料を読んで登場人物の心情を考えて、既知の道徳的価値を再確認する程度で終わるため、子ども本人の道徳的実践には繋がらないことが多かった。そこで、道徳授業で子どもが自ら道徳的問題を考え、その解決策や道徳的価値について吟味したら、それを実践する場として特別活動を活用すれば、有機的に責任ある道徳的実践に繋がることが想定される。

　例えば、A「主として自分自身に関すること」であれば、道徳授業で怠惰な自分の行動や習慣を克服するための目標を立て、実際に適切な行動し習慣化してみて、特別

活動で振り返ることができる。B「主として人との関わりに関すること」であれば、対人関係のトラブルについて道徳授業で考え、自他を尊重して公平な関係を築くスキルを学び、実際の対人関係で活用できるだろう。C「主として集団や社会との関わりに関すること」であれば、集団生活における班活動のトラブルを取り上げ、いかにすれば各自の役割を果たし、協力し合えるかを考え、実際の集団宿泊活動や学校行事に活用することができる。D「主として生命や自然、崇高なものとの関わりに関すること」であれば、「芸術的なもの」や「宗教的なもの」を含めたさまざまな偉大な他者といかに交流すべきかを考え、日常生活や各教科に関連づけることもできるだろう。

　子どもたちは自ら選択した道徳的問題の解決策を行動に移すことで、自分の意図や観念を実際の諸条件と関連づけて認識を深めるようになる。こうして子どもは道徳授業で学んだ問題解決の知恵や技能を日常の生活経験に関連づけ応用することができるようにもなる。このように道徳的内容（解決策）を考えるだけでなく、実際の子どもの生活経験にフィードバックして応用させる機会を提供することが重要になる。

おわりに

　わが国でも道徳が教科化されることを機に、デューイの教育理論に基づく問題解決的な学習や体験的な学習が積極的に導入されていくと期待される。ただし、単に子どもが中心となって問題に取り組むだけの学習活動であれば、道徳性を適切に育成することはできないだろう。

　そこで今後の課題としては、道徳科の問題解決学習において子どもの道徳性に関する資質・能力をどのように計画的・計画的に育成するかである。そこでは、従来のように道徳の内容項目を授業ごとに割り振るのではなく、デューイの教育理論を参考にして、道徳的諸価値の理解と道徳性に関する資質・能力を適切に組み合わせる創意工夫が必要となる。

　また、「自己の生き方」だけでなく今日的課題や社会的問題を含めた「人間としての生き方」をどのように扱うかである。デューイが指摘するように、私的欲求を公共的な福祉へと順次拡張していき、個人の自己実現と民主主義社会の発展を組み合わせて学習にする必要がある。

　さらに、道徳上の問題を解決する学習の過程をどのように評価するかである。道徳の内容項目や道徳性の諸様相を観点にして評価するのか、教科の3観点（関心・意欲・態度、思考・判断・表現、技能）などで評価するのか、議論がわかれている。問題解決的な学習であれば、子どもが問題を解決するプロセスを評価するパフォーマンス評価が適している。複数の道徳授業を系統的に振り返ったり、学校の教育活動全体と関連づけたりするのであれば、ポートフォリオ評価を検討する必要もある。

　こうした道徳科における問題解決的な学習の理論と実践の融合に向けて、デューイ理論を参考にしながら実際の授業実践を積み重ね、有意義な道徳科指導法として練り上げていく協働作業が今後ますます必要になるだろう。

（註）

(1) John Dewey,"Moral Principles in Education,"MW p.268.（大浦猛編訳『実験学校の理論』、明治図書、1977年、35頁）。 John Dewey, *Democracy and Education,* MW 9, p.364.（金丸弘幸訳『民主主義と教育』、玉川大学出版部、1984年、466頁）。梅根悟 編『道徳教育』、明治図書、1956年、270-288頁参照。上田薫『道徳教育の理論』、明治図書、1960年、83-90頁参照。牧野宇一郎『デューイ教育観の研究』、風間書房、1977年、1093頁。

(2) 稲富栄次郎『人間形成と道徳』、学苑社、1979年、235-239頁参照。勝部真長『道徳指導の基礎理論』、日本教図、1967年、185-186頁参照。

(3) 大平勝馬「道徳時間の指導過程」、『道徳教育』No.70、1963年。木原孝博『アメリカにおける道徳教育方法の改革』、明治図書、1984年、43-45頁。齋藤勉編著『道徳形成の理論と実践』、樹村房、1993年、78頁。行安茂「道徳教育に対するデューイの影響」『日本の戦後教育とデューイ』、世界思想社、1998年。柳沼良太『「生きる力」を育む道徳教育—デューイ教育思想の継承と発展—』、慶應義塾大学出版会、2012年。

(4) John Dewey,"Moral Principles in Education,"p.270.（邦訳、37-38頁）

(5) Ibid., p.267.（邦訳、33頁）

(6) Ibid.

(7) John Dewey, *Ethics,* LW 7, p.162.（J. デューイ『倫理学』、河村望訳、人間の科学新社、2002年、30頁）

(8) John Dewey, *Human Nature and Conduct,* MW14,p.90.（河村望訳『人間性と行為』、人間の科学社、1995年、130-131頁。

(9) Ibid., p.159.（邦訳、224-225頁）

(10) John Dewey, "Teaching Ethics in the High School," EW 4, p.56.

(11) John Dewey, *Human Nature and Conduct,* p.29.（邦訳、47頁）

(12) Ibid., p.135.（邦訳、191頁）

(13) Ibid., p.85.（邦訳、124頁）

(14) John Dewey,"Moral Principles in Education," MW 4, p.270.（大浦猛編訳『実験学校の理論』、明治図書、1977年、邦訳、41頁）

(15) Ibid., p.290.（邦訳、63頁）

(16) John Dewey, *Experience and Nature,* LW 1, p.39.（河村望訳『経験と自然』、人間の科学社、1997年、54頁）

｜2節　プラグマティズムと道徳教科化

はじめに

　わが国の公立小・中学校において「領域」として教育課程に位置付けられていた「道徳の時間」が、新たに「特別の教科 道徳」として位置付けられ、小学校では2018年度から、中学校では2019年度から完全実施に至る。この道徳教科化は、2020年度以降に予定される各教科・領域の学習指導要領の全面改訂に先行する形で実施される意味もある。そのため、道徳科でも各教科・領域と同様に「主体的・対話的で深い学び」

を積極的に取り入れ、従来の「読み取り道徳」から「考え議論する道徳」へと質的転換を図ることがめざされる。

　従来の「道徳の時間」で主流な指導法であった「登場人物の心情を読み取る道徳」は、指導法が形式化（形骸化）されており、実効性にも乏しいことがたびたび批判の対象となってきた。そこで、道徳を教科化することを機に、その指導法を抜本的に改善・充実させ、道徳的問題を「考え議論する道徳」へと転換すると共に、学校の教育活動全体で行なう道徳教育とも密接に関連づけてその実効性を高めことが期待されている。特に、道徳教科化と端緒ともなったいじめ問題および今日的課題にも対応できる道徳授業とすることが急務となった。

　その一方で、道徳の教科化に関しては、そもそもその設置の是非に始まり、指導法や評価の在り方についても、さまざまな賛否両論が渦巻いてきた。道徳教科化に反対派は、道徳の指導法を変えても、結局は道徳的価値を子どもに押し付けたり、道徳的行為を強要したりする指導になるのではないかと懸念している。また、道徳教科化に伴って検定教科書や評価も導入すれば、子どもの心を強制的に方向づけ（マインド・コントロール）したり、心を数値によって評価（評定）したりすることに繋がるという批判もある。それとは反対に、道徳教科化の賛成派の中には、「考え議論する道徳」の指導法に転換することに反発し、従来通りに読み物資料に登場する人物の心情を理解しながら、道徳的価値を教え込む指導法を徹底実施すべきだと言う反動的な意見も根強くある。

　歴史的に見ると、1958年に「道徳の時間」を特設する際は、修身科の復活と見なすなど教育学研究の分野では賛否両論が巻き起こり、激しい論争や反対運動も繰り広げられた。一方、今回の道徳教科化に際しては、教育学研究の分野ではそれほど熱心な議論は行なわれず、淡々と完全実施に向かっていった感がある(1)。この時機に教育学研究の知見を道徳教科化の検討に生かさないことは大きな損出になるだろう。

　本稿では、こうした道徳教科化をめぐる諸課題を取り上げて、教育学研究の見地をふまえて、道徳科設置の是非やその指導法の在り方について具体的に検討する。特に、日米比較の視点を取り入れ、アメリカの教育哲学者であるデューイやローティのプラグマティズム思想と関連づけ、彼らの問題解決学習と比較検討する。以上のように教育学研究の見地から道徳教科化を再検討し、今後の道徳授業の課題点も含めて多角的に探究することにしたい。

1　そもそも道徳は教科化すべきなのか

　今回の道徳教科化に関しては、2013年の教育再生実行会議の第一次提言が端緒となっているわけだが、こうした道徳を教科化しようとする試みは、これまでもたびた

びあった。そこで、この一連の政治的動向をまず確認しておきたい。

　すでに1987年の臨時教育審議会の4次答申では、特設「道徳」の内容の見直し・重点化が提言されている。2000年の教育改革国民会議の報告でも、小学校に「道徳」、中学校に「人間科」などの教科を設けることが提言されている。そして2007年の教育再生会議の第三次報告でも、徳育を「新たな枠組み」で教科化することが提言されている。このように保守政権下ではたびたび道徳教科化に向けた政治的提言がなされたが、審議の途上において多くの反対にあって頓挫し、その実現には至らなかった。

　こうした一連の動向を受ける形で2013年2月の教育再生実行会議の第一次提言において再び道徳教科化が提言されることになる。そこでは「現在行われている道徳教育は、指導内容や指導方法に関し、学校や教員によって充実度に差があり、所期の目的が十分に果たされていない状況」にあると指摘され、特に「いじめ問題等に対応する」ために、「道徳の特性を踏まえた新たな枠組みにより教科化し、指導内容を充実し、効果的な指導方法を明確化」することが求められた。

　その後、2014年の「道徳教育の充実に関する懇談会」の報告書、2014年の中央教育審議会道徳教育専門部会の答申で大枠が示され、2015年の学習指導要領とその解説書の改訂に至り、問題解決的な学習や体験的な学習を取り入れ「考え、議論する道徳」へと質的転換を図ることが示された。2016年12月の中教審答申でも、この「考え、議論する道徳」が新学習指導要領のめざす「主体的・対話的で深い学び」を実現するものとして明記されている。

　こうした一連の審議過程でも道徳教科化に関しては、教育学研究の見地からさまざまな賛否両論が渦巻いていた。審議で共通意識としてあったのは、従来の道徳授業が、①今日的課題（いじめや情報モラル、生命倫理、環境倫理、規範意識の低下、自尊感情の低下など）に十分対応できていないこと、②道徳の指導法が教材に登場する人物の心情を理解する（読みとる）ことに偏りがちで、形式化（形骸化）していること、③学校間や教員間で道徳授業の取り組みや熱意に格差があることなどであった。

　もともと道徳は教科ではなかったため、指導法が理論的に確立されておらず、1960年代半ばから国語科の物語文を読みとる指導法に準じた偏ったやり方が定着してきた経緯がある。そこで、道徳を教科化することにより、効果的で多様な道徳指導法を取り入れることが提言されてきたのである。

　その一方で、道徳の教科化については、1958年に「道徳の時間」が特設された時と同様に(2)、教育学研究の見地から反対する向きも根強くある。有力な反対意見としては、まず、道徳教科化が戦前・戦中の修身教育（修身科）を復活させることになり、国家による思想統制に繋がり、日本が戦争のできる国になるというものである。ただ、昨今のわが国の道徳授業を概観するかぎり、国民を戦争に向かわせるような指

導内容は皆無である。それよりも、国家が学習指導要領で規定する道徳的諸価値を子どもに押し付け（教え込み）、国家的な管理・統制によって子どもの主体性を抑え込み、国民の思想・信条の自由を侵害することになりかねない点はたしかに存在するため、今後も留意する必要はある。

　次に、道徳教育は学校の教育活動全体で行なうべきものであるため、教科にして一定の時間だけ指導すべきものではないという意見もある。この見地では、道徳教育は教師と子どもの温かい信頼関係の下で日常生活において自然に行なうべきであるため、道徳授業を行なえば、互いを偽装させ、信頼関係を崩すことになると見ている。

　第三に、道徳授業で子どもの日常生活や社会生活に関する現実的な道徳的問題を取り上げると、従来の生徒指導や特別活動（学級活動）に近づくことも懸念されてきた。例えば、いじめ問題を道徳授業で取り扱うと、被害者や加害者が教室にいるため、当事者が辛い思いをすると言う。しかし、道徳授業では学級で起きた問題を直接取り上げるわけではなく、類似の道徳的問題を取り上げて間接的に検討するため支障はないとも言える。

　第四に、道徳授業で社会的（政治的）問題を取り上げると、社会科の授業（市民性教育、政治教育、法教育、主権者教育など）に近づくことも指摘されてきた。たしかに集団的・社会的問題を多面的・多角的に考察して、相互に理解し合い、寛容な精神を養うことは道徳性と共に社会性を養うことになるため、教科横断的な学習ともなる。ただ、こうした教科間の学習の重複や往還は重要な内容であれば、むしろ歓迎すべきことであろう。

　第五に、子どもの心や人間性（道徳性）を評価するべきではないと言う意見もある。たしかに子どもにはそれぞれ個性や特性があり、それを数値によって相対的に評定するべきではないだろう。しかし、今回の道徳科では、子どもの学習状況や道徳性に係る成長の様子を継続的に把握し、指導に生かそうとするものであり、数値などによる評価ではなく、記述式の評価でもある。そこでは、子どもがいかに成長したかを積極的に受けとめ、努力を認めたり、励ましたりする個人内評価である。また、各教科・領域のように観点別評価をするわけでもなく、資質・能力の三つの柱（①知識・技能の習得、②思考力・判断力・表現力等の育成、③学びに向かう力・人間性等の涵養）の中で、２番目の「思考力・判断力・表現力等の育成」を肯定的に見取る程度の評価である。それも、道徳授業で一方的な見方から多面的・多角的な見方へと発展していることや、道徳的価値の理解を自分自身との関わりの中で深めているかを把握するところに重点を置いている。その意味で、道徳科の評価は非常に繊細な配慮のもとで行なわれることになり、子どもの心や人間性の良し悪しを評価するわけではない。こうした道徳の評価に対する批判は、誤解や曲解に基づいて起因していることも多々ある。

　その他にも、道徳が教科になると指導や評価をする分だけ教師の負担が増えることについて懸念する声もあった。特に、中学校の教師は多忙なうえに、担任する生徒を日常的に観察しているわけではないため、道徳の指導や評価が難しいとも言われる。しかし、学級担任だからこそ生徒の心に寄り添い、生徒の実態に合わせて支援したり励ましたりする指導を継続的かつ親身にできることも確かである。道徳性の育成、つまり子どものよりよく生きる力を育てることは、教師である以上、当然求められる職務でもある。

　このように教育学研究の見地から道徳教科化への反対は多種多様にあるが、当然ながら別の教育学研究の見地からそれらに対する反論の余地もある。こうした道徳教科化の賛否両論は、各論を理論的に冷静に分析し議論するというよりは、賛否の結論が先にあって、政治的・思想的な意味合いで論争することが多い。そのため、相互の議論がかみ合わないまま平行線を辿っていく傾向にあり、建設的な方向に進まないことがある。

　こうした道徳の教科化に関する賛否両論は、諸外国においても古くから同様にあった。例えば、19世紀末から20世紀初頭のアメリカでは、デューイに代表される進歩主義教育者が台頭し、特定の道徳的・倫理的価値を教え込もうとする道徳授業の特設に反対している。デューイ自身も『教育における道徳的原理』（1909年）や『民主主義と教育』（1916年）において、道徳教育は学校の教育活動全体を通して行なうべきであると考え、道徳を子どもに直接教授しても形骸化するだけであると主張している(3)。ただ、もし仮に教材を使って道徳授業を指導する場合は、子ども自身が主体的に道徳的な問題に向き合い、その解決に向けて協働的に議論する学習が望ましいとデューイは考えている。実際、デューイも道徳（倫理）授業を構想する際には被災者をどのように救済すればよいかを子ども同士で考え議論するような授業を提示し、道徳科の問題解決学習の在り方を具体的に示している(4)。

　その後、アメリカではこうしたデューイの問題解決的な道徳学習を継承する形で、1960年代後半には「価値の明確化」に代表される価値教育が登場して普及した。次に、それを批判的に継承した形で1970年代にはコールバーグ（Lawrence Kohlberg）らが提唱した認知発達アプローチに基づくモラル・ジレンマ授業が流行した。そして1980年代後半からは「新しい人格教育（キャラクター・エデュケーション）」が台頭してきて現在に至っている。そこでは、従来の徳目主義や心情主義の道徳授業を克服して、道徳的な問題を考え議論する授業を構成することがめざされている。

　わが国でも「道徳の時間」が1958年に特設された当初は、戦前・戦中の修身教育（修身科）への反省もあって、子どもに特定の道徳的価値を教え込むような授業ではなく、子ども自身が道徳的問題を主体的・批判的・創造的に考え、協働して議論する問題解

決型の学習が推奨されていた。そこでは、子どもが社会的認識をもって教材の内容を批判的に考察することも推奨されていたのである。

　しかし、当時のそうした問題解決型の道徳授業の中には、単に子どもの生活経験を話し合う学級活動や、問題行動に対するネガティブな生徒指導などと混同されてしまうものもあった。そこで、1960年代半ば頃から、国語科の指導法に倣って、読み物資料に登場する人物の心情を読み取り、学習指導要領に提示された道徳的価値を系統的・計画的に教え込む指導法（いわゆる読み取り道徳）が確立され、教科調査官を中心に強力に推進され、全国的に普及していったのである。

　今回の道徳教科化では、こうしたわが国特有の経緯から、価値の押し付けを懸念すると共に、授業の形式化（形骸化）をも克服するために、「主体的・対話的で深い学び（アクティブ・ラーニング）」を取り入れ、「考え議論する道徳」へと質的転換を図ることがめざされたのである。そこでは、学校の教育活動全体で行なう道徳教育を補い、深め、統合する道徳科を設置し、子どもたちが将来、人生で出合うであろうさまざまな道徳的諸問題に向き合い、主体的に考え協働的に議論する中で、道徳性を育成することが企図されている。

　特に、新しい道徳科の目標では、道徳的な諸問題について子どもが主体的・対話的に取り組み、「多面的・多角的に考える」（5）ことなどを重視している。このように道徳科では、従来の（国語科の心情の読み取り）ように道徳的価値を画一的に押しつけるのではなく、社会科等のように道徳的諸価値の理解をもとにして多面的・多角的に考え対話的に議論することがめざされているのである。

2　教科としての道徳をいかに指導するか

　今回の道徳教科化に関して中央教育審議会の議論では、従来の指導法が「子どもの心に響かない形式化した指導」であることや、「単に教え込むにとどまるような指導」、「実効性の上がらない指導」であることが指摘されてきた。特に、教材の場面ごとに登場人物の気持ちを読み取る心情主義の指導法や、特定の道徳的価値を教え込もうとする徳目主義の指導ではなく、子ども自身が道徳的問題に向き合い、主体的に考え判断し議論するような指導法を取り入れることが意識されている。

　文部科学省でも「道徳教育の評価等に係る専門家会議」の報告書（2016年）では、具体的な指導法や評価にまで踏み込んで審議し、道徳科における「多様で質の高い指導法」まで提示している。そこでは、従来のように「登場人物に心情理解のみの指導」や「主題やねらいの設定が不十分な単なる生活経験の話合い」は否定され、①「読み物教材の登場人物への自我関与が中心の学習」、②「問題解決的な学習」、そして③「道徳的行為に関する体験的な学習」の三つが発問例と一緒に提示された。

　また、道徳科の指導法については、松野博一文部科学大臣（当時）のメッセージ（2016年11月18日）において、いじめ問題と関連づけて以下のようにも提示されている。「これまでの道徳教育は、読み物の登場人物の気持ちを読みとることで終わってしまっていたり、『いじめは許されない』ということを児童生徒に言わせたり書かせたりするだけの授業になりがちと言われてきました。（中略）現実のいじめの問題に対応できる資質・能力を育むためには、『あなたならどうするか』を真正面から問い、自分自身のこととして、多面的・多角的に考え、議論していく『考え、議論する道徳』へと転換することが求められています」。このように道徳科では、従来の登場人物の心情理解に偏った指導法から問題解決的な「考え、議論する道徳」へと質的転換することが明確に打ち出されてきた。

　こうした道徳の教科化を機に指導法の抜本的な改善・充実が図られたことは、各種の審議会や専門家会議において教育学研究の知見が積極的に活用された成果でもある。こうした道徳授業の改善・充実は、世界各国の道徳教育先進国で共通して見られる。高度なグローバル化や情報化がますます進展して、社会が大きく変動すると共に人々の価値観が多様化した時代だからこそ、子どもに道徳的価値を教え込む授業ではなく、多様な道徳的価値観を理解し合い、異なる他者と協働して問題解決するような授業に転換を図ろうとしているのである。

　このようにわが国では、文部科学省を中心にこうした「考え、議論する道徳」へと指導法を質的転換することがめざされたわけだが、その一方で、従来通りの「読み取り道徳」をそのまま存続させようとする保守反動的な傾向も根強くある。このままの形で道徳の教科化が進めば、表面的には「問題解決的な学習」や「考え議論する道徳」を偽装（カモフラージュ）することで左派からの批判を巧妙にかわしながら、その実態は（登場人物の気持ちを尋ねて道徳的価値を押し付ける）旧来型の道徳授業が蔓延する恐れもある。こうした事態を避けるためには、「問題解決的な学習」や「考え議論する道徳」を明確に定義し、その指導法や評価まで踏み込んで提示する必要がある。

　さらに、道徳教科化の議論では、「いかに道徳授業の実効性を高めるか」も大きな課題であった。そのため、上述したように道徳授業に問題解決的な学習や体験的な学習を取り入れて、より具体的な事例を検討することが重視された。また、道徳授業を学校の教育活動全体で行なう道徳教育と関連づけ、道徳授業が実際の日常生活でどれほど実効性があるかを省察・検証することも期待された。

　「考え、議論する道徳」で問題解決的な学習を行なった場合でも、読み物教材を使うかぎり、実際の子どもたちの生活経験や現実的な見方・考え方と乖離（かいり）する傾向があることは否めない。そこで、道徳的行為や習慣に関する指導をするために、「道徳的行為に関する体験的な学習」を取り入れ、道徳的価値に関する技能（スキル）の学習

も行なわれることにもなった。デューイは「行為を通して学ぶこと」を重視したが、道徳授業でも体験的な学習（例えば、役割演技やスキル学習など）を通して道徳的価値や道徳的技能（モラルスキル）を習得することは可能である。

　ただ、この場合は前述したように、日常生活の具体的な技能（スキル）を学ぶような道徳授業をすると、生徒指導や特別活動と区別がつかなくなるという批判も守旧派から出てくる。具体的なスキル学習も必要であるが、そうした生活指導のような道徳授業をし過ぎると、道徳的行為や習慣の押し付けであると批判されることにもなる。こうした体験的学習は、問題解決的な学習とセットにして、子どもが主体的に道徳的問題に向き合い、その解決について考え議論しながら習得できるように配慮する必要がある。

　こうした道徳教科化の指導法を検討する中で、最も大きなテーマとして浮上してきたのは、道徳授業の目標が「道徳的価値の習得をめざすべきか」、それとも「道徳的な資質・能力の育成をめざすべきか」という点である。従来の道徳授業は、道徳的価値の理解を深めることに重点をおいてきたが、これからの道徳科では、道徳的な資質・能力を養うことが大事であると主張されてきた。

　そもそも今度の学習指導要領では、従来のような学習内容の習得（コンテンツ・ベース）だけでなく、資質・能力の育成（コンピテンシー・ベース）がめざされている。これは道徳科でも同様であり、従来のように道徳的価値の習得を主とする授業ではなく、道徳的な資質・能力の育成こそがめざされることになる。ただし、道徳的な資質・能力を育成することを名目にして、モラル・ジレンマ資料を話し合い議論（討論）するだけの道徳授業も増えている点に難がある。

　以上の論点をふまえたうえで、ここでは前述したデューイの教育思想を批判的に継承したR.ローティの見解に注目したい。ローティは、教育においては子どもの「個性化が社会化の後にくる」(6) と主張したうえで、社会的規範や道徳的諸価値をある程度まで理解した後に、社会的・道徳的な問題を批判的かつ創造的に考え議論することができるように指導することが大事であると考える。つまり、道徳的諸価値の理解を前提として、さまざまな道徳的問題を創造的かつ批判的に考え、多面的に議論できるようにすることが大事なのである。

　上述のように「道徳的諸価値の理解」を基にして、人生で出合う諸問題を「多面的・多角的に」考え議論できるようにする指導観は、今度の学習指導要領における道徳科の目標にも合致しており、「考え、議論する道徳」の基本構想とも適合している。「道徳的諸価値の理解」は道徳授業の手がかりに過ぎず、「道徳的資質・能力としての道徳的判断力・心情・実践意欲・態度の育成」こそが道徳授業の最終目標であることを再認識しておきたい。

3　道徳的価値の伝達か批判的・創造的能力の育成か

　前述したように、「道徳的諸価値の理解」をもとに「道徳的判断力等の育成」をするという場合、次に問題視されるのは、多くの子どもたちが初等・中等教育において国家的に統制された道徳的価値を押し付けられるだけで終わりにならないかという点である。子どもは多種多様な価値観をもっており、そこでは「思想・信条の自由」が保障されているわけだが、初等・中等教育の道徳教育では、そうした子どもたちの多様な価値観を認めず、国家に都合のよい価値観を子どもたちに教え込むだけの道具（権力装置）にならないかという点が懸念される。それは道徳教育において子どもの主体性や思想・信条の自由をどう保障するかの問題にも関わってくる。

　ここでは、公的領域にある国家的規模の「大きな物語」を、子どもたちの私的領域にある「小さな物語」に優先させることの是非が問われることにもなる。こうしたテーマは、教育と政治との関係性も指摘される。政治的右派は、伝統的・普遍的な道徳的価値を子どもに伝達しようと考えるが、一方の政治的左派は、道徳的価値の押し付けを拒否し、子どもの自由な主体性や個性を尊重しようとする。ローティは初等・中等教育では伝統的・普遍的価値を習得させることを強調するが、デューイに代表される進歩主義教育者は、後者の立場から道徳教育による価値の押し付けに反対する。

　今回の「考え、議論する道徳」では、道徳的価値の押し付けにならないように配慮されているが、指導内容としては道徳的価値が明確に設定してあるため、ねらいとする道徳的諸価値に誘導する授業になることも十分懸念される。この場合は、結局のところ、子どもは教師が教える（押しつける）道徳的価値をただ受け入れることになり、現状の社会秩序に順応するだけに終わりがちである。これでは道徳的問題を解決したり、現状のあり方を批判して新しいあり方を創造したりする能力を育成することなどできないだろう。

　ここで、道徳的諸価値の習得をすべて徹底して拒否するべきだという左派的な見解もあるが、それでは道徳授業で指導すべき内容がなくなり、道徳科の廃止論に傾くだけになる。そこで、指導内容としての道徳的諸価値の理解を深めることと、批判的・創造的な能力の育成をすることの双方を両立させるためには、どうすればよいかが課題となる。

　こうした道徳教育の在り方として、ローティが提示した「進歩の物語」についての教育が参考になる(7)。ここでいう「進歩の物語」とは、例えば、時代や社会の束縛に対抗しながらリベラルで民主的な社会を創造してきた歴史上の英雄の物語であり、また歴史的に抑圧され排除されてきた社会的弱者（マイノリティ）の物語である。ここで示された「進歩の物語」のテーマとなる「個性の尊重」「弱者の救済」「民主主義

の発展」などは、国家的な「大きな物語」のテーマであると同時に、私的な「小さな物語」のテーマでもあり得る。これらの物語の中枢にあるのは、子どもの個性や自主性を尊重しようとする道徳的理念であると共に、社会的弱者を救済して寛容な民主主義を発展させようとする社会的理念でもある。それゆえ、道徳科における問題解決的な学習で「進歩の物語」を取り上げることで、その歴史性や局地性を理解したうえで、ユートピア的希望にもとづいて自由、平等、友愛を社会で拡大するために考え議論することも可能になる。

おわりに

　今回の道徳教科化の議論では、戦後に「道徳の時間」が特設された1958年当時と比べると、教育学研究の立場からその是非や具体的な指導法をめぐって徹底討論する機会が、十分に持てなかった。それは一方では、いじめ問題や今日的課題などに対する喫緊な対応もあって、道徳教育の抜本的な改善・充実と共に道徳教科化が政治的に主導され、国民の多くも道徳教科化に賛同していったため、反対派の声はそれほど盛り上がらなかったためである。しかし、道徳教科化が確定して完全実施に至った後でも、道徳教育の根本的理論から再検討し、道徳授業の教材・指導法・評価の是非に至るまで、教育学研究の立場で仔細に吟味していくことは求められ続けるだろう。

　ただし、そうした論議をする際には、道徳教科化の賛否を特定の政治的立場から一方的に決めつけて、「最初に答えありき」の意見表明に終始することのないように留意したいところである。これから議論するうえでは、道徳教育の理論と指導法の在り方や可能性について具体的に判断し熟議する公平なスタンスが重要になる。

　実際のところ、学校現場では「特別の教科　道徳」が着々と実施されていく中で、今後は指導法や検定教科書や評価をいかに改善・充実させるかについての議論に移っていく。教育学研究の見地で道徳教科化にひたすら政治的に反対する声も聞こえてくるが、それだけでは指導法や評価の改善・充実に繋がらないため、教育行政上では無視されてしまい、結局は昔通りの型にはまった心情主義や徳目主義の道徳授業をそのまま存続させることになりがちである。それでは、道徳教科化が本来めざした道徳授業の形骸化や実効性のなさを克服できないままで終わってしまう。

　教育学研究の見地から、従来の道徳授業が陥りがちな心情主義や徳目主義の課題を克服するためには、新しい学習指導要領にも取り入れられた「主体的・対話的で深い学び」を道徳科にも取り入れ、問題解決的な学習や体験的な学習に対応した「考え議論する道徳」を積極的に開発・実践・省察することがやはり大事になるだろう。

　その理論的な解明をするためには、上述したデューイやローティなどのプラグマティックな考え方に基づく問題解決学習のあり方が参考になるだろう。従来の道徳授

業の弊害をただ批判して中止や廃止を求めるよりも、新しい「考え、議論する道徳」のあり方を具体的に構想し、代替可能な授業実践を積極的に普及させていくことの方がよほどラディカルな教育改革に繋がるだろう。

　また、道徳教育は子どもの私的領域と公的領域の両方に関わってくるため、特殊で複雑な問題を多く含むことになり、指導法や評価は特殊な観点から精査する必要がある。そこでは、本稿で取り上げた「自己創造」と「社会連帯」を関連づける発想や、本書の2章で提示したプラグマティズムの公共哲学が示唆に富むだろう。

　今後も教育学研究の見地から道徳教科化について多角的・批判的・創造的な考察や探究を行ない続け、具体的な提案（対案）を出し合って建設的に熟議を重ねていきたいところである。

（註）

(1) 早い段階で道徳教科化に反対した研究書としては以下のものがある。佐貫浩『道徳性の教育をどう進めるか
　　——道徳の「教科化」批判——』、新日本出版社、2015年。日本教育方法学会（編著）『教育のグローバル化と道
　　徳の「特別の教科」化』、図書文化社、2015年。

(2) 1958年当時、日本教職員組合（以下、日教組）と日本教育学会が提示した道徳特設に対する反対声明を確認
　　しておきたい。日教組が反対する理由は、特設道徳のねらいが教育内容を国家的に統制することにあり、憲
　　法や教育基本法に明記された教育の機会均等、平和と真実、人権尊重の教育を根本から破壊するものだから
　　である。特設道徳は「紀元節を復活させた反動教育」であり、修身教育の復活に繋がりかねない。
　　　一方、日本教育学会が道徳特設に反対する理由は、まず、道徳教育が「各教科指導、生活指導をつうじて培
　　われるもの」であるためである。次に、道徳授業で道徳教育の内容がバラバラに取り上げられたり、時間的
　　な制約から抽象的一般的または象徴的な言葉として子どもに教え込まれたりすると、「その場その場で適応す
　　る人間、人間らしい実感や自主的な判断力を消失した人間を作りあげることになる」ためである。第三に、
　　道徳を担当する教師は、「ある程度道徳的な基準を身につけたものとしてふるまわねばならなくなり、教師と
　　教師、教師と子どもの間の温かい人間的なつながりが断ち切られ」疎遠になるためである。第四に、「政治が
　　一方的に道徳時間を特設し、道徳教育のあり方についてわくづけをするならば教師の自主的な研究は芽をつ
　　まれ、その良心的な教育研究は阻害される」ためである。

(3) John Dewey,"Moral Principles in Education," MW 4, p.270.（大浦猛編訳『実験学校の理論』、明治図書、1977年、
　　邦訳、41頁）

(5) John Dewey, "Teaching Ethics in the High School,"EW 4, p.56.

(4) 新しい学習指導要領における道徳科の目標は以下の通りである。「よりよく生きるための基盤となる道徳性を
　　養うため、道徳的諸価値についての理解を基に、自己を見つめ、物事を多面的・多角的に考え、自己の生き方（人
　　間としての生き方）についての考えを深める学習を通じて、道徳的な判断力、心情、実践意欲と態度を育てる」。

(6) Richard Rorty, "Education, Socialization, and Individuation," *Liberal Education*, Vol.75, No.4, 1989, p.7.

(7) Richard Rorty, "The Dangers of Over-Philosophication,"*Educational Theory*, Vol.40, No.1, Winter 1990, p.43.

|3節　アクティブ・ラーニングと道徳授業

はじめに

　2020年度から全面実施される今次の学習指導要領では、アクティブ・ラーニング（後に「主体的・対話的で深い学び」）を全面的に推進する方針を打ち出している。それに先行して小学校では2018年度から、中学校では2019年度から全面実施される「特別の教科　道徳」でも、このアクティブ・ラーニングを先取りして行なうことが求められている。

　文部科学省が道徳科を設置するうえで掲げているキャッチ・フレーズ「考え、議論する道徳への質的転換」とは、このアクティブ・ラーニングを取り入れた道徳授業へと転換することを意味している。既に中央教育審議会では「学習指導要領等の改善及び必要な方策について（答申）」（2016年12月）を取りまとめ、アクティブ・ラーニングの視点から「考え、議論する道徳への転換」を明確に打ち出している(1)。

　しかし、「考え、議論する道徳」とアクティブ・ラーニングの関係性は、道徳教科化の議論が始まった当初から意識されていたわけではなく、現時点でも十分に解明されているとは言えない。そこで本稿では、「考え、議論する道徳」をアクティブ・ラーニングの視点から吟味するとともに、その可能性と課題を検討することにしたい。

　本稿の内容構成として、１項では、「考え、議論する道徳」とアクティブ・ラーニングの関係性を歴史的に振り返る。２項では、アクティブ・ラーニングに対応した道徳授業を特徴づけるために、「主体的・対話的で深い学び」に係る三つの視点や育成すべき資質・能力の三つの柱と関連づけて検討する。３項では、アクティブ・ラーニングに対応した「考え、議論する道徳」の指導法として新たに導入された「問題解決的な学習」と「道徳的行為に関する体験的な学習」の在り方を検討する。以上から、アクティブ・ラーニングの視点に立って「考え、議論する道徳」の可能性を探ると共に、その課題も検討することにしたい。

1　道徳科とアクティブ・ラーニングの関係性に係る経緯
（1）「考え、議論する道徳」が登場する経緯

　まず、「考え、議論する道徳」が登場する経緯を確認しておきたい。道徳教科化の端緒は、2013年２月に出された教育再生実行会議の「いじめ問題等への対応について（第一次提言）」である。ここで道徳の特性を踏まえた新たな枠組みにより教科化し、いじめ問題等にも対応できる効果的な指導方法に改善する方針が示された。この提言を受けて「道徳教育の充実に関する懇談会」では2013年12月の報告書において、「道

徳的実践力をより効果的に育成するために、「実生活の中でのコミュニケーションに係る具体的な動作や所作の在り方等に関する学習、問題解決的な学習」の導入を提案している。

　この報告を受けて、中央教育審議会道徳教育専門部会では2014年10月に「道徳に係る教育課程の改善等について」答申を行ない、多様で効果的な指導方法として「道徳的習慣や道徳的行為に関する指導、問題解決的な学習や体験的な学習、役割演技やコミュニケーションに係る具体的な動作や所作の在り方等に関する学習などの指導」を道徳授業に取り入れることを提案した。

　また、この答申では「特定の価値観を押し付けたり、主体性をもたず言われるままに行動するよう指導したりすることは、道徳教育がめざす方向の対極にあるものと言わなければならない」、「多様な価値観の、時に対立がある場合を含めて、誠実にそれらの価値に向き合い、道徳としての問題を考え続ける姿勢こそ道徳教育で養うべき基本的資質である」と明示した。こうした答申の文言が「考え、議論する道徳」への質的転換を行なう根拠となった。

　この答申を受ける形で、2015年3月に公示された学習指導要領では、発達の段階に応じ、答えが一つではない道徳的な課題を一人ひとりの児童生徒が自分自身の問題と捉え、向き合う「考える道徳」、「議論する道徳」へと質的転換を図ることが示されたのである。同年には義務教育諸学校教科用図書検定基準が改正され、「問題解決的な学習や道徳的行為に関する体験的な学習について適切な配慮がされていること」と明記され、道徳科の検定教科書にこうした指導法を導入することも確定した。

　この答申を受けて、「道徳教育の評価等に係る専門家会議」が2016年7月に報告書を出し、質の高い多様な指導法として「自我関与を中心とした学習」、「問題解決的な学習」、「道徳的行為に関する体験的な学習」を具体的に提示している。その後、「考える道徳への転換に向けたワーキンググループ」が2016年8月に審議のとりまとめを出し、「考え、議論する道徳」がアクティブ・ラーニングと密接に関連していることを具体的に示した。それを受けて2016年8月に中央教育審議会初等中等教育分科会教育課程部会において「次期学習指導要領等に向けたこれまでの審議のまとめ」が提出され、次いで2016年12月の中央教育審議会の「学習指導要領等の改善及び必要な方策について（答申）」にも反映され、「考え、議論する道徳」が次期学習指導要領のめざす「主体的・対話的で深い学び」（アクティブ・ラーニング）を実現することになると明示したのである。

　ただ実際のところは、2013年から2016年にかけての道徳教科化を審議する会議と並行する形で、文部科学省では次期学習指導要領の改訂に向けた中央教育審議会が行なわれており、道徳科にアクティブ・ラーニングを先取りして導入できないか検討

されていた。例えば、2014年の中央教育審議会道徳教育専門部会においても、アクティブ・ラーニングを道徳科に取り入れるべきという提案は審議録にも残されており、2015年に改訂された学習指導要領の総則や道徳科の解説書にもそれが色濃く反映されることになった。そうした流れをふまえて、上述したように2015年8月の教育課程企画特別部会における「論点整理」、2016年8月の「次期学習指導要領等に向けたこれまでの審議のまとめ」などで、アクティブ・ラーニングの視点から「考え、議論する道徳」を推進する方針が明確に打ち出されることになったのである。

（2）アクティブ・ラーニングが登場する経緯

　次に、アクティブ・ラーニングが登場する経緯も確認しておきたい。アクティブ・ラーニングは、もともと2012年8月の中央教育審議会の答申「新たな未来を築くための大学教育の質的転換に向けて」において登場し、大学で「認知的、倫理的、社会的能力、教養、知識、経験を含めた汎用的能力の育成を図る」ための「能動的な学習」を意味していた。その後、2014年11月の中央教育審議会に対する学習指導要領等の改訂についての諮問では、アクティブ・ラーニングを小・中・高校にも適用し、「課題の発見と解決に向けて主体的・協働的に学ぶ学習」と捉えている。さらに、2016年に次期学習指導要領の方向性としてアクティブ・ラーニングを「主体的・対話的で深い学び」と定義し直し、授業改善の視点としている。

　これまでのわが国の授業は、教師が指導内容を一方的に教え、子どもは教師が示す正解をそのまま受け入れるパッシブ・ラーニング（受動的な学習）となる傾向が強かった。しかし、今日のように高度にグローバル化し情報化して変化が激しく価値観が多様化した知識基盤社会では、既存の知識や技能を習得するだけでは対応できなくなる。そこで、子どもが習得した知識や技能を礎（いしずえ）として、自ら問いを立て主体的に考え判断し、他者と協働しながら解決していく資質・能力を育むことが求められた。こうした資質・能力を着実に育成するために、学びの量や内容だけでなく、学びの質や深まりが重要になり、「主体的・対話的で深い学び」としてのアクティブ・ラーニングが全教科等に導入され、授業改善に役立てられることになった。そうしたアクティブ・ラーニングを道徳科では各教科等に先行して行なうために、「考え議論する道徳」が打ち出されることになったとも言える。

（3）「読む道徳」から「考え、議論する道徳」への質的転換

　道徳が教科化されるうえで最も課題とされたのは、「読み物教材の登場人物の心情理解のみに終始する指導」や「望ましいと思われることを言わせたり書かせたりすることに終始する指導」が多かったことである。従来の道徳授業では、子どもに登場人

物の気持ちをくり返し尋ねて、ねらいとする道徳的価値を理解させることが定型の指導法となっていた。そうした授業は、登場人物の心情を理解することに偏ったり、道徳的価値をただ教え込んだりする授業になる傾向があり、パッシブ・ラーニング（受動的な学び）になりがちであった。こうした道徳授業は、学年が上がるにつれて子どもたちの受け止めが悪くなる傾向があり、子どもたちの事後の日常生活にも活用・汎用されないため、実効性が乏しいことも指摘されてきた。特に、道徳授業が実際のいじめ問題や今日的課題に対応できていない点が批判され、授業の実効性を高めることが求められたのである。

それゆえ、従来のように登場人物の心情を読み取らせ、道徳的価値を知識内容（コンテンツ）として子どもに教える「読む道徳」から脱却し、子どもが道徳上の諸問題に向き合い、多面的・多角的に考え主体的に判断し議論し合う中で、生きて働く資質・能力（コンピテンシー）としての道徳性を育成する「考え、議論する道徳」へと質的転換することが望まれたのである。

こうした「考え、議論する道徳」への質的転換について、前述した「論点整理」では以下のように説明している。まず、従来の「読む道徳」がわが国で普及した経緯は、「子どもたちに道徳的な実践への安易な決意表明を迫るような指導を避ける余り道徳の時間を内面的資質の育成に完結させ、その結果、実際の教室における指導が読み物教材の登場人物の心情理解のみに偏り、『あなたならどのように考え、行動・実践するか』を子どもたちに真正面から問うことを避けてきた嫌いがある」からである。「このような言わば『読み物道徳』から脱却し、問題解決型の学習や体験的な学習などを通じて、自分ならどのように行動・実践するかを考えさせ、自分とは異なる意見と向かい合い議論する中で、道徳的価値について多面的・多角的に学び、実践へと結び付け、更に習慣化していく指導へと転換することこそ道徳の特別教科化の大きな目的である」。

このように「考え、議論する道徳」ではアクティブ・ラーニングに対応させることで、子どもが人生で出合うであろう道徳的諸問題を主体的に考え判断し解決できるような資質・能力を育み、実際の道徳的な行為や習慣にも繋がるようにし、実効性のある道徳授業になるよう再構成したのである。

2　アクティブ・ラーニングに対応した道徳科の特徴
（1）「主体的・対話的で深い学び」と「考え、議論する道徳」の関係性

「主体的・対話的で深い学び」と称されるアクティブ・ラーニングには三つの視点がある。この三つの視点と関連づけて、「考え、議論する道徳」の特徴を捉え直したい(2)。

　第一の視点は、「学ぶことに興味や関心を持ち、自己のキャリア形成の方向性と関連付けながら、見通しを持って粘り強く取り組み、自己の学習活動を振り返って次につなげる『主体的な学び』が実現できているか」である。これを道徳科と関連づけると、「児童生徒が問題意識を持ち、自己を見つめ、道徳的価値を自分自身との関わりで捉え、自己の生き方について考える学習とすることや、各教科で学んだこと、体験したことから道徳的価値に関して考えたことや感じたことを統合させ、自ら道徳性を養う中で、自らを振り返って成長を実感したり、これからの課題や目標を見付けたりすることができるような工夫をすること」になる。

　この「主体的な学び」は、現在の活動だけでなく、その前後の学習活動と結び付け、現在の学びが過去に学んだ知識や技能とどう関連し、将来の学びとどう繋がるか、今後どう展開すべきかを省察し、全体を俯瞰しながら取り組むことになる。道徳科で言えば、子どもが道徳的問題に関心を持ち、自らの知識や経験と関連づけて捉え、主体的に考え判断し解決ことで成長を実感すると共に、将来の課題や目標をもって取り組むこともできる。こうした道徳授業では、発達の段階を考慮した社会的課題を取り上げたり、子ども一人ひとりが考え感じたことを振り返ったりする活動を取り入れることが大事になる。

　第二の「対話的な学び」の視点は、「子ども同士の協働、教職員や地域の人との対話、先哲の考え方を手掛かりに考えること等を通じ、自己の考えを広げ深める『対話的な学び』が実現できているか」である。これを道徳科と関連づけると、「子ども同士の協働、教員や地域の人との対話、先哲の考え方を手掛かりに考えたり、自分と異なる意見と向かい合い議論すること、道徳的価値の葛藤や衝突が生じる場面を多面的・多角的に議論すること等を通じ、自分自身の道徳的価値の理解を深めたり広げたりすること」になる。

　子どもが道徳的な問題について他者との多様な対話を通して、多面的・多角的な見地から考えを発展させていくことが重要になる。そうした中で他者との対話によって自分一人では気づけなかったことが理解できたり、考えを深めるきっかけになったりする。こうした子ども同士の「対話的な学び」を促すために、学級全体での話し合いだけでなく、ペア学習やグループ学習を取り入れ、より豊かで積極的な交流を図ることが有効になる。

　第三の視点は、「各教科等で習得した概念や考え方を活用した見方・考え方を働かせ、問いを見いだして解決したり、自己の考えを形成し表したり、思いを基に構想、創造したりすることに向かう『深い学び』が実現できているか」である。道徳科と関連づけると、「道徳的諸価値の理解を基に、自己を見つめ、物事を多面的・多角的に考え、自己の生き方について考える学習を通して、さまざまな場面、状況において、

道徳的価値を実現するための問題状況を把握し、適切な行為を主体的に選択し、実践できるような資質・能力を育てる」ことになる。

　こうした「深い学び」にするためには、単に登場人物の心情理解をするのではなく、子どもが道徳的問題に向き合い、その問題を自分事として捉え、自分だったらどのように行動すべきかを考え議論し、人間としてのあり方を探究することが大事になる。

　このように「考え、議論する道徳」は、「主体的・対話的で深い学び」となるように再構成されている。そこでは、登場人物の心情や道徳的諸価値を一面的に理解して終わるのではなく、さまざまな見方・考え方を活用・汎用したり、他者と協働して多面的・多角的に考えたりしながら道徳的問題を解決し、よりよく生きる資質・能力を育成することが重要になる。

（2）育成すべき資質・能力と「考え、議論する道徳」の関係

　これまでの学習指導要領では、指導内容（コンテンツ）を中心に構成され、ある分野・領域の知識や技能を子どもに正確に教えることが求められてきた。それに対して、これからは知識や技能の習得をもとに、特定の分野に限定されない広範囲で汎用性の高い資質・能力（コンピテンシー）を育成することがめざされている。これがいわゆるコンテンツ・ベースからコンピテンシー・ベースへの質的転換である。アクティブ・ラーニングで育成する資質・能力の三つの柱があるため、これらを「考え、議論する道徳」と関連づけて検討したい。

　第一に、「生きて働く知識・技能の習得」である。ここでは「何を知っているか」「何ができるか」が問われることになる。これを「考え、議論する道徳」と関連づけると、道徳的諸価値を知識として理解したり道徳的技能を習得したりすることになる。ただし、それらは単なる道徳上の知識・技能を習得するだけでなく、現実生活で生きて働く資質・能力としての道徳性に繋がる必要がある。

　第二に、「未知の状況にも対応できる思考力・判断力・表現力等の育成」である。ここでは「知っていること、できることをどう使うか」が問われる。これを「考え、議論する道徳」と関連づけると、道徳的問題を主体的に考え協働的に議論する中で思考力、判断力、表現力等を養うことができる。このようにアクティブ・ラーニングでは、習得した知識や技能を別の場面でも効果的に汎用できる力を養うことが重視される。道徳科でも実際の道徳的問題に向き合い、「自分ならどうするか」と言う観点から問題を解決する資質・能力を育成することが大事になる。

　第三に、「学びを人生や社会で生かそうとする学びに向かう力・人間性の涵養」である。ここでは「どのように社会・世界とかかわり、よりよい人生を送るか」が問われることになる。こうした資質・能力は、当然ながら倫理観や道徳的価値を含むこと

になる。各教科等でこの「学びに向かう力・人間性」を養うことが、学校教育全体で道徳性を養うことにも繋がる。ただし、こうした倫理観や道徳的価値を含む人間性などは、観点別学習状況の評価に適さないため、そうした評価の対象外となる。

（3）育成すべき資質・能力と道徳性

　上述したように次期学習指導要領で示す「育成すべき資質・能力」は、道徳性と密接に関連している。次に、新しい学習指導要領で示された道徳性の概念を資質・能力と関連づけたい。新しい学習指導要領では、道徳教育の目標も道徳科の目標も、同じく「道徳性の育成」と設定してある。道徳教育の目標は、「自己の生き方（人間としての生き方）を考え、主体的な判断の下に行動し、自立した人間として他者と共によりよく生きるための基盤となる道徳性を養うこと」（括弧内は中学校）である。道徳科の目標は、「道徳的諸価値についての理解を基に、自己を見つめ、物事を（広い視野から）多面的・多角的に考え、自己（人間として）の生き方についての考えを深める学習を通して、道徳的な判断力、心情、実践意欲、態度を育てる」（括弧内は中学校）。このように道徳教育も道徳授業も、「道徳的諸価値についての理解」を基にして、子どもたちが出会う道徳的問題を主体的に考え判断し解決できるような「資質・能力としての道徳性」を育成することが目標になっている。

　こうした道徳性は、「よりよく生きていくための基盤」となる資質・能力である。2015年の学習指導要領の総則においては、道徳性の概念が、情緒的側面にある「豊かな人間性」だけでなく、認知的側面にある「確かな学力」や行動的側面にある「健康や体力」の基盤ともなるものであり、「生きる力」全体を育むために重要であると明記している。そのうえで、道徳性を「人生で出会うさまざまな問題を解決して、よりよく生きていくための基盤となるもの」と定義し直している。こうした道徳性は、従来のように道徳的諸価値を理解した「内面的資質」だけでなく、それをもとにして道徳上の諸問題を主体的に考え判断し解決できる「資質・能力」でもある。

　こうした資質・能力としての道徳性は、上述した「生きる力」をはじめ、OECDのキー・コンピテンシーや国立教育政策研究所の提案する21世紀型能力、さらにはアメリカを中心とした21世紀型スキル、イギリスのキースキルと思考スキル、フランスの共通基礎知識・コンピテンシー、シンガポールの中核価値、オーストラリアの汎用的能力、韓国の核心力量などとも共通したところがある。これらのコンピテンシーに関する諸概念は、自律、協力、尊重、責任、人間関係形成などの道徳的諸価値を含んでいる。それゆえ、西野真由美が指摘するように、「コンピテンシーと価値をつなぐ」(3) ことは可能であり、道徳的諸価値と資質・能力を関連づけ、人格形成に役立てることが重要になるのである。

3　「考え、議論する道徳」の指導と評価

（1）道徳科における質の高い多様な指導

　アクティブ・ラーニングの指導法としては、発見学習、問題解決学習、体験学習、調査学習など多様にあるが、2015年の学習指導要領では道徳科の指導法として「問題解決的な学習」と「道徳的行為に関する体験的な学習」を積極的に推奨している。特に、問題解決的な学習は、子どもの主体的な学びや言語活動が充実しており、発見学習や探究学習や体験学習なども部分的に組み込まれているため、多様で効果的な展開を行ないやすい。

　また、「道徳教育に係る評価等の在り方に関する専門家会議」の報告書（2016年）では、今後の道徳授業における「質の高い多様な指導法の例」として、以下の三つを挙げている。

　第一が「読み物教材の登場人物への自我関与が中心の学習」である。この指導法のねらいは、「教材の登場人物の判断や心情を自分との関わりで多面的・多角的に考えることなどを通して、道徳的諸価値の理解を深める」ことである。発問例としては、「どうして主人公は、○○という行動を取ることができたのだろう」「自分だったら主人公のように考え、行動することができるだろうか」などが挙げられている。この指導法は従来のやり方に近いが、単なる「登場人物の心情理解のみの指導」は不適切とされ、登場人物に自我を関与させて考える指導法はよいと見なされた。ただし、この自我関与を中心とした指導法は、道徳的価値の内容を子どもに理解させることがねらいであり、「知識・理解」を主としたコンテンツ・ベースの指導法になっている。

　第二は、「問題解決的な学習」である。この指導法のねらいは、「道徳的な問題を多面的・多角的に考え、児童生徒一人一人が生きる上で出会うさまざまな問題や課題を主体的に解決するために必要な資質・能力を養う」ことである。発問例としては、「ここでは何が問題になっていますか」「自分ならどう行動するでしょう」等が示されている。この学習では、子どもたち一人ひとりが道徳上の問題を発見し、どのように解決するかについて主体的に考え判断し、吟味を深められるようにするところに特徴がある。

　第三は、「道徳的行為に関する体験的な学習」である。この指導法のねらいは、「役割演技などの疑似体験的な表現活動を通して、道徳的価値の理解を深め、さまざまな課題や問題を主体的に解決するために必要な資質・能力を養う」ことである。この学習では、子どもが問題場面で主体的に考え、即興的に役割演技をしたり、道徳的行為に関する体験的な活動をしたりすることで、取りうる行動を再現し、道徳的価値の意味や実現するために大切なことを考えたり、実生活における問題の解決に見通しをも

たせたりする。

　これらの中で問題解決的な学習と体験的な学習は、「さまざまな課題や問題を主体的に解決するために必要な資質・能力を養う」ことを通して「深い学び」になる点で、アクティブ・ラーニングや「主体的・対話的で深い学び」に対応した授業であり、「思考力・判断力・表現力等」の育成や「学びを人生や社会で生かそうとする態度」の育成を主としている点では、コンピテンシー・ベースの指導法であると言える。

（2）道徳科の特質を生かしたアクティブ・ラーニング

　道徳科の特質は、学校の教育活動全体を通じて行なう道徳教育の要となり、計画的・発展的な指導を行なうことである。それを実現するために、道徳科では他の教育活動では取り扱う機会が十分でない内容項目に関わる指導を補い、子どもや学校の実態等を踏まえて指導をより一層深め、内容項目の相互の関連を捉え直したり発展させたりする。こうした道徳教育の基本的な考え方は「道徳の時間」と同様で、今後も引き継がれる。

　しかし、実際のところ、従来の道徳授業は「内面的資質としての道徳的実践力」を育成すると言う名目で、道徳的価値の理解に止まり、道徳的実践にはなかなか繋がらず、授業が形骸化して実効性に乏しい点が批判されてきた。そこで、「考え、議論する道徳」が道徳教育の「真の要」として有効に機能させられるかが最大の要点となる。道徳教科化の議論の発端になった「いじめ問題への対応」をふまえ、こうした現実の困難な問題に主体的に対処することのできる資質・能力を育てる、実効性ある指導法に転換することが必要不可欠なのである。

　そのためにも、「考え、議論する道徳」では、子どもが「主体的な学び」に取り組み、道徳的価値を自分との関わりで捉え、自らの将来に進んで生かそうとする姿勢を持てるように工夫することが重要になる。特に、問題解決的な学習や体験的な学習を取り入れ、主体的な判断に基づいて適切な行為を選択し、よりよく生きて行こうとする実践意欲を高め、「資質・能力としての道徳性」を育むことで、道徳的実践に繋げていくようにすることが求められる。

　また、「考え、議論する道徳」では、授業で学んだ道徳的価値（知識）を他の現実場面に汎用する能力を育成することも期待される。そこで、道徳科と各教科等や生活場面が往還するカリキュラム・マネジメントが大事になる。各学校の特色を生かしながら、道徳教育の全体計画や年間指導計画を立てると共に、道徳科と各教科との関連性を別葉で提示することが有効になる。この点に関しては第4章で詳述する。

　そもそも「考え、議論する道徳」では、子どもが他者との対話を通して、共感的に理解し合い、多様な見方や意見を出し合い、多面的・多角的に考えを広めたり深めた

りするため、こうした学習活動自体が「道徳的実践」であると捉えることもできる。道徳授業で自他を尊重し責任のある発言をし、互いを思いやり協力し合い、異なる意見を出し合いながら、互いに納得し合える形で最善解を創り出すことは、これからの民主主義社会を担う資質・能力を養うことにもなり、各教科等や家庭・地域で汎用される可能性も高い。

　さらに、「考え、議論する道徳」は、公共的・社会的な諸問題も含めて解決する資質・能力を養うこともできる。そこではより良い社会を創るという目標を共有し、社会と連携・協働しながら、「未来の創り手」となるために必要な資質・能力を育むことができる。この点で「社会に開かれた教育課程」と道徳教育を関連づけることもできる。こうした道徳科は、社会科や市民性教育、高校の新教科「公共」、大学の哲学や倫理学等にも関連し、満18歳から選挙権に対応した主権者教育にも繋がる。特に新教科「公共」は、人間としての在り方・生き方について考える力、問題を解決する力、コミュニケーション能力を育成し、公共的な自己を形成する点で、「考え、議論する道徳」と共通点が多い。今後、道徳科が起点となった小・中・高・大の接続システムを再構築することも可能になる。

（3）アクティブ・ラーニングに対応した道徳科の評価

　「考え、議論する道徳」における評価は、子どもたちが道徳的問題を考え議論する過程において子ども一人ひとりのよさを認め、道徳性に係る成長を促すものである。そこでは、個人内の成長過程を重視し、目標を踏まえ指導のねらいや内容に照らして、記述式で指導要録に示すことになる。

　具体的には、子どもが道徳的問題について考え、議論している学習過程それ自体を見取ることができる。この場合、子どもが問題解決する学習過程で意見を発表する様子やワークシート等に書いた内容から形成的評価をすることができる。ただし、道徳科では「育成すべき資質・能力」の三つの柱に関連づけて評価したり、内容項目に関連づけて評価したりできないことになっている。そのため、道徳科の目標に準拠した2つの視点、つまり「登場人物の立場で多面的・多角的に考えることができた点」と「道徳的価値の理解を自分自身との関わりの中で深めている点」などに注目して評価することになる。

　さらに、授業で記したワークシートを計画的に集積して、学期や学年ごとに全体を振り返って総括的にポートフォリオ評価することもできる。学校全体で行なう道徳教育と道徳科と関連づけて評価することも重要である。例えば、道徳科で学んだ内容を行動面で示した場合、指導要録の「行動の記録」に反映させることができる。この「行動の記録」の項目では、学校ごとに独自に重点目標を設定して評価することもできる。

おわりに

　「考え、議論する道徳」は、アクティブ・ラーニング（主体的・対話的で深い学び）と歴史的・理論的に関連づけて考えることでその構造や特徴がより明確になる。「道徳の時間」を特別の教科として質の高い効果的な道徳授業に改善・充実するために、アクティブ・ラーニングに対応した「考え、議論する道徳」が構築されていったのである。その点から見ると、「考え、議論する道徳」も、アクティブ・ラーニングを特徴づける「主体的・対話的で深い学び」の三つの視点や資質・能力の三つ柱と関連づけ、内部構造を理論的に確立して活用する必要がある。また、アクティブ・ラーニングに対応した道徳科の具体的な指導法として、子どもが主体的に考え協働的に議論できる問題解決的な学習や体験的な学習を開発・実践していくことが求められる(4)。

　ただし、「考え、議論する道徳」は特別の教科であるため、評価する際に資質・能力の三つの柱（観点）を用いることができないという制約がある。それゆえ、道徳科の目標に準拠した形で指導と評価を一体化し、その信頼性や妥当性を担保していくことが今後の課題となる。何のための道徳教科化だったかを十分に踏まえて、アクティブ・ラーニングに対応した道徳授業を積み重ね、完全実施する必要があるだろう。

(註)
(1) この点では澤田浩一「道徳教育とアクティブ・ラーニング」（教育課程研究会編『「アクティブ・ラーニング」を考える』、東洋館出版社、2016年）も参照した。
(2) この点では大杉住子の以下の論考も参照した。松本美奈・貝塚茂樹・西野真由美・合田哲雄 編『特別の教科 道徳Q＆A』、ミネルヴァ書房、2016年、146-155頁。
(3) 西野真由美「コンピテンシーと価値をつなぐ」、『道徳の時代をつくる！』、教育出版、2014年、93頁。
(4) 筆者等の開発・実践した授業例としては以下の文献を参照のこと。柳沼良太・竹井秀文『アクティブ・ラーニングに対応した道徳授業』、教育出版、2016年。

|4節　ポストモダンと道徳教育

　価値観の多様さや複雑さが増していくポストモダン時代において、果たして道徳教育は可能なのか。もし可能であれば、どのような道徳授業が有意義なのか。

　筆者は既に『ポストモダンの自由管理教育』においてポストモダン的思想状況において学校教育がどのように変容してきたかを検討した。また、『「生きる力」を育む道徳教育』ではデューイ教育思想と関連づけて道徳教育のあり方を再検討した。

　こうした二つの前著で展開した議論をここで改めて振り返りつつ、本節では、まずわが国の道徳授業が近代教育の管理教育でどのように展開されたか、次に、ポストモ

ダン時代の自由教育ではどのような改革がなされたか、さらに、ポストモダン以後の自由管理教育に至った今日においてどのように展開すべきかを検討する。道徳授業の歴史的変遷を哲学的な見地から振り返りつつ、そこにどのような課題があり、これからの道徳授業ではどう克服していくべきなのかを展望することにしたい。

1　規律訓練型の道徳授業

　まず、近代の統制的な管理教育の一例として、道徳授業について取り上げてみたい。近代教育では、たとえ子どもの経験の質や量が異なっても、教師が規範力や同調圧力を用いて調整しながら、画一的で統制的な指導を行なってきた。こうした管理教育を強化するために良くも悪くも利用されてきたのが道徳教育であった。

　わが国では、戦前・戦中期に国家主義（全体主義）の立場から儒教道徳の忠孝を基本として、「尊王愛国の心」を育成するための修身教育が行なわれていた。修身の授業の特徴は、最初に諸々の徳目を設定し、そうした徳目を説明するのに適した例話や寓話を教科書に掲載し、各学年でそうした徳目を系統的かつ計画的に教え込み、一元的な価値観を教示するところにある。

　それに対して、戦後は民主主義の立場から子どもの生活経験に合わせながら、学校の教育活動全体での道徳教育を行なう方針を打ち出している。その後、1958年からは小・中学校で週1時間の「道徳の時間」が特設され、さまざまな道徳授業が開発・実践されてきた。

　わが国で一般的に行なわれている道徳授業のスタイルとは、国語科における物語文の指導法に倣って、読み物教材の物語を読んで、登場人物（特に主人公）の気持ち（心情）を場面ごとに把握しながら、ねらいとする道徳的価値を子どもの心に内面化していく手法である。このように登場人物の心情を問いかけることに固執する従来の道徳授業を本書では、「心情把握型の道徳授業」と呼ぶことにしたい。こうした道徳授業の特徴は、物語に含まれる道徳的問題を子どもが主体的に考えたり議論したりすることはさせず、徹底して登場人物の気持ちを追うことに主眼を置いている点である。既に登場人物の気持ちの中に道徳的価値が反映されているため、子どもに登場人物の気持ちを理解させ、その気持ちを鏡のように自分の心に映し出させ、その気持ちに内在する道徳的価値を子ども自身に教え込もうとするのである。形而上学的な発想に基づく指導法では、このように道徳的価値を実在として捉え、子どもたちの心に映し出すことで教え込むことに長けている。

　一般的に心情把握型の道徳授業では、主人公の気持ちが道徳的に悪い状態から良い状態へと転換（改心）するプロセスを辿らせることが多い。ここで子どもは、主人公の気持ちの変化を辿りながら、その善良な心情や美しい心情に共感したり感動したり

して、そこに含まれる道徳的価値を内面化することになる。

　子どもが道徳的問題に向き合って心に自然と浮かんだ考えや本心は棄却され、ひたすら主人公の気持ちを理解することだけに集中させられる。道徳的問題についての自分の意見や気持ちではなく、作者が教材に込めた道徳的価値（あるいは教師がねらいとする道徳的価値）だけ考えるように求められる。そこでは、もし教材にある道徳的問題について主人公とは違った見方で考えた場合は、「間違い」とされ、ねらいとする道徳的価値に近い主人公の気持ちを忠実に言い当てた場合だけが、「正解」とされてしまう。ここでの正しい答えとは、子どもの生活経験の外側にあるため、子どもの主体性は奪われ、教材を手がかりとして登場人物の気持ちを言い当てる推測ゲーム（単純作業）をさせられることになる。

　こうした心情把握型の道徳授業では、子どもは自分の経験や信条に基づく本来の生き生きとした思考や心を停止させられ、教師のねらいとする道徳的価値に同調するしかなくなる。子どもの方も場面ごとに主人公の気持ちをくり返し問われて、主人公の気持ちを共感的に理解し、自分を主人公に同一化しているうちに、いつしか自分の意見や本心を見失い、主人公の気持ちが自分の本当の気持ちであるかのように思い込まされることになる。

　こうした柔らかい規律訓練としての道徳授業によって、子どもたちは自分の本心を主人公（作者あるいは教師）の心と巧みにすり替えられ、作者や教師がねらいとする道徳的価値を教え込まれることになる。こうした道徳授業では、子どもが登場人物の考えや行動に同意できなくとも、反論の機会を与えられないため、型通りの静かで退屈な授業で終わる。

　また、心情把握型の道徳授業の後半では、主人公の心情を十分に把握した後に、自分たちの生活を振り返るように促される。子どもは自分がそれまでどのような欲望をもって行動してきたかを教師に語り、自分の過去の罪深さを反省（時に懺悔）することになる。こうしたやり方は、キリスト教の告解と同様に、子どもがどのような欲望を持っていたかを認識させ、自分を「欲望の主体」として自己形成させることになる。

　こうした道徳授業は、子どもの欲望をあからさまに禁止するのではなく、その欲望を自ら語らせることで自己管理させるのである。そのため、表面的には教師が子どもに強制的に道徳的価値を押し付けるスタイルではなく、あたかもクラスの子ども全員で主体的に合意形成したかのようなスタイルをとる。しかし、実際のところは、教材の作者や教師のねらいとする道徳的価値を強引に教え込むスタイルに変わりはないのである。

　こうした心情把握型の道徳授業では、子どもの本音と建前がどんどん解離していくことになる。子どもは読み物教材に出てくる主人公の気持ちをくり返し尋ねられるた

め、その後で実際の日常生活における道徳的問題について尋ねられても、主人公の気持ちに同調した建前的な発言をするようになる。この場合、子どもは本心では主人公の気持ちに同意できない場合、本音と建前の間にある大きなギャップが生じることになる。そのため、授業中に子どもが教材のねらいとする道徳的価値に同調した発言をしていたとしても、本音のところには納得していないため、その道徳的価値を日常の行為や習慣には反映させないことになる。こうした道徳授業において、子どもは本音と建前を分けるようになり、授業中の発言と自分の生活経験を分けて考えるため、その結果として言行不一致で解離性をもつ人格を形成することになる。

　そもそも道徳の教材で示される物語には作者がいるため、その物語で語られた内容には作者の何らかのねらいが示されている。その意味で物語は作者の考えによって支配されているため、登場人物の気持ちに共感させられると、そこに作者が込めた道徳的価値にまで同調させられることになる。子どもは教材に登場する人物の気持ちを共感的に理解することで、人間として正常な道徳的心情をもつようになると見なされ、その登場人物の価値観を理解することで、正常な道徳的判断力をもつようになると見なされている。

　それとは逆に、子どもがこうした登場人物の気持ちにうまく共感できないと、道徳的心情の欠如を疑われ、登場人物の価値観に納得できないと道徳的判断力の欠陥を非難されることになる。このように登場人物に同調する道徳的な心情や判断力を育てることで、パラノ・ドライブのかかった子どもに陶冶（あるいは矯正）するのである。

　ただし、こうした心情把握型の道徳授業にも救いはある。それは、たとえ子どもたちが主人公の価値観に納得できず、本心では主人公に同意できなかったとしてとも、それで子どもたちの道徳性が評価されることはないからである。また、こうした道徳授業で教わった道徳的価値を実際の行為や習慣に結び付ける必要もないからである。

　この場合、子どもは仮に登場人物（特に主人公）のとった行為など実際にはあり得ないと本音では思っていても、その授業中は教師のねらいとする道徳的価値に適当に同調して答えていればよいことになる。後で道徳的判断や行為をテストされることもないので、教師の喜びそうな意見を考えて、その場しのぎの返答をしていれば善良な子どもと見なされることになる。このように子どもが道徳授業で本心を隠し、偽善性や解離性を発揮することが、あたかも道徳性の発達であるかのように見なされていることもある。

　たいていの道徳授業は一単位時間で完結させるため、教材の内容も一度読めばわかるように比較的簡単に設定してあり、国語の教科書に比べると一学年くらいレベルを低く設定してある。そのため、普通の子どもでも一度読めば話の内容をすぐ理解でき、教師のねらいとする道徳的価値も簡単に見抜けるという利点はある。しかし、そ

の分だけ実際の子どもの発達段階と比べると、幼稚な話や現実的にありえない白々しい話も多いのが現状である。

　実際の子どもたちは情報化社会の中でテレビ、映画、漫画、ゲーム、インターネットなどで教材とは比べものにならないほど面白く楽しい物語をたくさん見聞きしている。そのため、教材に掲載されている物語は、ひどく現実離れした空々しい作り話や退屈な話が多いと思えるのである。

　一般に道徳教材は、たいてい古典的な名作とされるものやその類似の物語から道徳的な要素をデータベースに取り込み、適当に組み替えられて創作されたフィクションが多い。こうした道徳教材が実質的に子どもたちの日常生活や人間関係に対応していないことは、教師も子どもも暗黙裏に了解している。それゆえ、子どもの方も本気で教材から自己の生き方や人間としての生き方を学んだり、日常生活で道徳的な行為や実践をしたりするために教材を読むのではなく、純粋に傍観者として授業を受けるために教材を読む（消費する）にすぎないことがある。

　こうした道徳授業に対しては、従来から「指導が形式化（形骸化）している」「実効が上がっていない」「学年が上がるにつれて子どもの受け止めがよくない」という不平や批判の声が寄せられてきた。その理由としては、「いつも登場人物の気持ちを聞くだけで無意味だ」とか、「授業が子どもの本音や現実生活がかけ離れている」などの指摘があった。そこで、子どもの心に響く効果的な道徳授業を行なうために、子どもの実態に合った多様な指導方法を習得することが求められてきた。

　こうした道徳授業の実態や弊害にパラノ型の教師や子どもの方でも薄々は気づいていながらも、わが国では心情把握型の道徳授業のスタイルをなかなか変えられなかった。英米はじめ教育先進諸国では、読みとり形式の道徳授業に効果がないと実証されたため、20世紀前半には問題解決的な道徳授業に切り替えていったが、わが国では21世紀を迎えた今日までこの心情把握型の授業スタイルに固執している。それは、こうした道徳授業が実効性のない「見せかけ」であったとしても、いや「見せかけ」だからこそ、どのような代償を払ってでもそれに固執し維持しなければならないという強迫観念的に駆られるからであろう。

　教師も子どもも道徳授業はたいてい見せかけであり、子どもたちの実際の生活経験には関係してこないし、現実の複雑な人間関係の対立や過酷ないじめ問題や今日的課題には何の効果もないことに気づいている。それだからこそ、そうした現実世界における実効性のなさには目を背けて、熱心に道徳教育に取り組んでいることに満足している。こうして昔ながらの道徳授業に偏執し続けるパラノ・ドライブが働き続けるのである。

2　道徳と学習環境

　道徳授業において教師はできるだけ多くの子どもたちに自由な考えを発言するよう求めるものである。しかし、実際のところ、道徳授業のように、子どもたちの日常生活に関わるテーマで、子どもたち同士が率直に自由な発言を言い合うことは、それほど容易なことではない。

　というのも、子どもたちはクラス内の権力関係を考え、話し合いの最中やそれが終わった後の影響についてもよく考えて発言するからである。授業中は教師という圧倒的な権力をもつ審判者（スーパーパワー）がいるから、その場で何を発言しても直接的な危害はないが、授業後の休み時間などは子ども同士のリアルな権力関係がむき出しになるため、どんな仕打ちや復讐があるかわからないのである。

　もちろん、子どもと教師との権力関係も大きい。子どもは教師の顔色をうかがい、教師がどのようなことを道徳授業で発言してほしいか忖度して意見を言う。自由な意見を言った場合でも、教師がそれに否定的な素振りや表情をすれば、子どもたちは自主的に意見を修正して、教師の求める模範解答を探し始める。

　こうした人間関係の圧力がピリピリ感じられる学級の雰囲気では、集団による暗示にかかりやすく、正確な判断力ではなく感情的な気分が支配するようになる。こうした独特の雰囲気で行なわれる道徳授業が、表面上は立派なことやきれい事を言い合うが、そうした自分の言動に対しては無責任であり、実際の日常生活における道徳的行為や習慣に反映されることもないのである。

　また、子どもは授業中に自分なりの道徳的価値観を創造し表現できるとは限らないため、実際には、同意できるレベルの意見、納得できるレベルの意見、妥協できるレベルの意見などを提示することになる。特に子どもにとっての道徳的判断は、自分の経験に基づいて決定されることが多いため、多種多様な個性や特性がある子どもにとっては必ずしも「正しさ」を共有できないこともある。さらに、子どもは授業中に自分の本音を正直に話そうとしないこともあれば、親や社会やマスメディアによって歪められた偏見を思いつきで話すこともあるし、教師や学級の友達に承認されやすい意見だけ話すこともある。

　こうした子ども同士の諸条件や権力関係を一度すべてご破算にするために、ハーバーマス（Jürgen Habermas）が提唱するように、理想的な発話状況を設定して、自由な話し合いを行ない、納得のいく合意を形成するようにした方がよいという意見もある(1)。また、ロールズ（John Rawls）が言うように、議論する際には子どもたち同士に「無知のヴェール」をかぶせたらよいという意見もある(2)。しかし、実際の学校現場でそうした理想的な発話状況を設定したり、個々の子どもに無知のヴェールをかぶせたりすることは現実的に無理である。仮にそうできたとしても、目に見えぬ権

力ネットワークが張り巡らされている中では、自由に身動きがとれない子どもたちが大勢いるのである。子どもが道徳授業で自由な自己決定や自己表現をするためには、まず安全で安心な教育環境を確保することから始める必要がある。

3　ポストモダンと道徳授業

　ポストモダン時代を迎える1980年代には学校でも教師中心の授業スタイルから子ども中心の授業スタイルへと転換を図るさまざまな改善・改革が見られた。ここではそうした時代の新しい道徳授業の改革に注目してみたい。

　近代の規律訓練型の道徳授業では、「大きな物語」に依拠する教訓的なストーリーを読み込み、登場人物（特に主人公）の心情に共感させながら道徳的価値を内面化していこうとしてきた。そこでは、子どもたち一人ひとりの個性や固有性よりも「大きな物語」に基づく道徳的価値の理解や受容に力点が置かれていた。

　今日のポストモダン時代においては、統制的な管理教育における規範力や同調圧力が弱まっているため、道徳授業でも子ども自らが価値を判断する自由が許容されてきている。つまり、近代の「大きな物語」に追随して形式的かつ模範的な解答を述べるのではなく、子ども自身が「小さな物語」に関連づけて道徳的問題を主体的に考え価値判断することができるようになったのである。

　そこで従来の心情把握型の道徳授業に対抗して、1970年代から80年代にかけて構成的グループ・エンカウンター、価値の明確化（values clarification）、モラル・ジレンマ・ディスカッションなどが次々と登場してきた。

　まず、グループ・エンカウンターとは、もともとはC.ロジャースが来談者中心療法を大人の健常者グループに適用したもので、集団的な心理療法の一種であった。わが国ではこのグループ・エンカウンターを教育現場向けに構成することで、学校教育でも広く導入され普及していった。この構成的グループ・エンカウンター（以下、エンカウンターと略記）は、社会的規範や他者の価値観による拘束から解放され、本音と本音が交流し合う人間関係（グループ）の中で、自己、他者、集団との出会いを創出し、かけがいのない自分や他者を大切にするようになると期待されている(3)。

　従来の心情把握型の道徳授業では、子どもが登場人物の気持ちを言い当てたり、教師の期待する内容を発言したりする授業になりがちだったが、このエンカウンターでは、子ども同士が本音で語り合い、自由で主体的な価値判断をする授業を展開することができた。

　また、エンカウンターは、子どもの自己変革や自己啓発だけでなく集団形成や学級形成を促したり、アクティビティ（活動）やエクササイズ（練習）によって体験的な学習を取り入れたりして、思考と感情と身体をバランスよく育成しようとした。

　次に、「価値の明確化」とは、伝統的な社会規範や道徳的価値から離脱して、本当の自分らしい価値（観）を明確にしていこうとするものである。価値の明確化は、子ども個人の価値形成の過程に重点をおき、日常生活において興味や関心を抱いたことを取り上げ、あるがままの感じ方や考え方を尊重し、自ら考えて自主的に判断し内省を深めることに力を入れる。

　価値の明確化の手法として特徴的なのは次の４点である(4)。第１に、生活に焦点を当てる。第２に、あるがままの姿を受け入れる。第３に、さらに反省を進展させるように促す。第４に、個人の力を助成する。このように価値明確化論では、子どもが日常生活において興味や関心を抱いたことを取り上げ、子どものあるがままの感じ方や考え方を尊重し、子どもが自ら考え自主的に判断し反省を深め、個人の力を助長しようとする。

　こうした思考を進める過程は三つに分けられる。まず、子どもは日常の問題において、複数の選択肢から価値を自由に選ぶことである。ここでは新たに選択肢を作ることも認められる。次に、自分の考えた解決策を尊重し、人にも肯定できるようにする。最後に、自分たちで考えたことを実際の行為に移して、人生のあるパターンになるまでくり返し行なう。

　こうした価値の明確化は、子どもの感じ方や考え方を最大限に尊重し、教師や他の子どもたちからの干渉や圧力をできるだけ取り除こうとした点で画期的である。自他の感じ方や考え方を尊重したうえで、子ども同士の自由な意見の交流を大切にするため、道徳授業にありがちな教師からの価値観の押しつけは見られない。

　こうしたエンカウンターや価値の明確化の道徳授業では、既成の価値観や規範の教え込みを否定し、カウンセリングの理論や技法を援用することで、子どもの個性や自己決定を最大限に尊重する、子ども中心の道徳授業を展開している。こうした授業スタイルは、児童中心主義のスタイルを取る進歩主義教育ともうまく合致して、1980年代のポストモダン文化と親和性が高いため、全国的に流行することになる。こうした道徳授業は、従来の閉塞（へいそく）したパラノ型の道徳授業で鬱屈（うっくつ）している子どもたちにとって、自己肯定感や自己効力感を高めるためにも有効であったと思われる。

　ただ、こうしたエンカウンターや価値の明確化の道徳授業は、子どもの価値観や意見を何でも寛容に受け入れてしまうため、道徳的な混乱が生じて価値相対主義に陥ってしまうと批判されることもあった。こうした道徳的な混乱を克服するために登場したのが、コールバーグ（Lawrence Kohlberg）の考案した認知発達的アプローチにもとづくモラル・ジレンマの道徳授業であった。

　コールバーグは、道徳性の認知発達理論を研究したうえで、子どもの発達は個人と社会環境との相互作用によって引き起こされる不均衡が均衡化される過程で起こる

と考えた。そこで、子どもたちがどのように行動すべきか迷うモラル・ジレンマの
ストーリーを設定し、それを議論し解決する過程の認知構造の変化に着目した。例え
ば、癌を患う妻のために高価な薬を盗むかどうかを考える「ハインツのジレンマ」を
用いて討論形式の授業を行ない、子どもたちがどのように行動するかについて討論
し、道徳的判断の理由付けを検討し合うのである(5)。こうしたモラル・ジレンマ授
業は、競合する道徳的価値について子どもたちが集団で議論し合うため、オープン・
エンド形式になる。

　この授業において教師は、教訓や説教をすることなく、子ども同士の自由な討論を
促し、それぞれの意見の理由を尋ね、低次に段階にある理由の問題点を指摘し、高次
の理由を見出すようにする。こうしたモラル・ジレンマ授業で注目すべき点は、発達
段階の評価基準に基づいて道徳性の発達を支援できるという点である。エンカウン
ターや価値の明確化ではどのような理由付けでも正当化され、意見や価値観の差異や
多様性をただ寛容に認め合うだけであったが、モラル・ジレンマでは道徳でも明確な
評価基準をもつことによって子どもの道徳性の発達状況を確認し、道徳性の発達を促
すこともできるようになったのである。

　以上のように、モラル・ジレンマも、エンカウンターや価値の明確化と同様に、従
来のような価値の教え込みに陥りがちな心情把握型の道徳授業に対抗して、子ども自
身の価値観や自己決定を最大限に尊重している。こうした道徳授業は、従来の進歩主
義教育の流れを継承しつつ、ポストモダンにふさわしい形に調整され、子ども一人ひ
とりの個性や差異を最大限に尊重し、子どもが自分の価値観に基づいて自己決定を
し、アイデンティティの形成を助長しようとする点で共通している。ポストモダン時
代に生きる子どもたちにとって、あるがままの自分を尊重し、自らの価値観や願望を
率直に語り合い、互いに自己主張しながら合意形成するスタイルの道徳授業は、感覚
的に合っていたと言えよう。

　また、子どもが自己決定した価値観や願望を実際に行為に移すための方法も開発さ
れ、道徳授業に各種のスキル・トレーニングを導入する動きも出てくる。例えば、ソー
シャル・スキル・トレーニング、ライフ・スキル・トレーニング、そしてセルフ・アサー
ション・トレーニングを道徳授業に取り入れ、挨拶の仕方、友人関係のあり方、自己
主張の仕方などをトレーニングするのである。このように1980年代では、人間関係
でもマニュアルを設定し、スキルを訓練して習得すれば、誰でも簡単に快適な学校生
活を送れると安直に考える側面もあった。こうして子どもは自らの個性や差異性を表
明しつつ、適切な自分を演出する術を学んでいったのである。

4　ポストモダンな道徳授業への疑念

　1990年代以降の教育改革でも道徳教育の拡充を求める声は高まっている。というのも、上述したように、1990年代以降も道徳的荒廃や規範意識の低下は叫ばれ、いじめや非行などの教育問題は決して減少していなかったからである。従来の規律訓練型の道徳授業に対抗して、1980年代には新しい道徳授業が求められ、エンカウンターや価値の明確化やモラル・ジレンマのような道徳授業が積極的に取り入れられ、全国的に流行したわけだが、1990年代頃からはそうした道徳教育に対する意義や効果を疑問視する声も寄せられてくることになる。その理由を以下にいくつか挙げてみたい。

　まず、エンカウンターや価値の明確化やモラル・ジレンマは、カウンセリングの理論やスキルを取り入れているが、そもそも道徳教育とカウンセリングは根本的に違うということである。エンカウンターや価値の明確化に強い影響を与えたロジャースの来談者中心療法は、自律的な大人に対して一対一で面談することを前提としているため、カウンセラーがその人の悩みを傾聴して共感的に理解をするだけでも人生の問題がある程度まで解決あるいは解消することがある。しかし、まだ小・中学生のような子どもの場合は人生経験にもとづく思考力や判断力が十分に発達しておらず、また社会的な想像力や共感能力も十分に発達していないため、時として誤った判断や愚かな言動をして他人や社会に迷惑をかけることもある。もし教師がカウンセラーのように一切の訓育や説論をしないで、子どもの主張や価値観をすべて無条件に容認してしまえば、子どもは教師から計画的かつ系統的に道徳的価値を教わることもなく、ただ子ども同士で自分たちの価値観を表明し合うだけになり、結果的に子どもの道徳観を混乱させたり教育現場の秩序を崩壊させたりすることがある。実際、道徳的混乱が生じてくると、子どもの意に沿わないことでもルールや社会規範をしっかり教えることが必要不可欠であると再認識されてきたのである。

　次に、子どもが自分の個性や感性を自分らしい価値観として表明する場合でも、実はそれらが単なる衝動や欲望にすぎないこともある点である。そのため、子どもが自分らしい価値観を表明しているつもりが、単に自らの衝動や欲望をさらけ出しているだけの場合もある。また、子どもが自由に選んだ独自の価値観と思っていたものが、実はテレビや新聞や雑誌・漫画などのマスコミや娯楽産業によって作りだされた借り物の価値観であることも少なくない。こうした価値観であっても、子どもは自分独特の大切な価値観であると思い込むため、後で修正することが困難になりがちである。そうすると、子どもは時に自己中心的で快楽主義的な欲望や他人から潜在意識下で植え付けられた意識に固執し、結果的に道徳的価値と対立した言動をすることもある。ここで教師が子どもの価値観の表明をすべて受け容れると言いながら、実際にその価値観にもとづく行為（カンニング、いじめ、盗みなど）をした場合にはそれらを処罰

したとしたら、指導方針の一貫しない道徳教育と見なされても仕方ないだろう。

　第3に、見方や考え方を変えれば、どんな人間でも道徳的に優れた人間に変わることができると考える点である。しかし、実際のところ見方や考え方を変えるだけでは、一時的に言動が改善されることはあっても、その人の性向や人格にまで影響を及ぼすことは稀である。むしろ、見方や考え方を変えた程度では「自分は何でもできる」という幼児的万能感をもったり、根拠のない虚栄心を煽ったりすることにもなりかねない。昨今の電子ゲームやインターネットに慣れている子どもにとっては、見方や考え方を切り替えるだけで、人格まで変わったような気分になることもあるが、実際のところ、自分がどんなに変わろうとも現実は何も変わらないため、結果的にはひどい幻滅や絶望を感じてしまうことがある。また、考え方や見方を変えたとしても、そうした道徳の内容が実際の行為にまで結び付くとはかぎらない。ただ「いろんな考え方があるね」と確認して多様な価値観を再認識する程度の授業では、見解の善し悪しさえ判断できなくなり、とうてい道徳的成長には結びつかないだろう。

　こうした道徳指導の課題を克服しようとして登場したモラル・ジレンマの授業でさえも、道徳性発達段階の低い子どもたちが高い道徳的価値に気づいて、それを謙虚に受け入れようとする姿勢がなければ、道徳的成長は期待できない。そもそもコールバーグの認知発達的アプローチは、道徳の理由づけに焦点を当てるものであり、道徳の内容や解決の方法を検討するものではなかった。それゆえ、何が善くて何が悪いのかという道徳的価値を深く検討することもせず、道徳的問題をどう解決すればよいかという具体的な議論もないため、より高い道徳的価値を理解することもせず、価値を行為に結び付けることもしないで終わることが少なくない。また、道徳性がいくら高く位置づけられた場合でも、その行為（例えばカンニングや万引き）が社会通念上で悪いことであれば、道徳の理由づけがどんなに立派でも認めるわけにはいかないという点にも難がある。

　第4に、1990年代以降も過酷ないじめ事件や少年犯罪が多発し、それらを防止するために実効性のある道徳教育が社会的要請として求められてきたのに対して、ポストモダンの道徳授業は現実離れして、実際の学校生活を改善することにあまり効果を発揮しなかったことである。例えば、過酷ないじめ事件があった場合、モラル・ジレンマの授業であれば、「いじめは良いことか悪いことか」「主人公はいじめの場面でどうしたらよいか」などを議論することになるが、そんな抽象的で悠長な議論をいくら続けても、現実のいじめをなくすことに繋がらず、被害者に物理的・精神的な苦悩が続くようでは何の役にも立たないという批判が起きている。

　こうした理由から、1980年代のポストモダン時代に登場した各種の道徳授業は、互いの価値観の多様さを再確認することはできても、従来の道徳的価値を混乱させて

しまい、子どもが道徳的価値をより深く理解することもなければ、道徳的な行為や習慣に繋げることもできず、実際のいじめや非行などの問題行動に対する抑止効果もないという批判が出されてきたのである。単に子どもの意見や感想を表明するだけの授業では、わが国のように道徳や規範の妥当性の原点となる第三者の審級が弱い場合は、余計に子どもたちの価値観を混乱させ、それによって無法地帯を出現させることにもつながったのである。

5　ポストモダン以後の人格教育

　1980年代を中心に流行したエンカウンター、価値の明確化、モラル・ジレンマの授業に対抗して、90年代から新しい「人格教育（character education）」が台頭してくる。アメリカでは1980年代後半から90年代にかけて人格教育が台頭し、96年には当時のクリントン大統領が議会における一般教書演説でアメリカの学校すべてに対して人格教育の実施を要請するまでになった。こうした新しい人格教育は、ゼロ・トレランスと連携する形で学校現場に浸透していくことになる。わが国の文部科学省でも90年代からは新しい人格教育が積極的に評価されるようになり、学校現場への段階的な導入が検討されている。

　近代に登場した「古い人格教育」は、道徳的価値の普遍性を前提にしており、その道徳的価値（例えば正直、親切、勤勉など）は特定の文化や信条を超越して普遍的に存在すると考えていた。そのうえで、人間に共通する本性を規定し、それによって真理を理解させたり美に感動させたりしていた。こうした見地では、道徳は歴史や状況に影響を受けない状態で存在し、各人の心の外部にある普遍的真実であることになる。ポストモダンと呼ばれる現代において、このような普遍的真理を万人に共通する理性で理解しろと言われても、素直に受け入れることは難しいだろう。しかし、新しい人格教育では、価値の歴史性や文化性を認める共同体主義に基づいて道徳を正当化しようとする傾向がある。つまり、道徳的価値を普遍的な絶対的価値とは見なさず、歴史的・文化的に正統化されてきた価値とみたうえで尊重し、それを子どもに伝えることで子どもの品性を高めようとする点では、ポストモダンにも対応が可能になるのである。

　ポストモダン時代に登場した新しい人格教育は、従来のように教師が一方的に子どもに道徳的価値を教え込むのではなく、子どもが自分で道徳的問題を判断し、責任をもって解決策を構想することを重視するところに特徴がある。また、モラル・ジレンマの道徳授業のように単に頭の中で見方や考え方を切り替えるだけでなく、自らの信念にもとづいて実際に他者と交流を重ね、さまざまな経験を通じて道徳的価値の理解を深め、自己形成することを重視する点でも効果的である。

　ここでリコーナ（Thomas Lickona）の人格教育のための教育方針とその実践例をいくつか取り上げてみたい(6)。まず、教師が道徳的倫理的なモデルとして振る舞うことで信頼される存在となり、愛と敬意をもって子どもに接し、正しい行ないを奨励し、間違った行動を正す。また、お互いに思いやることのできる共同体として民主主義的なクラス環境を作り、そのクラスを最善のものにしていくために、クラス会議では子どもが決定に参加し責任を持つようにする。次に、カリキュラムを通して道徳的価値を体系的に教えるようにする。学科の内容の中に豊かな道徳的倫理的内容を含め、倫理的に思考する訓練をする。子どもの学問に対する責任感としっかり学ぶ習慣を付けさせる。子ども同士の争いでも脅しや暴力を使わず、公正に争いを解決する方法を子どもに教える。共同学習を奨励し、他の生徒と共に働く能力を養い、互いを尊重し感謝することを覚える。さらに、クラスを超えて学校全体でさまざまな活動に取り組むようにする。利他主義的な行動を奨励し、学校全体や地域社会への奉仕活動の機会をもち、学校の中に肯定的な道徳的文化を創り出す。保護者や地域社会の人々にも、子どもの品性を育てるために学校と協力してもらう。このように人格教育では、学校、家庭、地域社会、青年組織、政府、マスコミなどの多くの機関が連携して推進する。

　こうした人格教育は、子どもたちの自尊心を高め、他人を深く尊重し、人生に対して肯定的で積極的な価値観をもつことにより、責任ある社会の一員となることを助長する。こうした人格教育を実践することで、それまでさまざまな道徳的な問題を抱えていた学校がそれらを根本的に解決するだけでなく、学業成績の向上や奉仕活動の活発化など多くの成果をあげたと言われている。ただし、このような人格教育にも当然ながら問題点がいくつか指摘されている。

　まず、新しい人格教育は、理論や方法が洗練されていたとしても、結局のところキリスト教教育の論理構造と類似していることが指摘されている。歴史的にみれば、アメリカで1962年と63年に最高裁判決で公立学校における祈祷と聖書朗読が禁止され、そうした宗教教育を排除した代わりに登場したのが人格教育と見ることもできる。それゆえ、人格教育は宗教的な価値観を信じる者にとっては受け入れやすいが、宗教を信じない者にとっては抵抗を感じやすいとも言われている。

　次に、人格教育は道徳的価値を知識として教えること（インカルケーション）を重視するが、これは何か偏った教義を注入すること（インドクトリネーション）になりかねない点である。もしこの歴史的・文化的に正当化されてきた道徳的価値が間違っていれば、そこから三段論法的に導き出された命題のすべてが間違いということにもなる。このように前提となる道徳的価値が間違っていても修正することができなければ、一旦決定された道徳的価値は教師によって善意で子どもたちに押し付けられることになるのである。この場合、「誰の知識を教え込むのか」「誰の人格を基準とするの

か」という議論に発展して、政治的闘争の火種にもなりかねない。例えば、人格教育は社会的地位が高く上品で高潔な上層階級、アメリカでいえばWASP（白人でアングロサクソン系のプロテスタント）文化に価値基準を合わせていると言われることがある。そうした場合、当然ながらそうした文化に安住する特権的な人々には人格教育が有利に働くが、その文化に抵抗を感じる人々（マイノリティ）には不利に働くため、不公平になるだろう。

新しい人格教育ではこうした批判や反論を考慮に入れて、前述したエンカウンターや価値明確化や認知発達的アプローチの手法をも積極的に取り入れながら、特定の価値や文化の教え込みにならないように議論形式を整備している。

6　価値伝達の授業と価値創造の授業

ポストモダン的な思想状況において道徳授業は価値の伝達をめざすべきか、それとも価値の創造をめざすべきかで議論がわかれてきた。

本書の内容で振り返ると、統制的な管理教育体制における道徳授業は、学習指導要領に記載された道徳的価値を教え伝えることがめざされた。次に、ポストモダン時代に入ると、エンカウンターや価値の明確化やモラル・ジレンマのように、既存の価値体系を根本的に懐疑し、子どもが自ら積極的に価値を創造することが推奨されるようになった。その後、1990年代に子どもの道徳的混乱や少年犯罪の多様化（低年齢化・凶悪化）やいじめ事件の増加に対応して、再び道徳的価値の伝達を拡充することが要望されてきた。

ここで、伝統的な価値を伝達し追随する道徳授業を「価値伝達型」と呼び、新しい価値を形成し創造する授業を「価値創造型」と呼ぶことにしたい。前者の価値伝達型の道徳授業では、社会や子どもの内部に既に存在している価値体系に則った内容項目を系統的かつ系統的に伝達することによって、その価値の意義を追認する授業スタイルである。現在でも文科省や教育委員会がトップダウンで推奨している授業の多くがこの価値伝達型に属する。こうした授業では、もともと既存の社会にある一般的で常識的な価値（例えば、思いやりや正直など）を教えるため、単純でわかりやすく誰にでも受け容れやすいという利点がある。それに対して、価値創造型では、子ども自身の個性や価値観が尊重され、創造的なアイデアや問題解決が求められるため、従来にない新しい価値を創り出すことができる。

この価値伝達型と価値創造型を比べると、1980年代から個人の主体的な価値判断が尊重され、価値観が多様化してきたことを踏まえれば、ポストモダン時代には価値創造型の授業の方がよいようにも思える。しかし、そうした主観的な価値創造が道徳的価値の混乱を引き起こし、生徒指導上の問題を増加させたという批判もある。そこ

で、1990年代以降の流れのように伝統的な社会規範を再評価する保守反動的（新保守的）な動向が強まり、再び「新しい人格教育」のような価値伝達型の人気が高まっている。

　価値伝達型と価値創造型の道徳授業における決定的な相違点は、読み物教材の扱い方である。一般的に道徳授業では、教師が読み物教材を用いて、登場人物の気持ちを把握するスタイルが主流であるため、教材の選定とその読解が極めて重要な役割を果たすことになる。

　価値伝達型では、道徳の教材は１つの作品として尊重され、その作者の意図が最大限に重視されることになる。子どもたちはこの作品を忠実に読みとり、その作者の意図（その作品のねらいとする道徳的価値）を汲み取ることが大事になる。子どもたちは、この作品を忠実に読みとり、その作者の意図（その作品のねらいとする道徳的価値）を汲み取ることに専念することになる。

　わが国の道徳授業は、1960年代半ば頃から国語科教育で重視されていた「形象理論」を指導法に持ち込んでいった(7)。形象理論では、子どもは読み物教材を正確に読み、作者が書こうと意図したことを忠実に心の中で再現することを重視する。つまり、読者としての子どもが資料を読んで、それを主体的にどう考えたかではなく、作者が意図したことを直観的かつ共感的に理解させようとするのである。ただし、そのためには作者の意図を恣意的に想像するのではなく、文章をたしかな拠り所とする必要がある。

　こうした形象理論を持ち込んだ道徳授業では、子ども一人ひとりが教材の内容についてどう感じたり考えたりしたかよりも、作者がその資料にどのような意図（ねらい）を込めたかが優先され、ひたすら主人公の気持ちを共感することに専念し、子どもが主体性を発揮して能動的に読むことを禁じたのである。より具体的に言うと、子どもたちは道徳的問題に向き合った時、具体的に「主人公はどうすべきか」「自分ならどうするか」よりも、「主人公がどんな気持ちだったか」を問うことで「作者のねらいは何だったか」を追求させるのである。

　さらに哲学的に言えば、このねらいとする道徳的価値を理解することが、真・善・美という実在を正確に子どもの心に表象することに繋がると見るのである。この普遍的な実在を心の鏡に曇りなく映し出す（表象する）ことができれば、それだけ万人に共通する普遍的な「人間性」を獲得したことになると想定する。

　こうした作者中心主義、心情主義、表象主義の道徳授業法を批判し、子ども（読み手）が主体的に問題解決することを重視したのが、３章１節で取り上げたデューイの道徳教育論であった。ヘルバルト主義や形象理論（一種の表象主義）が作者の意図（教師のねらいとする道徳的価値）を子どもに読み取らせようとするのに対して、デュー

イはプラグマティズムの立場から子どもが自ら道徳的問題に取り組み、主体的に判断し解決を行なう経験が道徳性の発達に役立つことを指摘して見せたのである。

デューイの思想を継承するローティも、ネオ・プラグマティズムの立場から認識とは実在を獲得していくことではなく、「現実的に対処するための行動習慣を獲得していくこと」(8) を重視し、読み物教材の「物語」を自由に解釈することを求めていくのである。

従来の形象理論に基づく読解の方法を根本的に批判したのが、ポスト構造主義である。例えば、デリダ（Jacques Derrida）は読み手の立場を尊重し、書かれたもの以外は、作者の考えまでも一切考慮しない方針を打ち出している。こうしたデリダの手法は、読解につきまとっていた作者の意図を優先する慣習を解体し、それと同時に読み手の側から新たな意味を構築するものであり、「脱構築」と呼ばれている。

脱構築的な文芸批評の立場にたつポール・ド・マン（Paul de Man）を初めとしたイェール学派でも、読者の立場からテキストを自由に読むことの意義が強調された。ロラン・バルト（Roland Barthes）は、時に作者も知らない意味や作者の語ろうとした意図とは正反対の意味をも読み取り、作者の権威を無効化する「作者の死」(9) を論じた。こうした脱構築的な文芸批評は、従来の読解につきまとっていた作者の意図を優先する慣習を解体し、それと同時に読み手の側から新たな意味を構築しようとしている。

この手法は、作者の意図、または作者の意図だと思われてきた特定の解釈から脱却して、書かれたものの新たな意味を構築するような読み方が推奨される。こうした脱構築の手法は、伝統的な価値伝達型の読みの支配体制を覆し、ポストモダン時代の価値創造型の道徳授業スタイルを創り出す上で強力な道具となった。

ただ、ここでも子ども（読み手）中心の資料読解で採用した場合、多様な価値観の表明や問題解決の議論はできても、それによって学習指導要領が示す内容項目を計画的かつ系統的に伝達できるのかという問題が残ることになる。この点を考慮すると、新しい人格教育を参考にしたうえで、子どもが自ら価値判断して自分らしく価値創造すると共に、計画的かつ系統的に道徳的価値を教育するアプローチが求められていると言える。

7　問題解決型の道徳授業の可能性

価値観の多様化したポストモダン時代には、従来のような型通りの心情把握型の道徳授業は通用しないことを示してきたが、だからとってポストモダン左派のように道徳授業などすべて廃止するべきだと述べたいわけではない。むしろ、そうした複雑な時代的・社会的な状況だからこそ、それに適した道徳授業のスタイルに刷新すべきで

あると主張したい。プラグマティズムの立場は、時代に合わなくなった現体制や指導法に反対するだけでなく、具体的な対案をいくつも提案して、その効果からその是非を判断するところに特徴がある。

　これからの道徳授業では、子どもたちが計画的に系統的な価値内容を習得できるようにすると共に、自ら考え主体的な判断したり協働的に議論したりする機会を提供する必要がある。また、子どもたちが因果関係や利害関係をふまえ、根拠に基づいた論理的な推論を行なったりリアルな体験的な学習をしたりして、道徳的判断力と道徳的心情と道徳的行為・習慣を総合的に育成する必要がある。こうした点をふまえて、筆者たちがこれまでプラグマティズム的な発想から構想・開発・実践してきた授業スタイルが、問題解決型の道徳授業である(10)。

　問題解決型の道徳授業とは、子どもが道徳的問題を主体的に考え判断し協働して探究する中で道徳的価値を習得しながら道徳的資質・能力を育んでいくタイプの授業のことである。

　この授業の構造を教師が道徳授業を実践するプロセスと子どもが道徳的問題を解決するプロセスとの両面から確認しておきたい。まず、教師の方では、子どもの実態や問題状況を分析し、学校の教育目標や子どもの人生目標をふまえ、道徳的問題を解決するための授業を構想し、その指導案を同僚教師や研究者と共に吟味したうえで、実際にその道徳授業を行ない、その効果を省察・検証して事後指導や次回以降の授業に役立てる。このように教師は、道徳授業の実践を通して、道徳教育の理念と実践を融合し、子どもの成長を計画的・系統的に支援していく。

　次に、子どもの方では、授業の中で提示された道徳的問題を分析し、そこから解決すべき課題を抽出し、さまざまな解決策を自主的に構想し、子どもたち同士で話し合い吟味し合う。可能であれば実際に解決策として考えた道徳的行為を行なってみて、その結果を省察・検証して道徳的習慣を形成する。このように子どもは、主体的かつ協働的な問題解決を通して、道徳的な観念（解決策）を仮説として設定し、それを実施した際の結果を考えたり実際に行動に移したりしてその意義を理解し、自分のよりよき生き方や人間としての生き方について自覚を深め人格の形成に結び付けていく。

　問題解決型の道徳授業における発問は、「この時、どうしたらよいだろう」と尋ねるところに特徴がある。こうした発問は、道徳的問題に向き合って迷ったり葛藤したりする展開や、これまで気づかなかった知見を新たに悟る展開、さらには従来の考え方を批判的に考える展開をしやすくする。問題解決型の道徳授業では、道徳的な問題状況を冷静に分析し全体を把握したうえで、どうすれば具体的に解決できるかを主体的に考え判断し、協働的に議論し合うことになる。

　問題解決型の道徳授業で重要なのは、子どもたちがさまざまな解決策（三つ以上）

を自由に提案した後に、それらを話し合いのうえで絞り込んでいく過程である。価値の明確化やモラル・ジレンマの道徳授業のように「どの選択肢もすべてよい（価値がある）」としてしまうと、ときに無責任で無道徳な言動も認めてしまうことになる。それゆえ、複数の解決策を比較検討して、互いに納得できる最善解を選び取ることが必要になる。複数の解決策を絞り込んで効果的に道徳的省察を深めるためには、例えば次のような道徳に係る原理・原則を活用することができる。

　まず、さまざまな解決策の理由や動機だけでなく、その解決策を実施した際の具体的な結果も考察する。例えば、「どうしてそう思うか」だけでなく、「その結果どうなるか」も問う。解決策の理由や動機だけ問えば、さしさわりのない建前や一般論に流れがちであるが、「その結果どうなるか」まで踏み込んで考えると、子どもたちの本音・本心も現実的に出てくる。また、仮説としての解決策を考えるだけでなく、その結果や効果（影響）も考えることで、より実践可能な形に練り上げることができる。

　次に、自分の主観的な意見を言うだけでなく、さまざまな他者の立場で考えてみることである。つまり、可逆性の原理で考えるのである。例えば、「自分がそうされてもよいか」を問う。こうした他者（相手や第三者）の立場に自分を置き換えることで、多面的・多角的に物事を考えられるようになり、より多くの異質な他者に思いを馳せることができるようになる。

　第三に、広く普遍妥当性を考えることである。つまり、普遍性の原理で考える。例えば、「皆が（皆に）そうしてもよいか」「いつ、どこで、誰に対しても通用するか」を問う。目前の狭い人間関係や目先の利害関係だけでなく、より広範な社会関係に目を向けたり、時代や地域や属性などを超えたりして、広く普遍妥当性があるか考えられるようにする。

　第四に、問題に関係する者の皆が幸せになれる方法を考えることである。例えば、「それで皆が幸せになれるのか」を問う。自分だけ、または自分の仲間だけでなく、その物語に関連する人々すべてに配慮できるようにする。最後に、人間の内面的な意識改革だけでは対応できない問題の場合は、人的・物的環境を改善したり社会制度やシステムを改革したりすることまで踏み込んで考えることも可能である。

　こうした問題解決型の道徳授業は、子どもが道徳的問題を自ら考えるという進歩主義教育的なスタイルやカウンセリング的手法を部分的に取り入れている点では、モラル・ジレンマの道徳授業や価値の明確化と共通している。しかし、モラル・ジレンマ授業等では、子どもが自らの意見を明確に表明するだけでよく、それが互いに納得し合える最善解であるかを吟味したり、それを実際の生活で行為・実践できるかまでは検討したりしないため、子どもは自分の意見に責任をもたず、特定の道徳的価値について理解を深めることもなく、それを実際の生活経験に生かすこともない。

　これに対して、問題解決型の道徳授業では、子どもが道徳的問題に取り組む中で、互いに納得できる最善解にするために協働して探究し、そこに関連する道徳的諸価値を分析して理解を深めるようにすると共に、実際の解決策を日常の行為・習慣に繋げようとする。こうした道徳授業であれば、事前・事後の指導や各教科・領域の教育活動とも有機的に関連づけることができるため、総合的かつ系統的に道徳教育を行なうことができる。

　このように問題解決型の道徳授業では、教師が登場人物の気持ちを子どもたちに理解させて特定の道徳的価値を一方的に子どもに教え込むスタイルではなく、かといって子どもたちが道徳的問題について自由に意見を表明し合うスタイルでもなく、子どもが主体的に問題解決することを通して道徳原理や判断基準を習得しながら「自己の生き方」や「人間としての生き方」について考えを深めていくスタイルである。こうした道徳的問題の解決に取り組む中で、子どもたちは民主的な社会を維持し発展させるための価値観や規範意識を養い、自律的で責任ある道徳的実践力を身につけ、個性の輝く人格を形成することができる。また、こうした問題解決型の道徳授業において、子どもは自らの生活経験や学習活動に基づいて推論したり内省したりする機会をもつと共に、授業で考えた解決策や行動指針を実際の生活で実践することができるため、現実と理想の解離を漸進的に克服することにも繋がる。もちろん、プラグマティズムの見地では、こうした問題解決型の道徳授業も有力な仮説であって、今後も改良・改善を加えていって、より効果的で有意義な指導法に発展させていきたいと考えている。

（註）

(1) ジョン・ロールズ、川本隆史・福間聡・神島裕子訳『正義論』、紀伊国屋書店、2010 年、185 頁。

(2) ユルゲン・ハーバーマス、河上倫逸、M・フーブリヒト、平井俊彦訳、『コミュニケイション的行為の理論（上)』、未来社、51 頁参照。

(3) 國分康孝・片野智治『構成的グループ・エンカウンターの原理と進め方—リーダーのためのガイド—』、誠信書房、2001 年。

(4) この説明は、『価値と教授』の第二版に記されている。Louis E.Raths, Merrill Hamin, Sidney B.Simon, *Values and Teaching, Working with Values in the Classroom*, second edition, Columbus, Ohio: Charles E. Merrill, 1978. Ｌ．Ｅ．ラス、Ｍ．ハーミン、Ｓ．Ｂ．サイモン著、遠藤昭彦監訳『道徳教育の革新—教師のための「価値の明確化」の理論と実践—』、ぎょうせい、1991 年、4 ～ 5 頁。

(5) 3 水準 6 段階に関しては諸説あるが、主に次の書を参考にした。C. M. Beck, B. S. Crittenden and E. V. Sullivan (eds.), *Moral Education, : Interdisciplinary Approaches*, 1971, p.86ff. コールバーグ著、永野重史編『道徳性の発達と教育—コールバーグ理論の展開—』、新曜社、1985 年、22 頁。

(6) トーマス・リコーナ著、水野修次郎監訳『人格の教育』、北樹出版、2001 年、108 頁。T. ディヴァイン、J.H. ソク、A. ウィルソン編、上寺久雄監訳『「人格教育」のすすめ』、コスモトゥーワン、2003 年、51 頁参照。

(7)　こうした形象理論に基づく国語科の指導法は戦前から行われていた。恒内松三『国語の力』、不老閣書房、1922 年、65 頁。

(8) Richard Rorty, *Objectivity, Relativism and Truth*, Philosophical Papers Vol.1, Cambridge University Press, 1991, p.1.

(9) ロラン・バルト「作者の死」、『物語の構造分析』、花輪光訳、みすず書房、1979 年、89 頁。

(10) 柳沼良太「問題解決型の道徳授業―プラグマティック・アプローチ―」、明治図書、2006 年。柳沼良太編著『考え議論する問題解決型の道徳授業 事例集（小学校編・中学校編）』、図書文化社、2016 年。

5節　問題解決学習の新たな可能性

はじめに

　学校教育は、教育課程や指導方法を画一化し、誰もが平等に学ぶことができるようにするという目標を達成してきた。しかし、1980 年代以降のポストモダン時代を迎えた今日では、学校教育の機能不全からさまざまな問題（いじめ、不登校、非行、学級崩壊など）が引き起こされ、教育の正当性や適切性が根本から問い直されている。

　文部省（現・文部科学省）はこうした深刻な問題状況を見据えて、1989 年に「新しい学力観」に基づいて教育課程を前面改訂し、1996 年の第 15 期中央教育審議会第 1 次答申では新しい教育目標として「生きる力」の育成を打ち出し、そして 2002 年からこの「生きる力」を鍵概念として小中学校の教育課程を改訂し、新たな学校教育をスタートさせた。「生きる力」とは、先の答申によれば、「自分で課題を見つけ、自ら学び、自ら考え、主体的に判断し、行動し、よりよく問題を解決する能力」であり、また「自ら律しつつ、他人と協調し、他人を思いやる心や感動する心など豊かな人間性とたくましく生きるための健康や体力」である。このように「生きる力」は多義的な概念だが、大別すると「自ら学び考える力」と「豊かな人間性」と「健康や体力」という知・徳・体の三つ視点から捉えることができる。

　前者の「自ら学び考える力」を育むためには、従来から問題解決学習が推奨されてきた。問題解決学習は、社会の急激な変化に的確かつ迅速に対応できる主体的な思考習慣を身に付けられるため、歴史的に各界で高く評価されてきた。しかし、その一方で問題解決学習は政治的な左右両派から少なからず反論も寄せられてきた。右派は、問題解決学習があまりに目的合理的であるため、情操教育や道徳教育に十分に対応できないと批判する。左派は、問題解決学習が個人の経験の差異を一般化した習慣形成に留めておくため、子どもの真の主体性や個性を育むことにならないと批判する。

　それに対して、後者の「豊かな人間性」は、「自ら学び考える力」を補完するような情意的で個性的な側面をもつ。先の答申では、「豊かに生きる力」の補足説明として、「理性的な判断力や合理的な精神だけでなく、美しいものや自然に感動する心といった柔らかな感性」、さらには、「よい行いに感銘し、間違った行いを憎むといった

正義感や公正を重んじる心、生命を大切にし、人権を尊重する心などの基本的な倫理観や、他人を思いやる心の優しさ、相手の立場になって考え共感する暖かい心、ボランティアなど社会貢献の精神」を挙げている。つまり、冷たい知性を効率的に鍛えるだけではなく、共生の視点から他者を思いやる暖かい感性や共感する心を育むような、総合的な学びの在り様が求められているのである。こうした「豊かな人間性」を培うために、従来から「ゆとりある教育活動」が提唱され、自然・社会体験学習や物作り活動やボランティア活動が推奨されてきた。しかし、こうした体験学習に対しては、戦後の新教育運動と同様に、自由放任になって「はい回る経験主義」に陥るという批判や、教科カリキュラムの習得を疎かにして基礎学力の低下や思考力の低下をもたらしたりするという批判が寄せられている。

　以上のように、これまで「生きる力」を育む学習は、「自ら学び考える力」か「豊かな人間性」のどちらか一方を強調することが多かった。それにたいして本節のねらいは、「経験」という概念に焦点を当てることで、「自ら学び考える力」と「豊かな人間性」とを共に育む問題解決学習の在り方を追究することにある。

　このテーマを探究するためには、まずデューイの教育理論の展開に注目しながら、彼の精神史を理解することが重要になる。なぜなら、デューイこそが経験主義の立場から教育理論を構成し、問題解決学習の理論的根拠を確立すると共に、生涯をかけて教育理論を実践可能な理論に再構築し、今日でも多くの啓発的な示唆と教訓を与えてくれるからである。次に、デューイの教育理論をポストモダン的思想状況において再評価するローティの見解を取り上げたい。特に、ローティは物語論を取り入れて新たな問題解決学習の在り様を提示している点で注目に値する。最後に、以上の考察をふまえて「経験」概念を再考し、「生きる力」を育む経験とは何か、そして「生きる力」を育む問題解決学習はどうあるべきかを検討していきたい。

1　デューイと問題解決学習

　まず、問題解決学習の理論的根拠となるデューイの経験主義と教育理論を伝統的な哲学と比較しながら検討したい。デューイの経験主義の基本原理は、「経験の連続性」と「主体と環境との相互作用」である。「経験の連続性」の原理とは、現在の経験が過去の経験から何かを受け取ると共に、将来の経験の質に影響を与えるということである。伝統的な哲学では、実在と経験を二元論的に捉えるが、デューイは実在と経験を「将来の可能な経験」と「現在の経験」として一元論的に捉え直すのである。こうしたデューイの「経験の連続性」の原理は、W.ジェイムズから影響を受けることで、知性による認識作用だけでなく、感性や感情による知覚作用を含めて、包括的に経験を捉える立場でもあった。一方、「相互作用の原理」とは、主体と環境との相互作用

から経験が生じるということである。伝統的な哲学は、主観と客観との関係を二元論的に設定するが、デューイは主観と客観との関係を主体と環境との相互作用として捉え直すことで一元論的に設定するのである。こうした見地から、デューイは人間と組織的社会生活との有機的な相互作用に注目し、相互の対立と再調整の関係を、問題と解決の関係として捉え直した上で、問題状況から質的に統一した状況を創り出す能動的な経験のプロセスを強調したのである。

　こうしたデューイの経験主義は教育理論とも密接に関連している。伝統的な教育理論は、知識を実在の正確な表象とみる実体論を理論的根拠として、過去から蓄積された知識を子どもに習得させて社会化することを重視していた。それにたいしてデューイは、知識や思考を問題解決の道具と捉えた上で、子どもが連続的な経験を相互に統合し、互いに関連した事物の世界を構成する中で成長していくことを重視した。そこでの教育の目的とは、過去に照らして現在を明確にし、現在の経験をできるだけ豊かに意義あるものにすると共に、望ましい将来を実現するために役立つように経験を再構築することなのである。このようにデューイは経験の能動的な側面に注目し、現在の経験から十分な意味を引き出し、学習を継続していこうとする意欲や態度を生み出し、そして将来の経験に影響を与える習慣を形成することを重視している。

　中期のデューイは、道具的知性による認識過程を重視するようになり、科学的方法で合理的に習慣形成をする傾向が強まっていく。こうしたデューイの論理学的傾向を顕著に示すのが、『思考の方法』(1910年) で提示された反省的思考の5段階説である(1)。ここでは第1段階で習慣的な活動に困難を感得し、第2段階で困難な問題状況を確定し、第3段階で実行可能な解決策の示唆を得て、第4段階で示唆の関連性を推論によって展開し、第5段階で示唆を観察や実験によって検証する。こうした探究を通して有用性を確認された仮説は、「保証つきの言明可能性」と呼ばれ、意味生成の世界を切り開き、新たな習慣を導き出すことに役立つ。『民主主義と教育』(1916年) では、この反省的思考の段階説にもとづいて学習方法を組み立て、子どもの知的な精神態度や思考習慣の形成をめざしている(2)。この学習法では、第1に子どもが興味や関心のある連続的な活動に従事し、第2に子どもの思考を刺激する問題状況を設定し、第3に問題解決のための情報収集や正確な観察を行わせ、第4に解決のための示唆を与え、適切な仕方で展開させ、第5に、子どもが解決策を実際に適用して意味を明らかにする。このように子どもが観察と推論と実験の過程を反復することを通して、問題の認識を深め、行為の意味を確認しつつ、実際に解決を図るのが、いわゆる「問題解決学習」の原型であった。

　ここでの教師の役割は、子どもの興味や関心に追随するのではなく、子どもの成長の段階に応じた認識過程に合わせて課題を提供し、適切な問題解決に至るように指導

することである。この学習の目的は、教師主導で順番通りに段階を進めて妥当な解決策を得ることではなく、子どもが知的側面において周到で精密な科学的態度や思考習慣を形成することである。ここでいう「科学的態度」とは、問題をよく観察し、利用可能な証拠を集め、その証拠にもとづいて仮説を形成し、その仮説を実験の結果によって検証し、暫定的に有望な結論を得ようとする態度である。こうした科学的態度を形成することで、子どもは感情よりも観察に訴え、偏見よりも議論に訴え、観念論より探究に訴え、自分の偏見や思い込みを排し、進んで新奇な思想を取り入れ、寛容で民主的な精神を身に付けるようになる。子どもはこうした問題解決の成功体験を反復することで、社会の変化に対応して自ら学び考え判断し協働的に探求する力を育むと共に、能動的で科学的な態度を育むこともできるのである。

　このように問題解決学習は、もともと実験学校のように比較的制限された教育環境の中で、選択された少数の法則に則して課題に対処するスタイルであり、自然科学をモデルとした一般的な習慣形成をめざしていた。それゆえ、問題解決学習は、経験の能動的側面において道具的知性によって問題解決能力を涵養して、一般的な習慣形成をする点では優れていたが、一方で経験の受動的側面において感性と知性が自由に戯れるような美的経験には十分に対応していなかったと言える。また、問題解決学習の段階説が、ヘルバルト派の形式的な五段階教授法と混同されたり、二元論の立場で感性から理性へと導く教授過程論と誤解されたりすることもあった。デューイはこうした問題解決学習の難点を自覚的に見据えて、経験の能動性と受動性をダイナミックに捉え直し、感性と知性を一元的に捉えた包括的な教育理論を再構成することになるのである。

　円熟期を迎えた後期デューイは、『人間性と行為』（1922年）をはじめ『経験と自然』（1925年）などにも見られるように、知性だけでなく感情や感性の機能をも積極的に評価するようになる。そして、知的な予想や結果の観念は、感情や欲求と融合することで動力を得て、願望や理想目的の形成にも影響を及ぼし、具体的な道徳行為や社会改良にも繋がっていくとみる。1933年に改訂された『思考の方法』では、もはや反省的思考の形式的な段階説を強調することはなくなり、反省的思考の多様な機能を重視し、その取扱い方法も一般的な規則によるのではなく個人の知略や感受性によると見ている(3)。また、「経験」概念も、道具主義的に問題解決する経験の能動的な側面だけでなく、「観念との戯れ」から生じた「審美的満足」をもたらす経験の受動的側面を強調するようになる(4)。

　さらに、後期デューイは問題解決学習に政治的テーマを積極的に取り入れることで新たな展開を見せている(5)。ここでの教師の役割は、現行の社会的問題を提起し、問題に至る歴史的経緯や文化的背景を説明した上で、子どもの自主的な探究を援助す

ることである。子どもは社会問題をさまざまな角度から探究し、仲間と解決策を協働探究することを通して、民主主義社会の有力な構成員になるための意欲や判断力を育んでいく。デューイは、こうした社会的テーマを協働探究する学習が、子どもの成長を促すと同時に民主主義社会の発展にも繋がると見る。こうしたデューイの洞察の源泉には、エマーソン（R.W.Emerson）の思想があると言える。デューイは、エマーソンが「アメリカの学者」（1837年）で提示したように、「自己信頼」や「自己実現」を個人的規模だけではなく共同体規模でも試み、直観や想像力を働かせて理想的な共同体を協働探究することを重視するのである。

　また、後期デューイは、ジェイムズの根本的経験論を再評価することで、宗教や芸術における経験を重視した哲学を構築することになる。デューイは科学的領域や社会的領域だけでなく宗教的・芸術的領域をも道具主義の射程に入れ、科学的経験、社会的経験、宗教的経験、芸術的経験を量的差異として捉え、相互の経験の間に連続性を見出すことで、事実と価値と審美の間の障壁を取り除いた。そして、科学的方法を適用した経験の能動的な側面における習慣形成をめざすだけでなく、宗教や芸術にみられる経験の受動的な側面における特異な自己実現をも積極的に評価するようになるのである。

　そこで注目したいのは、デューイが1934年に著した『誰でもの信仰』と『経験としての芸術』である。両書は宗教と芸術で領域こそ異なるが、自然主義的形而上学と呼ばれる論理的構造を共有する点で興味深い。ここでデューイは、まず従来の教会制度・教義と「宗教的なもの」を区別し、同様に芸術的所産と「美的なもの」を区別した上で、日常的な生活経験の中から宗教的性質や審美的性質を見出す。この性質に感情が反応することで質的に統一された「一つの経験」が創り出される。この経験において想像力が理想的目的を打ち出し、知性がそれを吟味し、感情がそれを実現すべく行為をかりたてる。こうして洗練された美的経験において、知性と感情は一体化され、直観的な認識方法によって多様な個を包括する「宇宙（the Universe）」が感得されていく。「自己」はこの「宇宙」と徹底的に交流し包括的かつ持続的な変容を遂げることで「全体的な自己」となる。

　デューイはこうした美的経験こそが人間同士の普遍的なコミュニケーションを可能にし、人間を時間的・空間的な束縛から解放し、無限に広がる意味生成の世界を開き、私的な世界観を公共的な世界観へと変容していくとみる。ここでは、経験における能動的側面と受動的側面が統合され、道具主義的な理論の延長線上に豊穣な実存主義的・存在論的な地平が開かれている。デューイはこの自然主義的形而上学の見地を『経験と教育』（1938年）にも取り入れているが、残念ながらそこで問題解決学習の新たな可能性を提示することはなかった。もしその試みがなされていれば、キルパトリッ

ク（W.H.Kilpatrick）がプロジェクト法で試みたように、問題解決学習の適用範囲を知識理解・技能習熟の活動や社会問題解決の活動に限定することなく、構成的な表現活動や審美的経験を享受する芸術活動へも拡張していたかもしれない。

　以上のようにデューイは、哲学を「教育の理論」と捉え、自らの哲学を教育実践の場において実験し再構築し続けることで、論理学的・道具主義的側面と実存主義的・存在論的側面を融合する自然主義的形而上学を構築し、感情と知性あるいは個と全体における二項対立を克服していったのである。こうしたデューイの教育理論は、ロックフェラー（S.C.Rockefeller）が指摘するように、宗教的意識に起源をもつ社会理論と個人の道徳的成長の発達理論を調和させていると言える(6)。それを可能にしたのは、個と全体の関係を認識する「直観的なもの」であり、自己と他者をつなぐ「共感」である。こうした深遠な原理こそ、市村尚久が指摘するように、デューイがエマーソンから継承した「何か深いもの」であると言える(7)。こうしたデューイの哲学は、ポストモダンに先駆けて、感性と知性の関係、個と全体の関係をホリステックに捉え直している点で、今なお高く評価されている。

2　新たな問題解決学習─ナラティブ教育─

　次に、デューイの教育理論をポストモダン的思想状況で再評価するローティに注目し、問題解決学習の新たな可能性について考察していきたい。ローティは、デューイが知識を実在の表象とみる実体論（＝表象主義）を放棄し、歴史的・社会的なコンテクストから哲学を再構築したことを高く評価している。特に、デューイが「経験の連続性」にもとづいて、現在の経験を「より良い将来を創造するのに有用な事柄」として捉え、教育目的を子どもの「成長それ自体」と捉える点を重視する(8)。

　伝統的な詰め込み教育では、既存の社会的規範によって成長の基準や方向性が設定され、子どもの将来の可能性を現在の規模に矮小化してしまうが、デューイの教育理論では、社会的規範や普遍的事象から解放され、子どもの多様な潜在能力の偶発的な成長を保障することができるのである。また、ローティは、デューイが科学と道徳と芸術の方法論的相違を取り除き、全ての文化を一つの連続的な活動として把握できるようにした点を重視している。これによりデューイの教育理論は、伝統的な学問区分において人間性や究極目的を基礎づける作業から解放され、問題解決と意味生成の探究へと向かうことができるのである。

　ただし、ローティは後期デューイのように感性と知性を融合したり、個と全体を統合したりするために自然主義的形而上学を構築しようとはしない。ローティは言語論的転回を遂げることで、プラグマティズムの適用範囲を言語使用者の認識に限定し、言語と非言語、あるいは認識と感情を区別する。言い換えると、ローティは、クワイ

ン（W.V.O.Quine）と同様に、経験主義の適用領域を「観念」や「意識」から「言語」へと移行させたのである。もちろん、デューイも言語を社会的相互作用の一様式と考え、探究によって「保証された言明可能性」を経験知として広く共有することを重視しているが、ローティはその路線をより徹底することで、言語的行為にもとづく社会的実践の発達をめざしたのである。さらにローティは、自己創造の言語が属する私的領域と社会的正義の言語が属する公的領域とを区別し、自己創造と社会的正義を統合する形而上学を脱構築していくことになる。

　こうした点でローティは、デューイが見出した感性と知性を融合し、個と全体の統合する契機を失ってしまったかに見える。しかし、ローティは、他者に対する共感や文学的な直観理解を重視することで、個の多様性や差異性に寛容になれる民主的な連帯の在り方を追究している。こうしたローティの発想は、デューイと同様に、根底ではキリスト教の隣人愛や功利主義的倫理に繋がっていると言える。この見地からローティが提唱するのは、「物語（narrative）」による教育である(9)。本稿では、これを「ナラティブ教育」と呼ぶことにしたい。この立場では、主観と客観が相互作用することで間主観的な意味世界が開かれると考え、知性だけでなく感性や直観や想像力の働きを重視し、メタファーやアイロニーを用いた物語的な理解を求めていく。こうした見解は、昨今のエスノメソドロジー、社会構築主義、ナラティブ・カウンセリングとも密接に関連しており、新たな問題解決学習の在り方を示唆するものとして注目に値する。次に、ローティが取り上げている「英雄物語（saga）」と「マイノリティの物語」を詳しく見ていきながら、ナラティブ教育の特徴について検討したい。

　まず英雄物語とは、実存的な問題を苦心して克服すると共に、時代や社会の束縛に対抗しながら寛容で民主的な社会を創造してきた歴史上の偉人の物語である。ここでいう英雄とは、社会が抱えている過酷な問題を解決するために深く関わった指導者であり、例えば、キング牧師（M.L.King.jr）、ガンジー（M.K.Gandhi）、マザー・テレサ（Mother Teresa）を挙げることができる。こうした人物を「民主的な英雄」として称え、歴史的・文化的な文脈を理解しながら、その人物の精神史を再解釈するのである。子どもは英雄物語を聞き知ることで、歴史上の英雄が自由や寛容さや民主主義を拡大するために社会活動し、弱者を救済するために社会制度や価値規範を根本的に変革してきたことに感動し、将来は自分も英雄のような生き方をしたいと望むようになる。

　一方、マイノリティの物語とは、歴史的に抑圧され排除されてきた社会的弱者についての物語である。例えば、周縁に追いやられた少数民族をはじめ、政治経済的に冷遇されてきた下層階級、あるいは家父長制で不利益を被ってきた女性などの物語である。教師は子どもにマイノリティの物語を読み聞かせて、他者の苦痛や抑圧への共感を訴えかけ、多くの異なった他者と人間的に結びつくことの大切さを伝える。子ども

は物語を聞き知ることで、社会的弱者や他者の痛みに共感し、彼らと想像的に同一化することで、社会における残酷さ、苦痛、侮辱をできるだけ減少させて、個々人の差異に寛容な社会的連帯を実現するように望むようになる。

　こうしたナラティブ教育は、問題解決学習と関連づけることで、次のように理解することができる。第1に、子どもは、物語を聞き知ることで既存の社会に含まれる優先的合意や権力的ディスコースに懐疑の念を抱き、現行の社会を不自由で不完全な暫定的システムとして捉えるようになる。第2に、子どもは現行の社会を改良できる自由と希望があることに気づき、慣習的な生活様式や社会制度に対する改善策や代替案を構想する。第3に、子どもは仲間と共にさまざまな形態の生活様式や統治様式を調査し、協働探究する中で解決策を決定する。第4に、子どもはクラス全体の前で解決策を発表して討論したり、実際に社会的活動に参加したりする。そして第5に、子どもは討論や社会活動を反省しながら、解決策を修正して新たなビジョンを構想する。

　このように子どもは、実際に経験できないことでも、物語を聞き知り、問題解決のための有望な仮説を考察し、多様な見解を相互に認め合うことで新たな意味を生成し、民主的な精神を育んでいくことができる。この学習で重要なのは、段階に合わせて授業を組み立てたり、解決策を一つに決定したりすることではなく、多様な価値を寛容に尊重し合いながら社会的連帯の在り方について会話を続けることである。

　こうしたナラティブ教育は、次のような特徴を指摘できる。まず、子どもは知的な興味や関心をもってさまざまな「小さな物語」に聞き知ることで、「大きな物語」とは異なる歴史的な知識や伝統文化を知り、多様な価値や規範に寛容になることができる。また、子どもは物語を聞き知り、他者の痛みに深く共感することで、知性だけでなく、感性、感情、想像力が自由に戯れることになる。さらに、子どもは他者の物語やコミュニティの物語をメタファーとして直観的に理解することで、私的で閉鎖的な関心を公共的で開放的な関心へ向け、社会的問題に対する公共的役割を引き受けるようになる。

　子どもはこうした経験を通じて「私たちの物語」と「彼らの物語」を重ね合わせ、他者を取り込んで新たな自己の物語を創り直し、私的な苦悩や挫折感を癒し、ニヒリズムやペシミズムを克服し、主体的で公共的なアイデンティティを創造していく。こうした経験から子どもは、国家的な伝統や価値規範を学ぶと同時に、それらをアイロニックに疑う批判精神を涵養することになる。この過程で子どもは、それまでの学校教育の過程で形成された「受動的で否定的な自己イメージ」から脱して、現在の自己や社会を変えることができるという「能動的で肯定的な自己イメージ」を創出していく。

　こうしたナラティブ教育は、従来のように普遍的で公共的な「大きな物語」を無味

乾燥に教え込むのではなく、個別の私的な「小さな物語」を深い共感をもって語るところに特徴がある。子どもは実存的な複数の「小さな物語」に触れて、共同体の歴史や社会システムの功罪を深く考察したうえで、具体的な解決策や今後の対策を構想して、新たな「自由と希望の物語」を創造していくのである。

　こうしたナラティブ教育は、問題解決学習に実存的側面を付与することでポストモダン的な感性に開かれていると言えるだろう。ただし、それだけではリオタール（J.F.Lyotard）が言うような近代特有の「進歩の物語」から抜け出したことにはならない。なぜなら、この「自由と希望を語る物語」も、結局は西洋の「自文化中心主義」にもとづく歴史的に正統化された「メタ物語」に他ならないからである。

　しかし、物語のテーマとなる「個性尊重」、「弱者救済」、「民主主義の発展」は、国家的な「大きな物語」のテーマであると同時に私的な「小さな物語」のテーマでもあり得る。これらの物語の中枢にあるのは、子どもの個性や自主性を尊重しようとする道徳的理念であり、寛容な民主主義を発展させようとする社会的理念である。ローティは「進歩の物語」の歴史性や局地性を十分に認めたうえで、ユートピア的希望にもとづいて自由、平等、友愛を拡大する物語の正当性を支持するのである。

　ローティは、デューイと同様に、科学的真理と社会的規範および宗教的寛容を相互に尊重したうえで、問題解決のための最善の選択肢について熟慮し、新たな「進歩の物語」を紡ぎ出していこうとするのである。こうした理念を掲げて改良主義的に改革を推進するのは、エマーソンからジェイムズやデューイを経てローティへと継承されてきたリベラル民主主義のエートスであるといえるだろう。

3　問題解決学習における自己、思考、経験

　従来の問題解決学習は、道具的知性によって論理的に問題解決することを偏重する傾向があったため、形式的な段階説に拘束されたり、規律ある習慣形成を強調したりすることが多かった。これでは教師中心による詰め込み教育を部分的に克服できたとしても、知育偏重は克服できず、多様な個性を尊重した「生きる力」の育成にも繋がらないだろう。こうした問題解決学習の難点は、個人の経験を一般的な法則によって規律ある習慣形成をしようとする点にある。ドゥルーズ（G.Deleuze）が指摘するように、個人の経験は他の全体の経験とは根本的に異なる差異があるため、法則によって個人の経験を他の全体の経験に還元することはできない(10)。悪くすれば一般的な法則で自己規律を習慣的に身に付けさせることは、暗黙裡に服従的な態度を強制することにも繋がってしまう。それゆえ、問題解決学習が科学的方法で個人の経験を一般的な習慣形成に留めておくだけでは、「生きる力」を根源から育むような経験とはなり得ないのある。

　以上の考察をふまえて、次に問題解決学習はいかにして「生きる力」を育むことが可能かを再考したい。まず「生きる力」の主体となる「自己」を概念規定するところから始めたい。伝統的な哲学は、「自己」を万人に共通する「普遍的な人間本性」や「究極的本質を所有する存在者」として捉えるため、観念論的で閉塞的な自己実現論に拘束されてしまう。それにたいしてデューイは、「自己」とは環境と相互作用する過程で生じ、連続した経験を相互に統合して再構成するものと見ている(11)。同様の見地からローティも、「自己」とは外界との接触によって偶然に生じた「信念や欲求から成る、中心のないネットワーク」と捉えている(12)。このように「自己」は、歴史的・地域的に制限された環境との交流によって生じ、「他者」とのコミュニケーションの中で新たな意味を生成し、経験を再構成して偶発的に成長を遂げていくものなのである。

　自己と他者のコミュニケーションにとって最も重要な役割を果たすのが、「思考」である。伝統的な哲学は、「思考」を完結した普遍的実体と見るが、デューイは、「思考」を常に経験の中に生じる問題解決のための機能と捉え直している。問題解決学習は、こうした総合的な思考を道具として経験において自己を発達させようとする試みなのである。ここで留意すべきは、問題解決学習における個人の経験を習慣の一般性の中に埋没させないようにすることである。そのためには、問題解決学習を段階説や一般法則で拘束することなく、知性と感性が一体化した「思考」によって暗黙の非概念的なものを直観的に理解したり、概念を創造したり、選択肢を熟慮したりする内的経験を反復することが重要である。

　こうした問題解決学習にするためには、美的経験に見みられる実存的な生の次元を積極的に取り入れ、知性と感性と融合し、個の多様性の中に全一性を感得するような内的体験となるよう配慮するべきだろう。この点で、ローティが示唆するように、問題解決学習に「他者の物語」を取り入れて、実存的な側面を付与する点では重要である。もちろん、「他者」を前述した英雄やマイノリティに限定する必要はなく、自己とは異なる地域、性、世代、国籍、言語、宗教、文化、自然、そして宇宙などを対象とすることもできる。そこで次に、学際的な視点から問題解決学習の新たなテーマをいくつか提示してみたい。

　「生きる力」を育むうえで大きな契機となるものは、世間一般ではタブー視されてきたもの、つまり死や病気や性のような「語られざるもの」との接触や出合いである。例えば、人は死を実体験として知ることはできないが、ハイデッカー（M.Heidegger）が指摘するように、自分の死を強く意識する内的経験を通して、自分の生の意味を捉え直し、自己の新たな可能性に向けて自己を投企して、存在と自由の真の意味を得ることができる(13)。また、実際に近隣者や自然の生き物の生死を見つめたり、四季の

移り変わりに生死を感じたりすることもできる。このように「死」の意識を先取りすることで、かけがえのない自己と他者に対する本当の気遣いをするようになり、日常性に埋没した「古い自己」から「新しい自己」に生まれ変わる経験をすることができる。次に、病気の経験は、健康な時期の一面的な人間理解を脱却し、より多元的な人間理解を可能にする。病気の他者に対する共感や憐憫（れんびん）は、他者に対する責任や倫理を考えさせる経験となる。また、こうした病気の経験を他者（医者）に委ねてしまうことへの反省を促すことにもなり、昨今のインフォームド・コンセントや生命倫理の問題を考えさせる機会にもなるだろう。最後に、性的経験は統御不能な感覚に満たされる特殊な経験であり、この種の経験は身体に染み付いた性癖や歴史的構築物でしかない本能や衝動を無効にしてしまう。フーコー（M.Foucault）が指摘するように、こうした経験を通して人は生存を知と権力の一義的な規範から解き放たれ、自由に恋愛することで社会制度の枠から出て新しい人間関係を創造し、新しい友情や連帯のスタイルを生み出すことができる(14)。また、この視点を応用したフェミニズムの立場にたてば、現実問題としての家父長制や性差別を考察し、抑圧された社会秩序を改革する契機ともなるだろう。

　こうしたテーマを問題解決学習に取り入れることで、これまで語られることのなかった「他者」、あるいは自己を遥かに超越した「他者」と出会う場を提供することができる。子どもは「語られざる他者」をメタファーによって直観的に理解し、教師や他の子どもとソクラテス的会話を続けることで知的にスパークし、内的経験において豊かな意味世界をひらくのである。この問題解決学習は、ローティのように、言語行為にもとづく社会実践を発達させるだけで十分と見ることもできるが、むしろデューイのように具体的な社会的コミットメントに結び付ける方が、実体験を伴う豊かな自己創造に繋がるだろう。

　また、こうした問題解決学習は、さまざまな実存的テーマを取り入れることで経験の情意的側面に関心を向け、全体に還元できない個人的な経験の差異や特異性を尊重することができる。しかし、他者との差異を「差別」として強調し、「差異のポリティクス」としてラディカルな反権力的思想にまで発展させ、革命活動を行なう必要はないと思われる。新たな問題解決学習もまた、エマーソンからデューイを経てローティへと至るエートスを継承して、改良主義的なリベラル民主主義をめざすべきでだろう。特に初等教育レベルでは、子どもは生き生きした直接経験においてさまざまな「他者」と自由にコミュニケーションし、さまざまな意味生成の世界に開かれていき、自己とコミュニティの物語を肯定的に再記述し、愛と希望に満ちた健全な「生きる力」を育む方がよい。そうすれば、後に中等・高等教育レベルにおいて子どもが自己やコミュニティの価値規範をアイロニックに捉え直して批判的精神を涵養する際でも、か

つての自己やコミュニティへの共感や信頼を失ってニヒリズムやアナーキズムに陥ることなく、バランスの取れた多面的・多角的な見方を身につけて豊かな自己創造を遂げていくだろう。

おわりに

　これまで述べてきたように、「生きる力」は、単に道具的知性を用いて段階的に問題解決能力を形成したり、社会の変化に対応するための準備を整えたりするだけで手軽に獲得できるものではない。むしろ、「生きる力」は、学びの場が社会的経験や美的経験にも広く開かれたものとなり、感性と知性が結びついた思考によって経験の能動性と受動性が渾然一体となり、豊かな意味生成の世界にひらかれる過程で偶発的に生じてくる。それゆえ、問題解決学習が「生きる力」を育む経験となるためには、科学的方法で合理的に習慣形成をするだけではなく、多元的にさまざまな「他者」と出会ってコミュニケーションを続けることが重要になる。

　こうした問題解決学習では、子どもは自分の興味関心のあるテーマを深い共感をもって思考し、驚きや感動によって知的好奇心が喚起され、生の鼓動を根底から揺す振られる内的経験を反復して、学び本来の楽しさや喜びを理解すると共に、多様な個性を活かす包括的な全体性を直観的に把握していく。こうした経験を通して、子どもは学びの継続性や集中性を増し、思考や行動における積極性や自主性を育み、さらには広範囲で人間関係の協調性や道徳性を育んでいくことができる。

　こうした問題解決学習の理論的根拠は、デューイが示唆したように、「経験」概念における論理学的・道具主義的側面と実存主義的・存在論的側面との間に相互交流可能な掛け橋を築くことによって明らかにされる。ただし、この掛け橋を形而上学的に構築することを避けるためには、ローティが指摘したように、共感をもって他者と会話を続け、相互主観的な物語的理解を求めていくことも重要になるだろう。

　今後の教育改革は、学校の機能不全がもたらした閉塞状況を克服するためにも、狭義の理性を偏重する学力低下論や産業界の人材育成論に惑わされて、反動的に詰め込み教育や管理教育に揺れ戻されるのではなく、子どもの人間形成に及ぼす「経験」の意義を十分理解したうえで、子どもの豊かな意味世界を生成する経験の場を広く提供していくことが望まれる。こうして「生きる力」を育む経験が道徳授業や「総合的な学習の時間」などを中心として学びの場に深く浸透し、子どもが生の意味を取り戻す時、教育に新たな希望の光を見出すことができるだろう。

（註）

(1) J.Dewey, *How We Think*, 1910, MW 6, p.223.

(2) J.Dewey, *Democracy and Education*, 1916, MW 9, p.170.（金丸弘幸訳『民主主義と教育』、玉川大学出版部、1984年、

236 頁）

(3) J.Dewey, *How We Think*, the Second Edition, 1933, LW.8, p.207.

(4) Ibid., p.262.

(5) J.Dewey,"Education as Politics,"1922, MW 13, p.334.

(6) Steven C.Rockefeller, *John Dewey: Religious Faith and Democratic Humanism*, New York: Columbia University Press, 1991, p.269.

(7) 市村尚久「教育実践理論への「超越論」的視座」『教育哲学研究』第 84 号、2001 年、111 頁参照。

(8) R.Rorty, "Education, Socialization, and Individuation,"*Liberal Education*, Vol.75, No.4, 1989, p.5.

(9) R.Rorty, "The Dangers of Over-Philosophication,"*Educational Theory*, Vol.40, No.1, Winter 1990, p.42.

(10) Ｇ．ドゥルーズ、財津理訳『差異と反復』、河出書房新社、1992 年、24 頁。

(11) J.Dewey,"The Need for a Recovery of Philosophy,"1917, MW 10, p.42.

(12) R.Rorty,"The Priority of Democracy to Philosophy," *Objectivity, Relativism and Truth*, Philosophical Papers Vol.1, Cambridge University Press, 1991, p.192.（富田恭彦訳、『連帯と自由の哲学』、岩波書店、1988 年、192 頁）

(13) Ｍ．ハイデガー、原佑・渡辺二郎訳『存在と時間』、中央公論社、1980 年、410 頁。

(14) Ｍ．フーコー、田村俶訳『性の歴史Ⅲ　自己への配慮』、新潮社、1987 年、313 頁。

第 4 章　各教科・領域と道徳科

　　学校では教育課程において各教科・領域が専門化してわかれている。

　　道徳授業は学校の教育活動全体で行なう「道徳教育の要」とされてきたが、実際のところ従来の道徳授業は子どもの行為や習慣にはあまり反映しないため、「要」としての役割も有名無実化しているところがある。従来の道徳授業は、一般に国語科の物語文を読み込む指導法を摸倣しているため、登場人物の気持ちを理解できても、子ども自身の道徳的な判断力や実践力を育成することが難しく、子どもの日常生活や他教科・領域との関連性も希薄であった。

　　そこで、道徳が「特別の教科」となることにより、「問題解決的な学習」や「体験的な学習」を積極的に取り入れ、従来の「読みとり道徳」から「考え、議論する道徳」へと質的転換を図る必要が求められた。こうして道徳科の実効性が高めることができれば、子どもの生活や各教科や領域と関連してきて、本当の意味で「道徳教育の要」として機能するようになると期待される。

　　本章では、プラグマティズム的な発想から道徳科を各教科・領域と関連づけ、相互補完的な関係について検討する。1節では、これからの道徳科が最も参考にすべき社会科との関連性を考察する。2節では、仮説・実験・検証の授業を行なってきた理科と比較して、問題解決学習のあり方を考える。3節では、よりよく生活する力を考えるうえで共通する家庭科と道徳科の関係を取り上げる。4節では、道徳的判断と道徳的行為を結び付けるために、特別活動と道徳科との関係を考える。5節では、心の教育をすると言う意味で協働できるカウンセリングと道徳科との関係を考える。

　　以上のように道徳科は問題解決的な学習や体験的な学習を取り入れることで、プラグマティックな発想を通してこれら以外の各教科・領域とも有意義に関連づけることができるようになる。

|1節　社会科と道徳科

1　社会科と道徳科に共通した問題意識

　道徳上の問題は、私的な事柄であると思われることでも、実は公共的・社会的な事柄に繋がっていることが多い。もともと人間は社会的存在であり、自分を取り巻く世界から陰に陽に絶大な影響を受けて人格を形成しているからである。子ども同士の集団や学校組織も小さな社会である以上、そこで起こる大小の問題の基本構造は、国家や地域規模の問題、さらには国際間や地球規模の問題とも類似するところが多々ある。

　逆に、個人からは遠く隔たった社会的問題だと思っていたことが、実は自分の生き方にも深く関わる道徳的な問題であることに気づかされることもある。例えば、最近のニュースに出てくる消費増税、生命倫理、原発問題、働き方改革、地域紛争、消費者トラブルなども、意外に子どもたちは自らの生活経験に近づけて考えることができる。

　子どもたちはこうした社会的問題に向き合うことで、より客観的に自分を捉えるようになり、自己の欲求や利害を超えた視点をもち、より広く物事を俯瞰することができるようになる。特に、道徳的諸価値に関わる社会的問題に関心を寄せることで、よりよい社会のあり方を考えるようになり、自己の生き方や人間としての生き方についてもより深い気づきを得られるようになる。

　これからはグローバルな社会的問題も多く出てくるだろうが、そこでも異質の他者とも協働し合い、相乗効果を発揮して問題を解決していくことが必要になってくる。多様な文化や価値観をもつ人々が交流し合い、多面的・多角的に考え判断する力で事に当たることが期待されている。

　こうした今日的な状況を踏まえ、今次の学習指導要領において新たに位置付けられた道徳科では、人生で出合うさまざまな問題と子どもが向き合い、主体的かつ協働的に解決する資質・能力としての道徳性を育成することがめざされている。その中でも、豊かな人間関係の構築や社会的なコミュニケーション能力の育成は特に重視されている。

　経済協力開発機構（OECD）でも、これからの時代に求められるキー・コンピテンシーの構成要素として、「多様な社会グループにおける人間関係形成能力（自己と他者の相互関係）」を挙げている。国立教育政策研究所の提示する「21世紀型能力」でも、「実践力」の構成要素となる「人間関係形成力」を重視している。「よりよく生きる力」の基礎となる道徳性を養うためにも、人間関係形成力は不可欠である。こうした人間関係形成力の育成は、道徳教育のみならず、市民性（シティズンシップ）教育、法教育、主権者教育、いじめ防止教育問題にも繋がっていく。

　従来の道徳授業では、主として自分自身に関することや他者との関わりに関することはしばしば取り上げるが、社会的課題は全面的に取り上げることは少なかった。現実のシビアな社会的(政治経済的)課題は、子どもには理解が難しく解決も困難なため、あえて避けて通ってきたところがある。

　また、従来の道徳授業でかりに社会的問題を取り上げる場合でも、困った問題状況を把握したり当事者の気持ちを理解したりする程度で終わってしまい、具体的に「どうすればよいか」を考え議論するところまでは踏み込めなかった。特に、利害関係がさまざまで複雑に道徳的価値が絡み合う社会的問題では、従来の道徳授業のように一

つの道徳的価値に無理に落とし込む指導法では対応できないのである。

　しかし、現実に起きている社会的問題は子どもたちが道徳的テーマを切実に考える
うえでも格好の材料を提供してくれる。情報モラルなどは、高度情報化社会に生きる
子どもにとってかなり身近な問題であるし、生命倫理や環境倫理の課題も、子どもた
ち自身が人生100年時代や持続可能な社会を考えるうえで避けて通れないテーマであ
る。

　社会的問題は簡単には答えが出ない（絶対的な正解はない）からこそ、子どもたち
自身が真摯に向き合い、協働して議論することで視野が開けていき、公共的で社会的
な想像力が高まり、人間のあり方や自己の生き方に関する意識も高まっていく。

2　資質・能力としての社会性と道徳性

　基本的に社会科では社会性（公共性）を育て、道徳科では道徳性を育てることにな
る。実際の社会的問題や道徳的問題を解決するためには、どのような資質・能力が必
要となるだろうか。両者に共通性はあるのだろうか。

　そもそも社会的問題にはさまざまな立場の人々や問題が絡み合っており、そこには
多様な見方や考え方が存在し、一面的・一方的な道徳的価値で捉えきれるものではな
い。それゆえ、自分の意見を主張するだけでなく、自分と異なる他者の見方や考え方
にも耳を傾け、多様な価値観の人々と協働して問題を解決していこうとする意欲や態
度をもつことが大事になる。

　同様に、道徳的問題でも単独の道徳的価値だけに支配されているわけではないた
め、ねらいとする道徳的価値だけを無理に教え込もうとしても無理が生じる。道徳的
問題を扱う時こそ、複数の道徳的価値に配慮し、総合的な見地から多面的・多角的に
考え議論することが大事になる。子どもたち一人ひとりの多様な価値観を認め合い尊
重し、寛容な態度を養うことが必要となるため、安易に一つの道徳的価値を押し付け
たり、特定の見方や考え方に限定したりする指導にならないよう留意したい。

　ところで、社会的問題を取り上げた場合、それは大人が責任もって取り組むもので
あり、子どもに考えさせるのは荷が重すぎると指摘されることもある。また、かりに
子どもが社会的問題の解決に取り組んだところで、実際にその解決策を実行できるわ
けではないため、あまり意味がないのではないかと指摘されることもある。しかし、
子どもも社会の一員である以上、社会的問題と無関係であるわけではない。学校も萌
芽的な社会的共同体である以上、学校における子どもの日常生活を注意深く観察する
と、そこには社会的問題が多分に含まれている。子どもの発達の段階に応じて、現代
的な課題と身近な問題を結びつけて、自分との関わりで考えられるようにすることが
求められる。

　これからの道徳科でも、子どもたちが社会的問題に取り組み、広い視野で物事を考え問題解決する学習をめざすべきである。もちろん、道徳授業で社会的問題について話し合うことは、一種の思考内シミュレーションであって、実際に社会的問題を解決するわけではない。それでも、登場人物の立場で子ども自身が社会的問題に向き合うことで、当事者意識をもって多面的・多角的に考え判断し議論する資質・能力を身に付けることができるようになる。

　このようなプロセスの中で、子どもは社会のある利害関係者の間で起きた問題状況を把握し、その原因を分析し、利害関係者が納得し合えるように解決策を考えられるようになる。こうした社会的問題の解決能力は、道徳性だけでなく社会性や倫理性にも関わる総合的で実際的な資質・能力でもある。

　こうした社会的な問題解決能力に必要となる構成要素としては、①感受性（当事者の困りごとに共感する能力）、②問題解決に向けて多様で柔軟に考える力、③多方面に配慮する（複数の当事者に気を配る）能力、④他者とコミュニケーションする能力、⑤交渉する能力など多数ある。

　次に、社会的問題に関わる道徳的諸価値にはどのようなものがあるだろうか。社会的問題の場合、学習指導要領の内容項目でいうCの領域（主として集団や社会に関わるもの）が中心となる。例えば、内容項目のCにある「規則の尊重」「公正、公平、社会正義」「社会参画、公共の精神」「遵法精神、公徳心」「国際理解、国際親善」などを、授業の中心価値として置くことが多い。

　ただし、上述したように社会的問題は単一の道徳的価値に縛られることはなく、他の領域の道徳的諸価値も多く含むことになる。例えば、Bの「相互理解、寛容」「思いやり、感謝」、Dの「生命の尊さ」「自然愛護」「よりよく生きる喜び」、そしてAの「善悪の判断、自律、自由と責任」「節度・節制」などの道徳的諸価値と深く関連するところもある。具体的には、持続可能な社会の発展をめざす道徳授業では、環境、貧困（経済格差）、人権、平和、開発などさまざまなテーマと関連してくる。これらの問題には、生命や人権、自然環境保全、公正・公平、社会正義、国際親善などさまざまな道徳的価値にかかわる葛藤が含まれている。

　このように、社会的問題は単一の道徳的価値だけでなく、多様な道徳的諸価値と関連してくる。角度を変えて問題や課題を見ながら、周辺にある複数の道徳的価値も総合的に俯瞰することが大事になる。従来の道徳授業のように、単一の道徳的価値を理解させることだけに傾注するのではなく、さまざまな道徳的諸価値の絡まり合う社会的問題をも解決する資質・能力としての道徳性を育成することに重点をおきたい。

3　社会的課題に対応した道徳授業の先行研究

　社会的問題に対応した道徳授業は、海外では一般的によく行なわれている。

　3章1節で示したように、古くは、デューイ（John Dewey）が社会的問題をテーマに道徳（倫理）授業を展開している。被災者への支援に関わる具体的な問題を挙げ、そこから子どもたちに道徳的法則や道徳的義務の本質を考察させ、過去の経験や現在の状況や将来の希望を考え合わせて、実践可能な解決策を協働探究できるようにした。

　こうした道徳授業では、子どもが自ら道徳的問題を感受し解決策を探究しながら総合的に価値判断することができる。子どもはさまざまな解決策を構想し、それを比較検討しながら絞り込む過程で、その道徳的な理由を推論し表現する能力を育成することができる。また、子どもは自発的な衝動や欲求から生じた狭小で独善的で利己的な考えから脱け出して、自他の欲求や行為の結果を熟慮し、そこから影響を受ける「人間の幸福」や「共同の福祉」を促進するような考えに至り、相互に納得して合意を形成できる解決策を練り上げられるようになる。

　近年でも、R.C.ポポフは『ヴァーチューズ・プロジェクト』の中で社会的問題を扱う指導法を提唱している(1)。学習指導過程としては、①何があったのかを聞いて問題を明確に理解する、②関係者の言い分に耳を傾けて、中立的な立場で共感的に理解する、③どうすればよいかを両者と共に考え、互いに納得できるように改善・修正を図る。この第三の段階において「どうすれば公平だと思いますか」、「平和的に解決するためにはどうしたらよいと思いますか」などと問いかけ、議論を促す。

　こうした道徳授業では、子ども同士で話し合う過程で、問題の当事者が本当のことを語る「誠実さ」、問題解決の新しい方法を見つける「創造性」、間違いを認める「責任」などが求められる。また、授業の最後には、問題の解決策を自由に討論できたか、納得できる解決策に同意できたか、解決策がうまくいっているかどうかを報告してもらう。

　また、R.J.ボールディンは『紛争解決教育』の中でさまざまな社会的な争いごと（紛争）を解決する授業のあり方を提案している(2)。まず、資料を提示して社会的問題の当事者たちが争っている内容を理解する。次に、当事者たちの共通する利害を確認する。ここでは隠された主題や共通する利害を確認し、話し合いの優先順位を決める。第三に、当事者の立場になって複数の解決策を具体的に作成する。各自の関心事に共通する欲求、利害、対立を探究し、解決策を考え、それぞれの結末を予測する。こうした指導過程で子どもたちが実際に争いの解決に取り組み、解決する力を育成できるようにする。

　これから道徳科では子どもたちが将来出会うであろう道徳的・社会的問題を取り上

げる必要がある。その際、これまで社会的問題を取り上げて問題解決学習を積極的に行なってきた社会科の授業スタイルが最も参考になる。実際のところ諸外国では、道徳科の授業を社会科の免許をもつ教員が（特に中学校レベルで）専任で受けもつ場合が少なくない。

4　戦後の社会科と道徳との関係

　これまでわが国の道徳授業では、国語科の指導法にならって、読み物教材に登場する人物（特に主人公）の気持ちを理解させ、そこに含まれる道徳的価値を教えようとする指導が多かった。世界的に見ると、20世紀初頭までは国語科の指導法に倣って、登場人物の気持ちを読みとらせる授業をする国々もあったが、指導の効果がないため廃止している。そして20世紀も後半に入ると、たいていの国々では道徳授業でも社会科の指導法を参考に、子ども自身が道徳的問題を主体的に考え議論する授業を行なっている。このあたりはわが国の特殊な歴史的背景があるため概観しておきたい。

　戦前の修身科では、国定教科書を用いて先人・偉人の教訓的な話や模範的な事例を取り上げ、それを子どもに見習わせようとする指導が多かった。それに対して、戦後は、戦前の修身科への反省もあり、社会科の中に道徳教育を取り入れ、「社会生活についての良識と性格を養うこと」がめざされた。

　社会科の下位目標としては、第一に「生徒に各種の社会、すなわち家庭・学校及び種々の団体について、その構成員の役割と相互の依存関係とを理解させ、自己の地位と責任とを自覚させること」である。第二に、「自分で種々の情報を集めて、科学的総合的な自分の考えを立て、正義・公正・寛容・友愛の精神をもって、共同の福祉を増進する関心と能力を発展させる」ことである。この時点では、社会科が道徳教育を兼ねており、価値判断や意思決定の教育もしていたところがある。当然ながら、教師が子どもに道徳的価値を教え込むような授業ではなく、子ども自身が諸問題を主体的、民主的、批判的に考え議論する授業であった。

　その後、学校教育における道徳的な混乱や少年犯罪の増加などを受けて、わが国でも社会科とは独立した道徳授業を設置しようとする機運が高まり、昭和33（1958）年に「道徳の時間」が特設されることになる。「道徳の時間」が特設された当初は、さまざまな指導法が提案され、社会科に倣って社会的問題を解決する学習や日常生活の問題（行動）を解決する学習も盛んに行なわれていた。

　その後、1960年代半ばに道徳授業の指導法を独自に確立させようとする動きがあり、社会科や特別活動（学級活動）から距離を置いて、国語科の指導法を見習った「読みとり道徳」の授業が確率されていく。この指導法は、国語科における物語文の指導法を借用して、登場人物の気持ちや作者の意図を読みとり、教材がねらっている道徳

的価値を自覚（理解）させようとするものである。教材には作者の意図が反映されており、そこに含まれた道徳的価値を読みとらせることで道徳授業のねらいに迫ることになった。

　この指導法では道徳的問題の答えが初めから決まっているために、子どもたちは登場人物の気持ちを推測したり、教師のねらいを忖度（そんたく）したりして、ねらいとする道徳的価値を理解したことと見なされた。そこでは、子どもが道徳的問題を主体的に考えたり批判的に議論したりすることはできず、多面的・多角的に考えたり協働して問題解決したりすることもできなかった。

　そうしたわが国特有の歴史的な経緯や事情をふまえ、2018年度から小学校で新たに「特別の教科　道徳」を設置するうえでは、従来のように登場人物の心情を「読みとる道徳」から、人生の諸問題を「考え、議論する道徳」へと質的転換を図ることがめざされた。

　社会の大きな変動に前に、従来のように1回の授業で単一の道徳的価値を教え込むようなスタイルではなく、さまざまな道徳的問題に向き合い、多面的・多角的に考え新しい価値観を創造するような指導スタイルが求められたのである。

　そもそも道徳教育の目標は、学習指導要領の総則（第1章第1の2の中段）に示されているように、「自己の生き方（人間としての生き方）を考え、主体的な判断の下に行動し、自立した人間として他者と共によりよく生きるための基盤となる道徳性を養うこと」（括弧内は中学校）である。こうした「よりよく生きるための基盤となる道徳性」を養うためには、子ども一人ひとりが現代的課題を含めた人生の諸問題に向き合い、どう生きればよいかを主体的に考え、よりよいと判断した行為を具体的に実践していくことが必要となる。

　こうした道徳教育の目標を具現化するために、新しい道徳科の目標は、「道徳的諸価値についての理解を基に、自己を見つめ、物事を（広い視野から）多面的・多角的に考え、自己の（人間としての）生き方についての考えを深める学習を通じて、道徳的な判断力、心情、実践意欲と態度を育てる」（括弧内は中学校）に刷新された。

　従来の「道徳の時間」では、既定の道徳的価値を子どもに自覚させることそれ自体が目標のように捉われてきたが、道徳科の目標では、道徳的諸価値についての理解を考え議論するうえでの前提条件（手がかかり）と見なし、あくまでも大事なのは「道徳的な判断力、心情、実践意欲と態度」という資質・能力の育成であることを強調したのである。

5　社会科と道徳科のめざすもの

　道徳科がめざすこうした指導法、つまり、子どもが主体的に考え協働的に議論する

指導法を戦後から一貫して行なってきているのが、社会科である。

　新学習指導要領における社会科の目標は、「社会的な見方・考え方を働かせ、課題を追究したり解決したりする活動を通して、グローバル化する国際社会に主体的に生きる平和で民主的な国家及び社会の形成者に必要な公民としての資質・能力の基礎」（小学校）を育成することである。

　こうした社会科の目標を具現化する下位目標であり、思考力・判断力・表現力等に対応している目標が、「社会的事象の特色や相互の関連、意味を多角的に考えたり、社会にみられる課題を把握して、その解決に向けて社会への関わり方を選択・判断したりする力、考えたことや選択・判断したりする力、考えたことや選択・判断したことを適切に表現する力を養う」ことである。

　また、社会科において「学びに向かう力・人間性等」に対応する目標は、「社会的事象について、よりよい社会を考え主体的に問題解決しようとする態度を養うとともに、多角的な思考や理解を通して、地域社会に対する誇りと愛情、地域社会の一員としての自覚、わが国の国土と歴史に対する愛情、わが国の将来を担う国民としての自覚、世界の国々の人々と共に生きていくことの大切さについての自覚などを養う」ことである。

　こうした社会科の目標は、教育基本法や学校教育法に定められた教育の根本精神とも対応しており、当然ながら新しい道徳科の目標とも重なるところが多々ある。

　さまざまな価値観がうずまく現代社会において、道徳科でも「物事を（広い視野から）多面的・多角的に」考え議論する資質・能力が求められてきたのは当然である。それゆえ、今回の道徳科の設置にあたり、多面的・多角的に考え議論する指導法を確立するために、道徳科と社会科が協働して研究に取り組むことは非常に重要な意義をもつことになる。

（註）

(1) リンダ・カヴェリン・ポポフ『ヴァーチューズ・プロジェクト　52の美徳教育プログラム』、太陽出版、2005年。Linda Kavelin Popov, *The Virtues Guide: A Handbook for Parents Teaching Virtues*, Jalmar Pr, 2000.

(2) Richard J. Bodine, *The Handbook of Conflict Resolution Education*, JB, 1997.

2節　理科と道徳科—問題解決学習という架け橋—

1　問題解決学習の興亡

　問題解決学習は世界的に伝統のある、有力な学習形態の一つである。本書の第3章1節や5節で示したように、すでに19世紀末にはアメリカの教育学者ジョン・デュー

イがプラグマティズムに基づく学習理論として問題解決学習の原型を提示している。

　後に、問題解決学習は多様な形に改変され発展を遂げている。例えば、課題解決学習、プロジェクト学習、探究学習、問題に基づく学習（PBL）などと呼ばれ、さまざまな教科で広く応用されている。わが国でも文部科学省では、特定の思想や方法論に限定されないよう、「問題解決的な学習」と呼んで、各教科・領域に柔軟に取り入れるよう推奨している。

　「特別の教科　道徳」においても、問題解決的な学習を積極的に取り入れ、「考え、議論する道徳」の授業スタイルに質的転換を図ることが求められている。具体的には、従来のように読み物教材に登場する人物の心情を理解させ道徳的価値を教える指導法から、子どもが道徳的問題に向き合って考え議論する指導法へとモデル・チェンジすることがめざされているのである。

　これまでも社会科や理科、総合的な学習など各教科・領域では、問題解決（的な）学習を当然のように取り入れてきたわけだが、道徳科でもようやくこうした主体的で能動的な学習が推奨されるに至ったのである。

　こうした問題解決的な学習は、文部科学省が今次学習指導要領の中心的な指導法として強調している「主体的・対話的で深い学び」やアクティブ・ラーニングとも対応している。道徳科は、各教科に先行して新しい学習指導要領の完全実施に移行するため、「主体的・対話的で深い学び」を代表する問題解決的な学習を積極的に取り入れ、推進することになったのである。

　ただ一方で、問題解決学習は、昔から「児童中心主義」あるいは「はい回る経験主義」などと負のレッテルを貼られ、学力低下の原因などと批判されてきた経緯がある。知識注入型の教育や計画的な系統学習を支持する守旧派にとって、問題解決学習は知識理解において効率が悪く、分別に欠ける指導法と見なされがちである。道徳科においても、守旧派は、従来のように登場人物の心情を読みとり、道徳的価値を教え込む授業の継承を望んでおり、問題解決学習を取り入れた道徳授業を警戒している。

　以上のような諸事情を踏まえ、本稿では、まず道徳科における問題解決学習の在り方を示すために、まずデューイの理論と関連づけて原型を確認する。次に、道徳科の問題解決の学習過程を考察する。最後に、道徳教育の見地から理科教育へのメッセージを述べることにしたい。

2　デューイの問題解決学習

　そもそも問題解決学習の創始者であるデューイは問題解決をどのように考えていたのかを確認したい。

　デューイはプラグマティズムあるいは実験主義の見地から、問題解決の思考過程を

分析し、それを学習方法に適用した。デューイが道徳授業の起点として考えていたのは、子どもが道徳的な対立や葛藤を見出すところである。対立する価値観の間で生じた問題をいかに解決するかを主体的に考え、判断するところから道徳授業は始まるべきなのである。

　デューイの考える問題解決学習の過程は、以下のように示される。まず、子どもは道徳的問題に関する状況やその人間関係を把握し、その問題の本質を認識する。次に、この認識に基づいて複数の解決策を行動方針として立案する。第三に、この複数の行動方針を比較検討して、最善を決定する。実際の授業では、これらの段階を形式的に捉える必要はなく、子どもが問題解決する際の偶発的な思考過程に沿って臨機応変に対応することになる。また、話し合いで決定した行動指針を授業後に実際に行なうことによって、その効果を検証することもできる。

　このようにデューイの考えた問題解決学習は、科学的（実験的）方法に則った合理的な指導方法だったのである。

3　道徳科における問題解決

　次に、デューイの問題解決学習を参考にして、道徳科の学習指導過程を検討してみたい。

　まず、道徳的問題を含んだ教材を読み、問題状況を正確に把握する。ここで「何が問題になっているか」「誰が何をどう迷っているのか」などを具体的に理解し、問題状況の共通認識を図る。

　ここで必要なのは、冷静で客観的な観察力によって人間の相互作用における現実的な状況を正確に把握することである。また、その問題状況における関係者の目的や利害関係を理解し、誰が誰に何を求めているのかを洞察することである。こうした冷静な観察力と共感的な想像力を働かせ、道徳的問題の原因や本質を的確に判断できるようになる。この段階までは、問題発見学習と言える。

　この後、この道徳的問題をどのように解決するかに取り組む。ここでは「どうしたらよいか」を具体的に考え議論することになる。

　問題状況から道徳的原理や道徳的義務の本質を考察させ、過去の経験や現在の状況、そして将来の希望を考え合わせて、実践可能な解決策を協働して探究する。

　こうした問題解決の際に重要なのは、教材をテキストとして柔軟に捉えて、子ども自身の経験に即した解釈や子どもの人生にとって意味のある解釈を許容し、自由な発想から多様な解決策を構想することである。

　その後、グループやクラス全体で問題解決を話し合ったり、問題場面を役割演技したりして議論を深めていく。子どもが想定した解決策を実際に行なったらどうなるか

を考えるために、一種のスキル・トレーニングをしたり、類題を応用問題として提示してシミュレーションしたりすることもできる。

　このように道徳科の問題解決学習では、道徳的な問題に関する議論を机上の空論とせず、子どもの日常生活経験と結び付けて実践力を高めようとする。こうすることで子どもは道徳的な思考と感情と行為を統合し、道徳的な見方・考え方を発展させ、授業後の実践や習慣にも繋げていき、人格の形成にも役立てていくのである。

4　問題解決的な学習の留意点

　道徳科における問題解決的な学習は、冒頭で述べたように、今次の学習指導要領で重視する「主体的・対話的で深い学び」にも対応している。そこでは、子どもが道徳的問題を主体的に考え判断し、友達や教師たちと対話や議論を行ない、問題発見と問題解決を通して「深い学び」にしていく。

　そうした学習過程では、道徳的諸価値を理解するだけでなく、それらを活用・汎用できる道徳的な見方・考え方を身に付けていくことが大事になる。こうした道徳科の問題解決的な学習の留意点を見ていきたい。

　一つ目は、子どもが「答えが（一つでは）ない問題」に向き合い、主体的に「自分ならどうするか」を考え議論することができるようにすることである。

　従来のように、登場人物の心情理解に偏った道徳授業では、答えが決まっているため、ねらいとする答え（道徳的価値）を教え込もうとする傾向があった。こうした徳目主義の道徳授業では、子どもが自由に主体的な思考・判断・表現をすることができない。そもそも道徳科の内容項目で示される道徳的諸価値は、あくまで指導の手がかりとなるものであり、それ自体が道徳科の目標ではないし、評価の対象でもない。

　二つ目は、子どもが道徳科の授業で学んだ見方・考え方を現実世界にも適用できるようにすることである。道徳科を設置する理由の一つに、従来の（心情理解に偏った）指導法には実効性がないため、問題解決的な学習を取り入れて効果性を高めようとするねらいがあった。こうした問題解決的な学習は、いじめ問題や今日的課題（情報モラルや生命倫理の問題）にも対応できる。

　例えば、道徳教科化の端緒となったいじめ問題を取り上げた場合を考えてみよう。従来の指導法だと、被害者や加害者の気持ちを読みとって「思いやり」や「正義」を教えることに傾注し、それを実践に結び付けることはなかった。それに対して、問題解決的な学習であれば、被害者・加害者・傍観者など多様な立場からいじめ問題の課題を見出し、その解決策を複数出し合って、現実的に対応を考え、現実生活の改善・充実に役立てることができる。

5　理科教育へのメッセージ

　最後に、道徳教育と理科教育の類似点と相違点を取り上げ、両者の関係性をふまえたうえで、理科教育へのメッセージを述べたい。

　まず、道徳教育でも理科教育でも、子どもが主体的に考え、協働して議論する問題解決学習を有効利用できる点は共通している。そうした学習の過程で、子どもたちが問題状況に向き合い、その課題を発見することや、複数の解決策（仮説）を立てて比較検討しながら、真理を追究していく点、そして解決策の実施結果からその効果を検証していく点でも共通していると言える。

　一方、道徳教育では、追究すべき真理は、「自己の生き方」や「人間としての生き方」であるため、そこに文化的・社会的・歴史的な要素が多分に含まれてくる。それに対して、理科教育では、あくまで科学的真理を純粋に追究するため、より客観的・普遍的である。

　また、道徳教育の場合、授業で話し合ったことを行為や習慣に繋げることが求められるが、実際には難しく検証しにくい。それに対して、理科教育では科学的な実験を通して、仮説の真理性を検証することができる。もともとデューイは問題解決学習を科学的方法になぞらえて開発したわけだが、解決策（仮説）を実験で検証する点では、道徳教育よりも理科教育の方で有効活用されていると言える。

　こうした相違点があるにもかかわらず、道徳教育と理科教育は、問題解決学習を取り入れることで共通点が増えている。両者とも、子どもたちが旧来の観念的・独善的なドグマ（教義）に拘束されることなく、自由な発想により主体的で協働的に問題解決を行ない、真理を実験的精神で探究することができる。今後も道徳教育と理科教育の双方で学問的・教育的な発展を遂げるために、こうした問題解決学習の視点から共通点を見出し、啓発し合い補完し合うことが有意義であろう。

3節　家庭科と道徳科

はじめに

　家庭科教育の目標が、将来の生活を展望して、課題をもって生活をよりよくしようとする能力と態度を育てることであるとすれば、そこには多分にして道徳的な意味合いが含まれる。よりよく生きる力（生活力）を育成することは、そのまま道徳教育の目標ともなり得るからである。

　一方で、道徳教育（道徳の時間）の目標が、道徳的価値の自覚を深め、自己の生き方や人間としての生き方について考えを深め、道徳的実践力を育成することであると

すれば、そこには家庭科的な意味合いがあることもまた確かである。本来、道徳教育は子ども一人ひとりの私的な生き方や生活様式にかかわる指導であることを考慮すれば、日常生活における適切な行為や習慣に関して指導し、自主性や自立心を育成し、心身の調和のとれた発達を図るうえで、家庭科教育と密接に連携しなければならない。

　こうした点から、家庭科教育と道徳教育は本来、子どもが自分らしくよりよき生き方を身につけ、持続可能な社会を築くために、連帯することが可能な関係にあると言ってよいだろう。

　ただし、現行の家庭科教育と道徳教育では、指導内容もさることながら、教育課程上の位置づけも大きく異なる。つまり、家庭科教育は正式な科目であるが、道徳授業はようやく「特別の教科」になったばかりである。正式な教科である家庭科教育は、当然ながら専門免許や検定教科書があり、生活の自立に必要な基礎的・基本的な知識や技術を系統的かつ計画的に教えることができる。また、家庭科は学習した成果として子どもの知識・理解や技能などをきちんと数値で評価することもできる。一方、道徳教育は今日、領域から「特別の教科」へ格上げされたが、まだ専門免許もなく、指導すべき内容項目や指導法も独特である。また、道徳性が人格全体に関わるものであるため、道徳授業では数値等による評価も行なわれないことになっている。それゆえ、道徳は公立小・中学校の時間割上に週一時間は設定されていても、実施率が低く、学級活動や学校行事に転用されることもある。こうした道徳教育は「形骸化している」「実効性がない」と批判されることが多いため、筆者も委員として参加した平成26年の中央教育審議会（道徳教育専門部会）では、道徳を実効性の高い教科にすることを提言した。

　こうした今日的な諸課題を考慮すると、家庭科教育と道徳教育の相違を強調するよりも、両者の緩やかな融合や連携にこそ注目する必要があると思われる。こうした構想を現実化し、持続可能な社会を築くためにどうすればよいだろうかを以下で考えることにしたい。

1　実生活で役立つ道徳

　家庭科教育では、衣・食・住などに役立つ実践的な知識や技能を習得することが目標であるため、単なる知識や技能を理解するだけでなく、現実的に活用できるようになることが重要になる。こうした家庭科教育は、実生活に密接に結び付いているため、単なる机上の空論ではなく、実践的・体験的な学習活動を通して、実際に自立できる能力を養っていくことが大事になる。家庭科はまさに実効性ある教育をめざしていると言えるだろう。

　それに対して、道徳教育（授業）は観念的（理念的）な学習になりがちであり、実生活に役立つ実践的な知識や技能を習得する場にはなっていないのが現状である。道徳授業では、道徳的価値の自覚を深めるところに重点を置き過ぎるため、現実の道徳的生活から乖離（かいり）してしまいがちである。しかし、子どもたちがどれほど立派な道徳的価値を学び覚えたところで、それを実生活では生かせないようであれば意味がない。逆にいえば、子どもたちが実生活でよりよく生きるうえで役立つ知識や技能を習得できるのであれば、その学習は道徳的な意味合いをもつことになる。

　もちろん、道徳授業では人間として理想的な生き方を教えることが多いため、それをそのまま子どもが実践することは難しいだろう。今日の子どもは仮想現実（バーチャル・リアリティ）に慣れているため、単に知識として覚えることと実際に行なうことを切り離す傾向が強い。こうした現実と理想、本音と建前を巧みに使い分けることで、言行不一致が起こりやすくなる。道徳教育が形骸化しやすいのは、授業で道徳的価値の自覚をどれほど深めても、実際にはそうした道徳的行為ができないからである。これは家庭科教育でいえば、授業でボタンの付け方を学んだのに、実生活ではボタンを付けられないのと同じである。道徳授業でも「思いやり」を学んだ後に、すぐいじめが起きてしまうようでは、実効性が疑われても仕方がないだろう。

　かつて教育学者のジョン・デューイは『学校と社会』において、学校が子どもの生活経験から切り離された形式的な知識や技能を教え込もうとする点を批判し、子どもが興味や関心をもって生活経験に結び付いた学習活動をすることの大切さを強調した。デューイが指導したシカゴ大学付属実験学校では、子どもが主体的に取り組む学習活動の中に国語、社会科、算数（数学）、家庭・技術、美術などの多様な要素を盛り込んで、総合的なカリキュラムを組んだ。ここでは子どもたちが協働探究しながら、主体的に判断し問題を解決するという経験的な学習を通して、道徳的な知識や技能も自然に習得できるように工夫されていた。

　その意味で、家庭科教育では道徳的な知識や技能を習得できる場が豊富に提供されている。例えば、身の回りの物を整理・整頓すること（節度・節制）、自分らしい衣服を着る（個性の伸長）、幼児の世話をすること（親切・思いやり）、家で食事の用意や掃除を手伝うこと（家族愛）、多様な人々と共に生活すること（公徳心・社会連帯）など枚挙にいとまがない。家庭科教育で子どもが学んだ知識や技能が実生活に生かされ、より良く生きることに繋がれば、それは正に道徳教育にもなるのである。

　その意味では、家庭科教育と道徳教育を連携させて総合単元的に取り組むことも望ましいだろう。例えば、道徳授業において班活動で自分の役割を果たし、互いに協力し合うことの大切を学んだ後に、自然体験活動で皆と一緒にテントを張ったりカレーを作ったりして協力の大切さを実感することができる。また、道徳授業で他者に親切

にする心を養った後に、幼児や高齢者とふれ合う活動を行なってもよいだろう。ある中学生は幼児とブロック遊びをしてあげたが、その幼児がふざけて積み上げたブロックをすぐ壊してしまうために、怒って遊びを止めてしまった。その後、家庭科の授業で幼児の発達段階を学ぶ中で、「あの子はブロックを壊すことが楽しい遊びだったのに、僕はそれに気づかなかった。あの遊びは本当の親切になっていなかった」と述べている。こうした家庭科の体験活動に基づいて道徳的価値の自覚を深めることも多いのである。

2　問題解決的な学習や体験的な学習の活用

　家庭科教育と道徳教育では指導法の違いも大きい。冒頭で述べたように、家庭科教育では衣・食・住などに関する実践的・体験的な学習を積極的に取り入れ、生活に役立つ知識と技能をバランスよく教えている。それに対して、道徳授業ではいまだに読み物資料を読んで、主人公の心情を考えるような旧式のスタイルが多い。今日では、いじめ、情報モラル、生命尊重、環境保全などの課題が続々と現われ、規範意識の低下や人間関係の希薄化なども問題視されている。こうした答えが決まっていない問題に対応しなければならないため、道徳教育でも家庭科教育のように現実的・体験的な学習など多様な指導法を取り入れることが求められている。先の中教審の答申でも、道徳授業に「習慣や行為に関する指導」「問題解決的な学習」「体験的な学習」などを積極的に導入すべきであると提言している。

　こうした今日的課題に問題解決的な学習を取り入れると、家庭科教育と道徳教育はより一層関連してくる。こうした学習では、まず人間の生活経験に関連した問題状況を理解し、その因果関係や人間関係も踏まえたうえで、どうすれば解決できるか考え、可能なら実践してみることが大事である。従来の道徳授業では、資料に登場する人物の気持ちを考えるだけで、実践することは想定されていなかった。しかし、家庭科教育と道徳授業を関連づければ、実際の問題場面を想定して、実践可能な解決策を出し合い、皆でより良い生き方や人間関係について話し合うことができる。その際、諸々の解決策を役割演技（ロールプレイ）、ソーシャル・スキル・トレーニング、あるいはセルフ・アサーション・トレーニングを取り入れてより実用的なものに洗練することができる。

　家庭科教育では、現代社会で論争になりやすい道徳的テーマを取り扱うことも多い。例えば、育児を誰がどのように担当すべきか、夫婦の関係はどうあるべきか、キャリアをどう形成すべきか、いかにして持続可能な社会を作るか。今日はライフスタイルや価値観が多様化するからこそ、よりよい生き方を皆で模索し、いかに実現していくかが大事になる。

　問題解決をするポイントは、可逆性、普遍性、互恵性のテストをすることである。可逆性のテストとは、「自分が相手の立場でも、そうされてもよいか」を問うことである。普遍性のテストとは、「いつどこで誰に対しても同じことをするか」を問うことである。互恵性のテストとは、「その結果に影響を受ける者全員が幸せになれるか」を問うことである。単に自分の幸福だけを考えるのではなく、将来の社会や世界の福祉を考え、持続可能な社会を創るところまで考えが及ぶようにするのである。

　また、体験的な学習を取り入れると、家庭科教育と道徳教育はより密接に関わるだろう。例えば、生命尊重の教育をするうえで、道徳的な物語を読むだけでなく、聴診器を使って自分や友達の心臓の鼓動を聞いてみる体験をしたり、妊婦さんのお腹を触わらせてもらう体験をしたりすることが、深い生命尊重に繋がることもある。

　また、心身に障害のある人たちの気持ちを理解することは意外に難しいものである。そこで、道徳授業の中で目隠しをした人を誘導したり、体中にたくさんの重りをつけて歩行したりする体験をしてみるのも有意義である。また、後に倒れて他人に支えてもらう体験（トラスト・フォール）をしたり、車イス体験をしたりすることも道徳科と家庭科をつなげるだろう。

3　学校と家庭の連携・協力

　家庭科教育と道徳教育を結び付けるためには、学校と家庭がしっかり連携・協力を図る必要がある。連携・協力の仕方にはいろいろあるだろう。例えば、家庭科教育の実践として家の手伝いをする場合、家族がその行為の道徳的な価値づけをして認め、励まし、勇気づけることができる。生活の自立、精神的な自立、経済の自立が達成されるたびに、家族がそれを温かく見守り、時に助言や示唆を与え、学校にも報告することができる。

　また、道徳教育の方でもその全体計画や年間指導計画をホームページ等で示したり、学校の取り組みを学校通信や学級通信で示したりしていくことができる。親の道徳的価値観と学校の道徳的価値観がずれているようでは効果がないばかりか、子どもたちを混乱させることになる。また、道徳授業や全校集会に家族や地域の人々をゲスト・ティーチャーで招くこともできる。また、運動会や学芸会などの学校行事や地域行事（餅つき体験や神輿担ぎなど）において学校と家庭・地域の連携を図ることも重要である。核家族が増えた現代だからこそ、さまざまな家庭や地域の人々と子どもたちが豊かな人間関係を築き、多様な価値観を理解することが役に立つ。

　その際、教師と保護者が子どもに道徳的模範を示すことも大事である。子どもは道徳教育や家庭科の授業で形式的な生き方や価値観を教えてもらうより、教師や保護者が実際に生き生きと示す後姿を見ることから影響を受け、模倣（モデリング）していく。

だからこそ、教師と親はどのような子どもを育てたいかとことん話し合い、その道徳的諸価値観を共有して、それらを学校や家庭や地域の教育活動全体に浸透させていかなければならないのである。

おわりに

　以上、家庭科教育と道徳教育の相違点と共通点を提示すると共に、両者の連携・協力によって可能となる教育活動のあり方を検討してきた。今後、道徳教育が教科化することで家庭科教育との関連性はますます強まっていくだろう。こうした家庭科教育と道徳教育を統合した実践的な教育体制を構築することで、子どもたちは豊かな生活経験に基づいて自立的な生きる力を育むと共に、自他を尊重し合い支え合い社会的責務を果たしていく中で、持続可能な社会を築き上げていくことができるだろう。

4節　特別活動と道徳科

はじめに

　特別活動では従来から人間形成機能が重視され、子どもに自発的・創造的な学級活動や各種の集団活動を経験させると共に多様な体験活動を促すことで、実践的で問題解決的な能力を身につけ、豊かな人間性や社会性を育成することが求められてきた。学習指導要領でも、特別活動において子どもの成長段階の実態や活動の特性をふまえ、よりよい生活や人間関係を築こうとする自主的・実践的な態度、および集団の一員としてよりよい生活づくりに参画する態度を育成することが重視されている。

　また、子ども同士のコミュニケーション能力や社会経験が不足している実態を踏まえて、体験活動を一層充実させることが必要とされた。特に、今日の情報社会では、子どもがテレビやインターネットなどの仮想現実における間接経験が増加して現実世界の体験が欠乏する中では、子どもの生活経験に根差した体験活動や奉仕活動が重視される。さらに、子どもの日常生活を改善するための話し合い活動、さらには多様な異年齢集団による活動を充実させ、総合的に人間関係能力や問題解決能力を育成することが重要となる。ただし、こうした体験活動や奉仕的活動が場当たり的な活動や自由放任的な活動になってしまい、子ども一人ひとりの問題解決能力を適切に育成できない場合もある。そこで、年間計画に基づく体系的で組織立てられた体験活動に構成すると共に、学校の教育活動全体を通して豊かな体験活動を仕組んでいくことが課題となっている。

　さらに、子どもの人間関係の希薄化や規範意識の低下が指摘されたうえで、特別活

動と道徳教育の関連性も強調されている。学校における道徳教育は、道徳科を要として学校の教育活動全体を通じて行なうこととなっているが、特に実践面に関しては特別活動などと連携して行なうことが期待されている。今日の学校教育では、道徳性の構成要素となる道徳的心情、判断力、実践意欲と態度については道徳授業で育成し、それらを実際の学校の生活場面で生かす道徳的実践については特別活動などで行なわれることが当然のように想定されている。その意味で、道徳的実践を指導する特別活動のあり方が強く求められているのである。

実際、これまでも道徳的実践の指導の充実を図るという観点から、特別活動の目標や内容が設定されている。例えば、特別活動の目標には道徳の目標と同様に、小学校では「自己の生き方についての考えを深める」こと、中学校では「人間としての生き方について自覚を深め」ることが学習指導要領に明記されている。特に、特別活動においては、「道徳教育の重点などを踏まえ、各学年で取り上げる指導内容の重点化を図ること」も記された。

また、『学習指導要領解説 特別活動編』でも、道徳教育や道徳の時間との関連性について詳述されている。その中で、特別活動は道徳教育との結び付きは極めて深いと記されて、「特別活動における学級や学校生活における望ましい集団活動や体験的な活動は、日常生活における道徳的実践の指導をする重要な機会と場であり、道徳教育に果たす役割は大きい」と記された。確かに、道徳的実践の機会としては、特別活動における学級活動や学校行事、児童会活動・生徒会活動、クラブ活動、部活動などが適している。そこでは当然ながら、友情、思いやり、協力、連帯、感謝などの人間関係、役割や責任、奉仕、規律や生活習慣、決まりの順守などの道徳的実践を行なうことができる。以上のことから、特別活動においていかに道徳的実践の指導をするかが今日的な課題となってきた。

ここで歴史を振り返ると、戦後わが国の教育は、ジョン・デューイの教育理論から影響を受けることで、子どもの日常的な生活経験と有機的に関連づけた学校の教育活動全体を通して、子どもの成長を促進する教育方針を導入してきた。戦後の特別活動を振り返ると、1951年の学習指導要領（試案）では「特別教育活動（special curricular activities）」と呼ばれ、その中で「教科の学習においても、“なすことによって学ぶ”という原則はきわめて重要であるが、特に特別教育活動は、生徒たち自身の手で計画され、実行され、かつ評価されなければならない」と記されている。これはデューイの教育理論に基づく「なすことによって学ぶ（learning by doing）」が当時の特別教育活動を根拠づけていたことがわかる。この後も半世紀にわたって特別活動では、子どもが自ら課題を見つけ、主体的に判断し行動して、よりよく問題を解決する能力を育成するために、デューイが構想した問題解決法（problem method）の学習（以

下、問題解決学習と呼ぶ）を積極的に取り入れてきた。こうした特別活動の指導方針は、他の教科の学習や生活科、あるいは道徳や総合的な学習の時間とも共通していたと言えるだろう。

　ただその一方で、進歩主義教育運動の中では子どもの興味・関心や自主性を尊重し過ぎることで、偏向した児童中心主義や無責任な自由放任主義が横行して、安易な体験活動が「這い回る経験主義」などと揶揄されたこともあった。しかし実際のデューイは、子どもの興味や関心を偏重する進歩主義教育の動向には注意を促し、計画的かつ系統的に子どもの判断力、心情、実践力を総合的に育成することをめざしていたのである。

　こうしたデューイの教育理論を再検討することは、わが国の道徳教育を根本的に改善するうえでも示唆するところが大きいと思われる。従来の道徳授業は、学校の教育活動全体で行なう道徳教育を補充・深化・統合するという名目で特設されているが、実際のところ、資料を読んで登場人物の心情や態度を分析して、子どもに道徳的価値の自覚を促すという感情主義・徳目主義・形式主義の枠組みからなかなか脱却できずにいる。そのため、従来の道徳授業は道徳的心情を追求することに執着するあまり、実際の道徳的行為には直接的に繋がらず、その延長にある道徳的習慣の形成にも至らないため、人間形成機能としては不足している。こうした道徳授業は、子どもの「生きる力」の中でも「豊かな人間性」を育成することに重点が置かれ、特別活動や総合的な学習の時間は「生きる力」の中でも問題解決能力を育成することに重点が置かれる傾向がある。しかし、実際には子どもの生活経験に即した問題場面に協働的に取り組むことで、豊かな人間性と問題解決能力を同時に育成することが極めて効果的であると考えられる。こうした見地をふまえ文部科学省でも従来の道徳授業における心理学的側面や実践的側面を補強するために、小・中学生用の『心のノート』を作成し、それを改訂して『私たちの道徳』を作成して、より認知的側面・情緒的側面・行動的側面にバランスよく働きかけようとしている。

　ただし、この場合でも、必ずしも道徳的実践として体験活動や社会奉仕活動が系統的かつ計画的に仕組まれているわけではない。この点でも道徳と特別活動を連携させて、総合的な道徳性を育成することが課題となるのである。

　以上のような諸課題をふまえて、問題解決能力を育成する特別活動のあり方を追求するために、本稿では特別活動をデューイの教育理論とプラグマティズムに関連づけて検討し、その具体的な問題解決的アプローチを明らかにしたい。また、学校の教育活動全体で行なう道徳教育とも関連づけて、道徳的実践を指導する特別活動のあり方を検討したい。

1　デューイの教育理論と特別活動

　デューイは旧来の学校教育の問題点として教師主導で知識の詰め込みをする点や子ども同士の競争を駆り立てる点を指摘している。こうした外面的な動機づけによって学習させると、子どもに利己主義的な動機や判断基準を教え込むことになり、自ら学び考え行動することができず、また仲間との連帯意識や社会的な奉仕の精神を育むことができないと考えたのである(1)。こうした外発的動機づけは、ある意味で社会的ではあるが、目先の損得や懲罰に対する恐怖心や狭小な慣習に依拠することになり、利己的で孤立的で排他的な人間を形成するだけになってしまうのである。こうした当時の学校教育の問題点は、社会の変化や受験競争などの影響を受け、教師主導の一方的な授業を展開しているわが国の今日の教育事情にも共通していると言えるだろう。

　こうした旧来の教育方針に対して、デューイは子どもが本来有する活動的、構成的、表現的な衝動や本能に働きかけて内発的に動機づけ自発的な学習を促すと共に、問題解決的な学習や体験的な活動の場と機会を提供し、協調と参加を重視した相互扶助や相互奉仕の体験活動を推奨している。こうして社会的な認識力や実践力を高める問題解決型の学習方法に学校教育全体を切り替えようとしたのである。そこでは、学習目的の判断基準を現在の要求や現在の責任と関連づけ、教育を通じて経験を再構成し、現在の人生の意義を十分に理解させるような学習が保障されるのである。

　こうした見地から、デューイは学校組織を萌芽的で典型的な社会生活として共同社会的な形態にし、学校教育全体で子どもに影響を及ぼし、民主的で進歩的なアメリカ市民を育成すべきであると主張している(2)。また、日常生活に有機的に結び付いた学校の教育活動を通して、子どもが社会的行動の場面における問題や矛盾を察知し、主体的に協働探究することを重視している。このように子どもに実際の問題に取り組ませ、行為に関して判断する練習こそが、良い人格の形成には不可欠な要素であるとデューイは考えるのである。

　具体的な教育方法として、デューイは活動的な「仕事（occupations）」を通した協働学習や手工的訓練の中に教育的意義を見出している(3)。また、各教科を統一された社会生活の諸側面を認識させる手段として、人間が生活している行動の世界を人間に対して現実的なものにさせ続けている想像力を高めるために、新しい素材、新しい問題、新しい方法を導入すべきであると考える。このようにデューイは、教育方法や教育内容を子どもが物事を構成したり発表したりする形態に変えると共に、全教科を通して社会的奉仕の精神や進取の精神を育成することで、総合的かつ計画的に教育活動を行なおうとしたのである。それゆえ、デューイにとって特別活動は各教科の付け足しではなく、各教科の方を特別活動のように再構成しようとしたのである。

2　デューイの指導法と特別活動

　デューイは学校生活のあらゆる機関や教育的活動を通して間接的に行なう全面主義や生活主義の教育を提唱しているため、20世紀初頭のアメリカにおける画一的で形式的な授業のあり方には反対していた。デューイが反対した授業とは、ヘルバルト主義の流れを汲む授業構成で、単に知識や規則を知識として教え込むものである。また、知識としての観念を相互に切り離してそれぞれ単独で教え込もうとする授業は、現実離れすると共に、観念の包括的性質を喪失することになると批判する。さらに、良心を涵養しようとする授業は、常に自らの感情の状態を詮索し、密かにそれを見張る病的な良心が身についてしまう危険性があり、場合によっては感情や動機を過度に詮索する内罰的な人、病的なまでの意識過剰な人、あるいは外罰的で攻撃的な偽善者を作り上げることになると批判する(4)。

　それに対して、デューイが構想する授業とは、子どもに行動の指針として働く観念を習得させるものである(5)。ここでいう観念とは、行動や実践を方向づけ規制する機能をもち、判断力や心情のみならず行為や習慣にも関連して子どもの人格形成に寄与するものである。このようにデューイは観念と行動を結びつけて考え、それを学校教育全体において子どもの生活経験と関連づけながら「生き生きとした方法」で指導することをめざしていたのである。以上から、確かにデューイは観念を個々に教え込んだりするような旧来の授業には反対していたが、行動と結びついた観念を生き生きとした方法で教える授業には賛成していたことがわかる。

　デューイは「行動における人間関係の説明」(6) を学習するためには、単に行動の規範を教え込むのではなく、子どもがその一員である複雑な相互作用関係における人間の結び付き方について理解を深められるようにすべきであると考える。こうした授業では、従来のように知識を観念的に詰め込むことではなく、実際の人間関係の事実を探究することに焦点を当てる。デューイは、形而上学的な見地から一般的な普遍的原理に照合して行動の規範を形式的に導き出すのではなく、プラグマティズムの見地から実践的な問題で「何をなすべきか」について反省的に考察することが重要であると考えたのである(7)。教師は人間関係の現実的な問題状況を提示して、子ども自身に問題状況の本質を理解させ、その対処法あるいは解決策を考えさせることで、事例の具体性を保持しながら、法則や義務の本質を自覚するところまで深めることができるのである。

　こうして子どもたちは自分の生活経験や人生に関連した問題に取り組み、人間関係の本質に関心を寄せ、社会的な判断力と共感的な想像力をもって現実的な相互作用を見つめることで、分析力、理解力、観察力、判断力、共感力などの諸能力を総合的に高めることができるようになる。こうした問題解決をめざした授業は、わが国の場

合、特別活動の方がより現実的かつ効果的に遂行できるだろう。

3 問題解決をめざす特別活動

今度は、デューイの構想する学習指導過程を特別活動に関連づけて検討してみたい。

デューイはプラグマティズムの見地から反省的思考の過程を以下のように分析している(8)。第1に、人間が不明確でどちらともつかない状況に直面して当惑や混乱に陥る段階である。第2に、この問題状況に含まれる諸要素に試験的な解釈を施して、それらがある特定の結果をもたらす傾向を示していることを見出す段階である。第3に、問題を明確に規定してその内容を解明するために、あらゆる可能な事態を慎重に調査する段階である。その過程でテスト、検査、探索、分析などが遂行される。第4に、その結果として考案された仮説をより正確で首尾一貫したものに精緻化する段階である。第5に、現に直面している事態に適した行動計画として精緻化された仮説にもとづいて行動する段階である。このように問題状況を明確に把握し、その解決策を仮説として設定し精緻化して、実際に仮説をテストして結果を省察するのである。

こうした反省的思考を実際の授業に適用する場合に、デューイは子どもが問題を解決する思考過程に応じた以下のような学習指導過程を設定している(9)。まず、問題に関する人間関係の場面を精神的に構築し、次に、問題状況や人間関係の場面の本質を認識し、第三にその認識に基づいた解決の行動方針を立案し、最後にその行動方針を検討して自己決定する。こうした問題解決をめざした反省的思考は、子どもたちが主体的に探究的な学習に取り組むことができると共に、相互交流を通して社会性を育成することができるのである。以下では、この授業における問題解決の過程をより詳しく検討してみたい。

まず、問題に関する人間関係の場面を精神的に構築するためには、繊細で人間的な感受性によって知識の素材や対象を把握し、他人の目的利害に関することを見極め、問題状況を正確に把握する(10)。こうした情緒的反応性は、共感的で柔軟性があり、他人が要求していることを本能的に知り、臨機応変に対応することができる。

また、目的達成を志向する社会的知性によって問題状況や人間関係の場面の本質を認識することになる。問題的事態に直面して、直ちに心に浮かぶ直観的な欲求あるいは慣習的観念（常識）によって即断したのでは、自分の利己主義的な感情を満足させるだけになるため、より広い見通しを持ち、総合的で包括的な人間関係を見据えて多角的に理由を検討するのである。

次に、こうした認識に基づいて解決の行動方針を具体的に立案することになる。つまり、問題の解決策を行動方針として構想するのである。ここでも単なる慣習的な常

識や原則に合わせて単純に判断することがないように留意する必要がある。むしろ、慣習的な常識や原則を参考にしながらも、それに拘束されることなく、時にこれを相対的かつ批判的に吟味しながら決定するのである。また、価値観が矛盾対立するような問題では解決策は一つではなく、複数の可能な選択肢を考えて最善策と思われるものを選択する必要がある。

　複数の解決策を比較検討してより良いものを決定するうえで重要なのは、以下の二つの基準である。第一は、自ら選ぼうとする解決策（行為）の結果を広い見通しと公平性によって考慮することである(11)。ここでは、目先の皮相な利害に関わる結果のみを考えるのではなく、社会的知性と情緒的反応性によって遠い見通しの中に考慮される複数の結果をも考察するのである。第二に、この解決策がもたらす客観的な結果の内容が「すべての関係者の福祉」にどのような影響を与えるか、「共通善」になるかを他者の目的や価値の観点から検討することである(12)。それゆえ、出生、性別、社会経済的地位、階級、民族などによって差別することなく、広く公平で見通しのきく客観的な立場から、すべての関係者の福祉を助長しているかを吟味するべきなのである。

4　特別活動を充実させる留意事項

　こうした問題解決能力を育成する特別活動を充実させるためには、いくつか配慮すべき事項がある。まず、心理学的な見地からみて、子どもの興味や関心に働きかけ、発達課題を与えることである。単に子どもの興味や関心に同調するだけでは、子どもの成長・発達に寄与しないため、利己的な衝動や本能を社会的意識に結びつける必要がある。デューイによれば、「子どもの活動力、すなわち構成・生産・創造に関する子どもの諸能力に訴えるどんな方法の導入も、倫理的重心の中心を利己的な受容から社会的な奉仕へ移行する機会を示している特徴なのである」(13)。こうした授業では、子どもが自ら興味や関心をもって問題解決に取り組み、複数の解決策を協働して構成したり創造したりして、それを話し合い発表し合うことが重要になる。このように子どもは活動的で建設的な協働探究に参加して、他の子どもたちとコミュニケーションを行ない、お互いに学び合い助け合うことが社会的精神や奉仕精神を育むことに繋がるのである。

　次に、こうした学習を単なる座学で終わらせず、行動の指針として働く観念を活用して具体的に構想した解決策を実践に移すことである。子どもの生活経験から生じた課題であれば、クラスでの話し合いに応じて解決策をもとに実践することによってその有効性を検証することができる。デューイによれば、「子どもは自分自身の力で選択し、その選択したものを、最後のテスト、つまり行動のテストに供するために、実

行に移そうと試みる機会を持たなければならない」(14)。子どもは学校で学んだ事柄を日常の生活経験に関連づけ応用することを求めているのであり、こうした実行する機会を適時提供することで、子どもは実際に試行錯誤する中で実践的に問題解決能力を養い、人格を豊かに形成していくのである。

　第三に、こうした特別活動を実践する場を学校に限定せず、家庭や地域社会にまで拡張することである。デューイによれば、学校は「典型的で萌芽的な共同体」となると共に、家庭や地域社会との密接な連続性を確保することが重要なのである。そのためには、子どもを教師と保護者と地域社会の人々が共に育てるという意識と相互理解のもとに、愛情をもった態度で子どもと接すると共に、社会的自立に向けて一貫した指導をする必要がある。特に、社会体験や自然体験など豊かな体験の機会を増やして具体的な問題解決の場と機会を子どもに提供することが求められる。具体的には、異年齢集団、異世代の人々との交流、自然体験活動、ボランティア活動、集団宿泊活動、勤労体験学習、職場体験学習などが積極的に活用されるべきであろう。こうした特別活動における地域社会での活動を通じて、地域理解を深め、地域の人々との人間関係を豊かにすることができる。

おわりに

　以上の考察から、特別活動はデューイの教育理論に関連づけることで科学的方法や協働探究活動を取り入れ、子どもたちの問題解決能力を育成する特別活動のあり方を提示することができる。こうした特別活動では、社会的知性（判断力）、情緒的反応性（感受性）、および社会的実践力を総合的に発達させると共に、実際の行為や習慣にまで働きかけることで、問題解決能力の育成をめざすことができる。また、こうした特別活動を行なうことで、子どもは知的な判断力だけでなく、共感的な想像力を用いた道徳性や社会性を高めることもできる。その意味で、こうした特別活動は道徳教育と一体化したものとして再構成できるのである。それゆえ、こうした特別活動は道徳授業とも連携したうえで、学校の教育活動全体とも有機的に関連づけることが肝心になる。

　また、こうした特別活動は、自律的に行動する力や相互に協働して人間関係を形成する力あるいはコミュニケーション力を育てるため、子ども同士が相互に助け合い配慮（ケア）し合う人間関係に保たれ、不登校やいじめのような教育臨床上の諸問題を解消することにも効果があると思われる。それゆえ、今後こうした問題解決能力を育成する特別活動やそれと連携した道徳授業をわが国でも一層拡充していく必要があると思われる。

　こうした問題解決能力を育成する特別活動のあり方を検討するうえでは、総合的な

学習の時間との関連性も考慮に入れる必要がある。1998年の学習指導要領の改訂によって誕生した総合的な学習の時間は、各教科の内容を横断して、子どもたちが「自ら課題を見付け、自ら学び、自ら考え、主体的に判断し、よりよく問題を解決する」ことや「学び方やものの考え方を身に付け、問題の解決や探究活動に主体的、創造的に取り組む態度を育て、自己の生き方を考えることができるようにする」ことを期待している。こうした総合的な学習のねらいは、まさに問題解決能力の育成をめざしているため、実践においては特別活動と道徳科と総合的な学習の時間の関連性と連続性に留意しなければならない。

　こうした問題解決能力を育成する特別活動は、従来の学校教育のあり方を大きく転換する手がかりとなるだろう。こうした特別活動を教育現場で実際に活用するための要点を指摘しておきたい。まず、全体計画や各活動・学校行事の年間指導計画に即して、各教科、道徳、外国語活動、総合的な学習の時間などの指導と関連づけることである。次に、人間関係の問題を積極的に取り上げることで、コミュニケーション能力や対人関係能力を高めることである。第三に、子どもの自己肯定感や自己効力感を高めるために、夢や希望をもって自分の目標に向かって努力できるような問題解決学習を仕組むことである。第四に、よりよい学校生活を築くために集団としての意見をまとめる話し合い活動、自分たちできまりをつくって守る活動、社会的に奉仕する活動などを問題解決的な学習として構成することである。第五に、子どもの実態に合わせた学習にするために、学級や学校の実態および子どもの発達状況や生活経験に合わせた問題を取り上げることである。そのためには、学級満足度テストやエゴグラムなどの調査や構成的グループ・エンカウンターやソーシャル・スキル・トレーニングなどの技法も有効活用できるだろう。最後に、子どもの体験活動を一層推進するために、学校だけでなく家庭や地域社会と共に総合的に実践活動の充実を図ることである。以上、問題解決能力を育成する特別活動は、デューイの教育理論との関連性をふまえ、子どもの生活経験や体験を生かした活動的な学習スタイルとし、道徳教育をはじめ各活動や学校行事の内容間の関連性を視野に入れて、総合的かつ計画的に取り組むことが求められる。

（註）

(1) John Dewey, "The Chaos in Moral Training," EW 4, p.107.

(2) John Dewey,"Moral Principles in Education," MW 4, p.270.（邦訳、37-38頁）

(3) J.Dewey, My Pedagogic Creed, EW Vol.5, p.88.（大浦猛編訳『実験学校の理論』、明治図書、1977年、15頁）

(4) John Dewey, "Teaching Ethics in the High School,"EW 4, p.54.

(5) John Dewey,"Moral Principles in Education, MW 4, p.267.（邦訳、34頁）

(6) John Dewey, "Teaching Ethics in the High School,"EW 4, p.56.

(7) *Ibid.*, p.57.

(8) John Dewey, *Democracy and Education*, 1916, MW 9, p.157.（金丸弘幸訳『民主主義と教育』、玉川大学出版部、1984 年、219–220 頁）

(9) John Dewey,"Teaching Ethics in the High School,"EW 4, pp.57–58.

(10) John Dewey,"Moral Principles in Education," MW 4, p.288.（邦訳、61 頁）

(11) John Dewey, *Ethics*, LW 7, p.251.（河村望訳『倫理学』、人間の科学社、2002 年、152 頁）

(12) *Ibid.,* p.270.（邦訳、179 頁）

(13) John Dewey,"Moral Principles in Education, MW 4, p.277.（邦訳、46 頁）

(14) *Ibid.,* p.290.（邦訳、63 頁）

5節　カウンセリングと道徳科

はじめに

　道徳が教科化される際には、さまざまな賛否両論が渦巻いた。学校現場では、道徳教育の大切さを自覚するものの、教育課程上にある道徳授業は「面白くない」「ためにならない」「実効性がない」などの理由で、あえて教科にする必要はないという意見も根強くあった。このまま従来どおり登場人物の気持ちを読みとるような道徳授業を教科にしても、子どもにとって興味深く有意義な授業にならなければ意味がないだろう。そこで、本節では、道徳授業を面白く有意義にするためにカウンセリングの原理やスキルを活用して改善・充実を図りたい。

　内容構成としては、まず「道徳授業はなぜ面白くないと言われるのか」について考え、そこから「どうすれば面白くなるのか」を具体的に考える。次に、道徳授業を改革するために、道徳性の認知的・情緒的・行動的側面に働きかける多様で効果的な指導の在り方を検討する。第三に、道徳授業を有意義にする手立てとして、カウンセリングの原理やスキルの活用を提案する。最後に、道徳科を面白く有意義にする多様で効果的な指導法として問題解決的な学習と体験的な学習の導入について論じたい。

1　道徳授業をどのように改善・充実するか

　読者の皆様はご自身の子ども時代をふりかえって、「道徳授業が面白かった」「ためになった」という印象はあるだろうか。

　筆者が複数の大学の講義や教員研修でこうした質問をすると、たいてい 7 割くらいが「面白くなかった」「ためにならなかった」と否定的に答える。例えば、1995 年に小中学生を対象とした「道徳授業についてのアンケート調査」(20) によると、道徳の時間が「楽しい」と答えているのは、低学年で55.2％と高いものの、中学年では36.5％、高学年では18.9％、中学 1 年生では15.7％、2 年生では6.0％、3 年生では5.2％と下がっていく。各教科と比較すると、道徳は小学校の低学年でこそ人気は高いもの

の、中学年から急降下していき、高学年から中学校にかけては最下位あたりに位置するのが現状なのである。

　「道徳授業を楽しくないと感じる理由」としては、小学生では１位が「いつも同じような授業だから」(42.1%)、２位が「こうすることがよいことだとか、こうしなければいけないということが多いから」(30.7%)、３位が「資料や話がつまらないから」(28.7%)である。中学校でもほぼ同じ傾向にあり、中学２年生を例にとると、１位が「いつも同じような授業だから」(54.4%)、２位が「資料や話がつまらないから」(32.1%)、３位が「こうすることがよいことだとか、こうしなければいけないということが多いから」(26.3%)である。

　こうした道徳授業に否定的な理由として挙げられる①「ワンパターンだから」、②「役に立たないから」、③「話がつまらないから」、④「道徳を押し付けるから」などの課題を一つずつ克服することで、逆に道徳授業を面白くすることができるだろう。

（1）ワンパターンな指導法から多様な指導法へ

　①「道徳はワンパターンだから」という理由は、わが国の道徳授業を知る者なら誰もが頷くことだろう。従来の道徳授業は、国語科で物語文を読む指導方法に倣って、場面ごとに登場人物の気持ちを三つくらい尋ねていくやり方が一般的であった。こうした平坦な展開を深める発問として、「どうしてそうしたか」と行動の理由を尋ねることもある。こうしたワンパターンのやり方で毎回のように授業を流されると、子どもの方でも展開が読めてしまい、たいてい退屈になり飽きてしまうだろう。

　そうであれば、道徳授業はこうしたワンパターンにはまらず、多様な指導方法を取り入れるべきである。そこで、新設された道徳科では、多様な指導方法として問題解決的な学習や体験的な学習を取り入れるよう推奨している。道徳科の授業では、子どもたちが多角的・多面的に道徳的問題を考え、それぞれの意見を自由に出し合って考えを深め、主体的に判断する力や行動する力を身に付けられるようにすべきなのである。

（2）役に立たない授業から役に立つ授業へ

　②「道徳授業は役に立たない」と言われるのは、たとえ授業中に「道徳的価値」を学び、子どもが「立派なこと」や「模範的なこと」を発言しても、それを実際の日常生活で活用・応用しないからである。言い換えると、道徳授業では建前を語るが、日常生活では本音で行動をするため、授業で学んだことは日常で「使えない」「使わない」ことになる。

　例えば、道徳授業で「節度・節制」について深く理解したはずの子どもが、自分の

日常生活の乱れを改めようとしないことがある。「いじめをなくすべきだ」と発表していた子どもが、日常生活ではいじめに加勢したり傍観したりしていることもある。このように道徳授業の中でしか通用しない考えでは、子どもたちにとっても「絵に描いた餅」であり、生きて働く道徳性にはならないのである。

　そうであれば、道徳授業を面白くするためには、実際に道徳的な問題を取り上げ、因果関係をふまえて実践可能な解決策をいろいろ考えてみることが有効である。そうした効果的な問題解決型の道徳授業であれば、子どもたちも現実生活をよりよくできるし、道徳的な成長に繋がることも実感できるだろう。

（3）つまらない教材から面白い教材へ

　③「道徳の話がつまらない」と言われるのは、副読本などで使われる物語の展開があまりに単純すぎて退屈だったり、現実味がなかったり、簡単に結論（オチ）までわかったりするためである。もともと道徳の資料は、ねらいとする道徳的価値を理解させるために作られているため、その展開がいかにも訓話的で押しつけがましいものになりがちである。子どもたちは日常生活で切実な問題をかかえ苦悩しており、その一方でテレビや漫画やインターネット等では面白い物語を多分に知っているため、「いかにも道徳」という作り話は敬遠される。

　そこで、道徳授業を面白くするためには、まず子どもが興味や関心をもち、切実に感じるような問題状況を教材で取り上げ、主体的に考えると共に、みんなで協働的な話し合いができるようにすることが望ましい。教師が教えやすい教材よりも、子どもが啓発され自ら考え判断し、話し合いたくなるような教材にしたい。そのためには、子どもが主体的に新しい情報や知識を得たり、発展的に探究したりできるように、補助資料として名言、格言、エッセー、統計データなどを多分に提供することが有効となるだろう。

（4）価値の押し付けから価値の創造へ

　④「道徳を押し付ける」というのも、道徳授業に独特の傾向である。道徳授業では子どもの自由で創造的な考えを尊重すると言いながらも、最後には教師のねらいとする道徳的価値や生き方にやや強引にでも結び付ける場合が少なくない。

　先人や偉人の生涯を扱った道徳授業でも、終末では「誠実」や「正義」など一つの道徳的価値に結び付けて結論づけることが多い。例えば、野口英世や田中正造のような偉人の物語を取り上げる際も、「不撓不屈」や「人類愛」という一般的な道徳的価値に限定してしまい、その人物の魅力や偉大さを捉え損なうことがある。

　また、「思いやり」と「正義」で迷うようなモラル・ジレンマのような葛藤資料を

扱う場合でも、強引にどちらか一方の道徳的価値に結び付けて結論づけようとすることがある。これでは子どもがいくら自由に多様な価値観を交流して議論しても、結局は教師から一つの道徳的価値を押し付けられたと感じてしまうのは仕方ない。

　そうした道徳授業を面白くするためには、わが国の道徳授業を呪縛する徳目主義から脱却して、子どもたちの自由で創造的な判断力や問題解決力を育成するように構成すべきである。多様な価値観が渦巻くダイナミックな意見を交流させ、複数の内容項目を関連付けた指導をもっと推奨すべきであろう。

2　道徳性の認知的・情緒的・行動的側面の育成

　道徳授業を面白くするためには、上述したように、多様で効果的な指導をすることが求められる。従来の道徳授業は、「どんな気持ちだったか」「どうしてそうしたか」と主人公の心情（内面）を詮索することが多く、「何をどうすればよいか」という現実的な対応は問われない。このように従来の道徳授業では、道徳性の情緒的側面（道徳的心情、道徳的実践意欲、道徳的態度）を育成することばかり偏重するため、認知的側面（道徳的思考力や判断力）や行動的側面（道徳的行動力、習慣）を育成することが疎かになってきた。それゆえ、道徳授業では架空の模範的な心情を語れるが、自分の行為や習慣にはつながらないということになる。こうした「言行不一致」が続くようでは、道徳性の育成に成功しているとは言えない。

　道徳性の発達にはいくつかのプロセスがある。まず、道徳的価値や人間としての生き方について理解する思考力や判断力（認知的側面）が発達する必要がある。具体的には、「何をするか」「なぜそれをするべきか」を考え判断できるようにするのである。次に、言動の方法について思考し判断する行動力や習慣（行動的側面）の発達が必要になる。具体的には、「どうやってするのか」という技能面の行動ができるようにする。第三に、道徳的行為をしようとする意欲や態度（情緒的側面）の発達が必要になる。具体的には、「それを実行したい」と意欲をもてるようにするのである。

　このように子どもの道徳性の認知的、情緒的、行動的側面をバランスよく育成し、「何をするか」「なぜするか」「どうするか」を考え、「実行したい」と内発的に動機づけることが重要になる。そして、授業後に実際に道徳的行為を行ない、その結果を振り返って修正したり、くり返し行為して習慣化したりすることで、人格が少しずつ形成されるのである。こうして養われた道徳性は、当然ながら子どもの日常生活でも生きて働くものとなり、生涯にわたって有意義な行動の指針となる。

3　カウンセリングを活用した道徳教育

　道徳授業を面白くするためには、現実生活でも生きて働く道徳性を養う必要があ

る。わが国では子どもの自己肯定感や自尊感情が低く、自信を失っているという指摘が多い。その一方で、自己中心的で傍若無人に振る舞い、規範意識が低いという指摘もある。さらに、いじめ、ネット・トラブル、不登校、校内暴力、学級崩壊、万引き、カンニングなど生徒指導上の問題も山積している。

　こうした問題行動に対応した道徳授業を作るためには、カウンセリングの手法が役立つ。実際、欧米では、カウンセラーが道徳授業（人格教育、価値教育）を担当していることが少なくない。わが国でも、文部科学省が作成した『心のノート』やそれを改訂した『私たちの道徳』では、カウンセリングの手法が大いに活用されている。

（1）来談者中心療法の活用

　従来の道徳授業は、読み物教材に登場する人物の気持ちを共感的に理解して、その道徳的価値を習得するパターンが多い。こうした道徳性の情緒的側面に重点をおいた指導は、カウンセリングで言えば、来談者中心療法と類似している。この指導方法では、他者の心情をあるがままに受容して共感的に理解する中で、これまでの自分の生き方を内省することができる。

　ただし、どれほど他者の心情を共感的に理解できても、それは自分の心情や思考パターンとは異なるため、自分の見方や考え方の変容に繋がらず、行動や習慣の変容にも繋がらないこともある。

（2）論理療法や認知療法の活用

　そこで、道徳的な問題をいかに解決するかに焦点を当てることもできる。これはカウンセリングでいえば、論理療法や認知療法の考え方である。自分の見方や考え方を見つめ直すことで、非合理的な見方や考え方を修正し、マイナスな感情や行動を改めることができる。ここで大事なのは、ある考え方とその結果として生じた感情や行動の因果関係を明確にし、その歪みやねじれを修正し、ネガティブな感情や行動の改善に繋げることである。

　ここでは道徳に関する問題の原因を追究すると共に、さまざまな解決策を考え、どのような結果になるかも考察することができる。これは後述するように、道徳科に問題解決的な学習を取り入れることで応用することもできる。

（3）行動療法やスキル・トレーニングの活用

　正しい見方や考え方をするだけでは、実際の行動や習慣に繋がらないことがある。そこで役立つのが、行為や習慣の改善に直接的に働きかける行動療法やスキル・トレーニングである。例えば、いじめられている友達を助けたいと思っている時、具体

的にどのように助けるべきかを考え、役割演技（ロールプレイ）でそれを実演してみる。そうした体験的な学習を通して道徳的な考え方や自己の生き方について考えを深めることができる。

　このように道徳授業は、カウンセリングの原理やスキルを取り入れることで、子どもが自らの考え方や生き方を深く見つめ直す機会となり、行動を変容することに役立てることもできる。

3　多様で効果的な学習

　従来の道徳授業に代わる指導方法としてはどのようなものが考えられるか。その代表的な指導方法として推奨されるのが、問題解決的な学習や体験的な学習を取り入れた道徳授業である。

（1）問題解決的な学習の活用

　これまでの道徳授業を面白く有意義にするためには、問題解決的な学習を取り入れることが有効である。問題解決的な学習を活用した道徳授業とは、子どもが興味や関心のある道徳的問題に取り組み、多面的・多角的に考え、主体的に判断し、さまざまな解決策を比較検討し合う学習である。

　実際の授業では、道徳的問題を具体的に示した後で、「登場人物はどのようにしたらよいか」、「自分ならどのようにするか」について考え、自己の生き方や人間としての生き方について理解を深めていく。こうした授業では、「問題の原因は何か」、「それを解決するために何をなすべきか」、「なぜそうすべきか」、「どのようにすべきか」などをいろいろ考えることで、実践的な道徳性を高めていくことができる。こうした学習は、子ども一人ひとりが生きるうえで出合うさまざまな問題を主体的に解決し、よりよく生きるための資質・能力を養い、道徳的行動や習慣形成に繋がり、ひいては生きる力の育成や人格の完成にも繋がるのである。

（2）体験的な学習の活用

　道徳授業を面白く有意義にするためには、従来のような座学の授業だけでなく、道徳的行為に関する体験的な学習を取り入れることも大事になる。体験的な学習にもいろいろあるが、推奨したいのは、前述した問題解決的な学習と関連づけた指導展開である。つまり、道徳と関連した問題場面を提示して、具体的な言動の在り方について話し合い、役割演技（ロールプレイ）する体験的な学習である。例えば、人間関係のトラブルを話し合い、どのように行動したらよいかについて考え、その解決策を役割演技で行なって検討するのである。単に解決策を提案するだけでなく、複数の解決策

をそれぞれ役割演技する中でそれぞれのメリットやデメリットを確認することができるだろう。

　また、授業で実物を用いたり実体験をしたりすることで実感を深めることもできる。例えば、身体の不自由さを体験的に理解するために、アイマスクをして歩いたり、重りをつけて動いたりすることもできる。生命を尊重するために聴診器で自他の心臓音を聞くこともできる。こうした道徳授業を特別活動等で行われる「体験活動」と関連づけて、道徳的実践の場に繋げることも有効だろう。

　さらに、礼儀作法やマナーに関する学習では、動作や所作を具体的に理解したうえで、それを体験的に学習することも有意義である。挨拶や食事のマナーなどを心得やスキルとして理解した後に、実際に行動して体得するのである。

　ただし、こうした体験的な学習を道徳授業に取り入れる際には、単に活動を行なって終わるのではなく、子どもが体験を通じて学んだことを振り返り、その意義について十分考えられるようにしたい。体験的な学習それ自体が目的ではなく、そうした学習を通して道徳的価値の理解を深め、さまざまな課題や問題を主体的に解決するための資質・能力を育成することが目的であることを十分に留意する必要がある。

おわりに

　道徳授業を面白く有意義にするためには、多様な効果的な指導方法を取り入れ、日常生活にも活用できる道徳的な知識や技能を学び、子どもが主体的に考え判断し行動できるようにすることが大事になる。そのためには、道徳科でもカウンセリングの理論や技法を積極的に取り入れ、子どもが現実的な因果関係や普遍的な道徳的原則を踏まえて物事を深く省察できるようにすることが求められる。この意味で新しく取り入れられた問題解決的な学習や体験的な学習は道徳科を大いに活性化してくれるだろう。

第 5 章　アメリカ教育の実態分析と考察

　アメリカはプラグマティズムの国であると言われる。それは学校教育でも同じであり、W. ジェイムズや J. デューイの教育思想をはじめ、プラグマティズムの発想から大小さまざまな影響を受けて成り立っている。

　それは近年、アメリカで隆盛している人格教育（キャラクター・エデュケーション）でも同様である。それでは、わが国と比較した場合、アメリカの学校教育（特に人格教育）のどこがどのようにプラグマティズムの影響を受けているのかを見ていきたい。特に、わが国の道徳教育と比較するためにも、1 節で人格教育の指導法を概観する。2 節では人格教育の評価法について詳しく検討したい。

　また、プラグマティズムの発想はアメリカの大学教育にも絶大な影響を与えている。3 節では、研究大学から専門職大学やコミュニティ・カレッジまでを広く概観することで、その特徴を検討することにしたい。

1 節　アメリカ人格教育の指導法

1　アメリカの人格教育の現状

　まず、アメリカの人格教育の制度や実情について概観し、その後で具体的な事例として人格教育パートナーシップの 11 原則とアメリカ教育省の評価指針を取り上げて検討することにしたい。

　アメリカの人格教育に関する法令上の位置づけとして、古くは国家教育法でも言及しているが、そこでは法的拘束力はなく財政支援もなかった。1994 年のアメリカ学校改革法に至って人格教育連携に対する補助金がパイロット事業として制度化され、2002 年の落ちこぼれ防止法（NCLB 法）において人格教育連携プログラムの補助金事業が正式に位置づけられた。多くの州では人格教育の推進に言及しており、約 3 分の 2 の州が人格教育を義務づける法律をもつか（例えばニューヨーク州）、州の教育局が人格教育を推進するよう要請している。ただし、ほとんどの州では人格教育に関する特別なガイドラインや教員研修を提供していない。例外的に、バージニア州では 15 年前に人格教育に関する法律が施行され、あらゆる学校が人格教育計画を発展させ、州の教育局に計画を提出し、そのプログラムがどう評価されたか報告している。

　また、ほぼすべての州がいじめ防止を義務づける法律があり、その中で人格教育と関連する内容がある。例えば、包括的な人格教育の一環としていじめ防止プログラム

を行い、いじめを許さない学校環境の整備、規範意識の向上、規律指導、親の意識化と関与、いじめの頻度と種類に関するアセスメントなどを行なっている。

　人格教育に関する国家的な規定内容や国家的なカリキュラムは特にないため、地域の学区や学校が多大な自律性をもち、それぞれの指導内容と指導方法を選択している。NPOのような民間教育団体が国家規模の標準として「共通する核心的価値（Common Core Value）」や原則を提示する場合がある。例えば、キャラクター・カウンツでは、核心的価値として「信頼、尊重、責任、配慮、公正、市民性」を掲げている。人格教育パートナーシップでは、「11の原則」を掲げ、認知的側面、情意的側面、行動的側面を総合的に育成する方針を採っている。ただし、こうした核心的価値や原則は、標準（standard）だけを示しているのであり、具体的なカリキュラムを提供しているわけではない。それゆえ、それぞれの州が共通する核心的価値や原則を採択することになり、個々の学校や教師がその核心的価値や原則を標準として、その目標に見合った授業のデザインを自律的に行なうことになる。

　アメリカの人格教育は、各学年の時間数も学校によってさまざまである。意欲的に週1〜2時間の「人格の授業（character class）」を行なう学校もあれば、授業はなく学校教育全体で人格教育を行なう学校もある。人格の授業を設置している場合は、学級担任が担当することが多いが、学校専任のカウンセラーや心理専門家が担当することもある。学校には人格教育の委員会が組織され、校長や副校長など管理職が学校全体で推進している。

　教科書は特にないことが多いが、各種団体や出版社の刊行する教科書は読み物資料とワークブックを組み合わせたものが多い。子ども委員会の「セカンド・ステップ」やキャラクター・カウンツの教材などが有名である。高校では人格教育に影響を及ぼす特定の書籍を教科書として選定し、読後に議論することが多い。

　人格教育の評価は、学区や学校の判断で多様な方法を取り入れているが、一般にはアンケート形式の子ども自身による自己評価、子ども同士の相互評価、教師・親・地域住民による他者評価、パフォーマンス評価、ポートフォリオ評価などいろいろ用いられている。人格教育パートナーシップでは、後述するように人格の授業実践だけでなく学校文化全体について人格教育を総合的に評価している。

2　効果的な人格教育の11原則

　次に、全米規模で事業を展開している人格教育パートナーシップ（Character Education Partnership　以下、CEPと略記）が提示している11の原則（2010年の改訂版）を紹介する。CEPにとって人格教育とは、すべての文化において広く認められた倫理の核心的価値（親切、正義など）とパフォーマンス的価値（勤勉、忍耐など）とを

子どもに教育する意図的な取り組みである。こうした人格教育には、ポジティブな校風、道徳教育、公正な共同体（ジャスト・コミュニティ）、思いやりのある共同体（ケアリング・コミュニティ）、社会性と情動の学習、市民教育、サービス・ラーニングなど幅広い概念も含まれている。こうした多様なアプローチによって、子どもの知的、社会的、感情的、倫理的な成長を促し、市民として責任感と思いやりをもち、社会に貢献する人間を育成しようとしている。こうした人格教育を学校の関係者全員で連携・協力して学校環境やカリキュラム全体に浸透させていくのである。

　CEPの人格教育では、「正義、勤勉さ、思いやり、尊敬、勇気」という中核的価値を子どもが習得し、それらを人生の指針とする理由を学ぶと共に、その価値を追求する子どもを支援し、意欲づけるような学校文化を培うことに重点をおく。その際の指針となる原則が、「効果的な人格教育の11原則」(1) である。以下に示す11原則は、どのようにすれば質の高い人格教育を構想し、実施できるかについて詳述されているため、人格教育プログラムの計画、実践、評価に利用することができる。

　原則１…学校は、良き人格の礎となる倫理的な核心的価値とパフォーマンス的価値を促進する。

　原則２…学校は思考、感情、行動などを含めて総合的に人格を定義する。

　原則３…学校は人格教育において包括的、意図的、積極的なアプローチをとる。

　原則４…学校は思いやりのある共同体を創造する。

　原則５…学校は子どもに道徳的行動をとる機会を提供する。

　原則６…学校はすべての学習者を尊重し、人格形成を促し、成功へと導く有意義でやりがいのある学習カリキュラムを提供する。

　原則７…学校は子どもの自発性を培う。

　原則８…教師は人格教育の責任を共有する倫理的な学習共同体の一員であり、子どもに掲げるものと同じ核心的価値を自らも忠実に遵守する。

　原則９…学校はリーダーシップを共有し、人格教育の構想に対する長期的な支援を推進する。

　原則10…学校は人格形成の取組みにおいて家庭や地域の人々と連携する。

　原則11…学校の校風、人格教育者としての教師の働き、子どもが良き人格を体現する程度について定期的に評価する。

　以上の11原則には、詳しい解説と採点ガイドがある。そこでは各原則について具体的に２〜４項目にわたり、原則が実施された場合のあるべき姿を説明している。模範的な実践に関する主要な指標は、各項目に準拠し設定されている。主要な指標は、これまで人格教育で表彰されてきた優秀校（National School of Character）への調査訪問と評価結果にもとづいて開発されているため、将来、各校が模範校となるための

実践的な原則ともなっている。

CEPは、学校や地域の実践者が各原則の実施レベルを評価するよう勧めている。採点ガイドは、現在の人格教育の実践の見直し、短期・長期目標の設定、項目ごとに採点による継続的な改善に役立つ。自己評価は、関係者の代表者グループ（教職員、管理職、親、子ども、地域の人々など）を招集して行なう。各原則の評点は、各行の項目の平均値を計算して出し、全体の評点は11原則の評価点の平均として出す。項目ごとに示された主要な指標は、模範的な実践として期待される観察可能な成果を表しており、高い評点をつける場合は、実践の全リストを証拠として提示する必要がある。

3　人格教育の包括的評価方法

上述したCEPを理論的に指導した代表的人物がトーマス・リコーナ（Thomas Lickona）である。彼は人格教育の取り組みを評価することが望ましい理由として、次の三点を挙げている(2)。

第一に、教育の対象が評価されるということは、その対象に意味があるということを示すことになる。人格的な成長に関する成果が評価されることにより、教師や子どもや親にとって人格形成の優先度が高くなる。学業成績だけが評価され、人格的な成長が評価されないのであれば、成績に比べて人格形成の重要度が低くなってしまう。

第二に、評価の結果によって、人格形成に関するプログラムが実際にどれくらい効果を発揮しているかを明示できる。具体的な根拠によって人格教育の効果を証明できるため、教師がその取り組みを継続して実施しようとする意欲も高まる。

第三に、評価データは人格教育プログラムを改善するための判断材料として有効に活用できる。そのようなデータを用いずに改善の計画を立てることは、やみくもな作業となってしまう。

そこで、リコーナは独自に「人格教育プログラムを継続的に向上させるための包括的評価計画（Comprehensive Assessment Plan 以下、CAPと略記）」として次の10項目を挙げている(3)。

①学校が選択した人格形成の枠組みに沿ったCAPの実施を策定し、提案し、指導する「人格教育委員会」を設置する。

②子どもに関する情報を集め、人格に関連した指標の傾向を追跡するために用いる。

③人格教育の実践に関する形成的評価を行なう。

④人格教育のプログラムが教えようとしている内容を、子どもがどれくらい習得し活用しているかという観点から学習評価を行なう。

⑤子どもに自己評価をさせ、それに応じて目標を設定させる。

⑥校風に関して年次ごとに調査を行なう。

⑦子どもが無記名で自己報告調査票（または校風調査の一環として調査に含まれる自己報告調査票）を作成し、成長するために重視する人格的側面を評価する。

⑧学生、教師、親が自由に参加し発言し合うフォーカス・グループ活動を行なう。

⑨学内で設計した調査票に基づいて評価を実施する。

⑩調査から得られたデータを関係者（教師、子ども、親、地域）に提示し、その調査結果に関する議論を行い、改善すべき点を提案し合う。

　以上のようなリコーナの包括的評価計画は多面的かつ実効的であり、前述したCEPのプログラム評価にも取り入れられている。

4　わが国への示唆

　アメリカの人格教育は、プラグマティズムの見地から、実効性を高めるために多様なアプローチを試み、それらの効果を科学的に根拠のある評価によって検証している点が際立っている。どれほど人格教育を熱心に行なってもその効果が実証できなければ、連邦政府や州からの補助金が削除または廃止されることに繋がるため、かなり真剣な取り組みが多い。

　アメリカの人格教育では、共通する核心的価値や11原則などを提示しているが、基本的には各学校や教師の自律性が尊重されている。そのため、各州や学校によって教育内容や指導法は違っており、問題解決学習、スキル学習、体験学習など多様な取り組みがある。共通した評価指針があって教育成果を客観的に検証しているため、指導法には自由裁量の余地があり、指導法の多様化が認められている。

　翻ってわが国では、学校で道徳教育を取り組むこと自体が重視される傾向があり、その結果としてどれほど子どもの道徳性を育成できたかという成果まで検証されることはあまりない。文部科学省や教育委員会から指定された道徳教育推進校が研究成果を発表する場合もあるが、その効果を実証的に検討されることはない。わが国では道徳教育を行なったことに意義があり、その実効性が乏しくても、それによって補助金や運営費の削減・廃止に直接繋がるわけではないため、それほど評価を重んじていない。

　また、わが国の場合、道徳教育の目標（全体計画・年間指導計画を含む）から指導内容や指導法まで体系化されているが、どの学校でも全国的に画一化している傾向にある。そのため、道徳教育や道徳授業の計画が効果的に実践されたかについての評価は、あいまい不確かになりがちである。それに付随して、道徳教育や道徳授業の実践と評価を通してその目標や計画に何らかの課題が見い出された場合でも、それらを次年度の目標や計画の改善や修正に生かすことも難しい。いわゆるPDCAサイクルが

道徳教育ではうまく回らない状況にある。今後は、道徳教育や道徳授業の目標や指導内容を充実させるだけでなく、指導方法と一体化した評価方法を確立することで、その教育効果を継続的に省察・検証・改善することが強く求められる。

　また、アメリカの人格教育は、教育課程上に特設された授業だけでなく、学校教育全体で取り組むため、生徒指導（規律指導、いじめ対策）や学習指導や特別活動（学級活動、生徒会活動、学校行事）、家庭教育や社会教育とも関連しながら、教科・領域横断的に総合的プログラムとして展開されている。そのため、人格教育の評価も、特設の授業だけでなく、学校教育全体における子どもの行動や習慣について、教師・子ども・保護者・地域住民によって多面的に行なわれている。

　それに対して、わが国では、道徳授業と他の教科・領域が縦割りで分断されており、道徳授業も読み物教材に登場する人物の気持ちを読みとる指導法が多いため、道徳授業はなかなか実生活では実効性が上がらない。また、道徳授業の効果を実際の子どもの生活における道徳的な行為や習慣に関連づけて実証的に評価することもできにくい。そこで「特別の教科　道徳」を有効に実施するためには、人格教育の包括的アプローチを柔軟に取り入れ、効果的で質の高い指導と評価に改善していくことが期待される。

（註）

(1) Character Education Partnership, *The 11 principles of Effective Character Education*, Second edition, 2010.

(2) Thomas Lickona, *Comprehensive Assessment Plan（CAP）for Continuous Program Improvement*, T. リコーナ、M. デイビッドソン著、柳沼良太（解題・監訳）『優秀で善良な学校〜新しい人格教育の手引き〜』、慶應義塾大学出版会、2012年。

(3) Ibid.

2節　アメリカ人格教育の評価

はじめに

　わが国で公立小・中学校の教育課程に「特別の教科　道徳」を制度上位置づけるに当たり、道徳授業の評価指針をどのように設定するかが大きな課題となった。「子どもの道徳性をどのように評価すべきか」「そもそも子どもの道徳性は評価できるのか（評価してよいのか）」というテーマは、道徳教科化の議論が始まった当初から最も熱く議論されてきたものである。

　既に文部科学省においては、「道徳教育の評価等に係る専門家会議」が2016年7月に報告書を出し、道徳教育の指導と評価に関する方針を示している。それを受けて中央教育審議会初等中等教育分科会教育課程部会において「次期学習指導要領等に向け

たこれまでの審議のまとめ」が示された。先の専門家会議で筆者も意見を発表したが、最終報告では道徳科の指導や評価の大枠を示すことにとどまり、道徳科で子どもの道徳性をどう評価するかに関してはあまり示されなかった。これでは道徳科の評価に関する信頼性や妥当性を十分に保障するものにはならないだろう。

　道徳教育の評価に関しては、アメリカの人格教育が参考になる。既に筆者は人格教育の評価に関してはレンゲル（James G. Lengel）の観察評定尺度を拙著『実効性のある道徳教育』で紹介し(1)、前節でも人格教育パートナーシップの評価方法やリコーナ（Thomas Lickona）の包括的評価方法を検討している。

　本節では、アメリカの教育省がプラグマティズム的な発想によって人格教育の実効性を高めるために提示した評価指針を紹介し、その内容を具体的に検討する。特に、アメリカ教育省の提示するエビデンス・ベースの人格教育とその評価指針(2)を検討することで、わが国の道徳教育の指導法と評価法を再考するうえでの一助としたい。

1　人格教育の推進政策と評価指針

　アメリカの教育省には人格教育に関する明確な推進政策と評価指針がある。それは落ちこぼれ防止法（NCLB法）との関連もあり、各学校において人格教育を実施することが、子どもの倫理的、社会的、学問的な成長にどれほど役立っているかについて客観的に実証する必要があったからである。

　アメリカ教育省では、人格教育でいう「人格」を「個人またはグループの感情的、知的、倫理的な特性」だけでなく、「向社会的行動に関わる特性などを広く包括するもの」と見ている。それに関連する美徳として、「誠実さ、正義感、公平さ、信頼性、責任、敬意、愛他精神、忍耐力、根気、多様性への理解、勇気など」を挙げている。

　次に、「倫理的判断力、問題解決、対人スキル、労働観、共感、内省」に関連した発達も、最適な人格形成のためには不可欠とされている。第三に、「市民参画、礼節、市民的行動など」の美徳を実践し、民主主義的な価値を受け入れることも重視されている。

　学校はこうした三つの側面から子どもの人格形成を促すために、「教師の指導力」、「教師間の同僚性」、「学習方針の決定」、「学校・家庭・地域の間の連帯に特徴づけられる肯定的な教育環境の構築」に力を入れている。

　こうした人格教育を行なうために、アメリカ教育省は評価指針を重視している。そもそも人格教育の取り組みは、連邦政府からの巨額な補助金を受けて実施されているため、科学的に厳密な評価を行なう必要があるからである。

　この評価指針は、人格教育の評価をおこなうプロジェクト・ディレクターや学校管理職を対象としたものであり、外部の評価者や重要な関係者とともに科学的に適切な

評価を計画し、実施するための方策を提示している。

　この評価指針は、人格教育の評価を計画し、実行するための8つの基本的手順を示している。この指針は、関連する連邦規制、同意書のサンプル、評価活動のチェックリスト、データ提示のための見本、一般的な評価用語の用語集も提供している。こうした科学的見地に根拠をおく調査に基づく評価指針は、教育者間で共有する知識の基盤を増やし、アメリカ教育の有効性を向上させることに役立っている。

2　評価指針の目的

　プログラムの有用性を実証し有効性を改善するためには、プロジェクト・ディレクターや評価者などの重要な利害関係者を人格教育プログラムの評価パートナーとして関与させる必要がある。実際に、計画を支持する活動のために、人やその他の人的資源を組織することが重要になる。

　2004年3月11-12日にアメリカの教育省と人格教育、市民参画技術協力センター（CETAC）は、評価のための公聴会を開催した。そこでは、プログラムの評価を援助する共同チームを組織することが、評価の過程における各局面を強化し、以下の3点についてすべての利害関係者の間でよりよい理解を提供することができると見ている。

　まず、2001年の「落ちこぼれ防止法」と人格教育プログラムにおける連携事業（PCEP）の補助金ガイドラインにおいて発布された評価基準である。次に、評価者とのやりとりにおいて障壁となる、聞きなれない評価の専門用語（例えば、「データに基づく意思決定」「施設内の倫理委員会」「コンタミネーション」など）である。第三に、PCEPの補助金に関する、科学的見地に基づいた評価を実施するにあたっての重要課題である。

　人格教育の実施に当たって科学的に厳密な評価を行なうことは、かなりの手間がかかる。人格教育の性質は、評価の典型的な課題を特殊な形で複合化させる。この評価指針は、主に連邦政府の補助金を受領する者であり、人格教育の実施に関する評価に着手しているプロジェクト・ディレクターを対象として提示されているが、学校の管理職にとっても有用な情報が含まれている。この評価指針は、外部の評価者や重要な利害関係者と共に、科学的に適切な評価を計画し、それを実行するために役立つ。

　この評価指針は、評価を計画し実行するための8つの基本的手順を示している。導入では、評価に対する連邦指令を検証し、評価が実践を改善し、実践を省察し持続させるために寄与する方法を述べている。さらに、指針は「関連する連邦規定」「同意書のサンプル」「評価活動のチェックリスト」「データ提示のための見本」「一般的な評価用語の用語集」などの付表も提示している。

　人格教育を効果的に評価するためには、表面的な知識や数値を把握するだけでは不十分である。人格教育の環境に関する評価では、利害関係者に必然的に学校改善の思いを強め、普段の仕事上の関係の一部とさせ、細部に用心深くさせるようにする必要がある。

3　人格教育プログラムにおけるパートナーシップの歴史概要

　「落ちこぼれ防止法」の下では、州教育機関SEAと地元教育機関LEAの両方に資金助成を申し込む資格があり、評価要件が重要視されるようになっている。補助金プロジェクトは、「補助金を求める計画は、科学的見地に根拠をおく調査に基づく明瞭な目的があることを示す情報を提供する」必要がある。

　資金の助成が降りた後、プログラムはその進捗状況を評価するために定期的に評価を受ける必要がある。法令は調査がプロジェクトを忠実に実行するよう促している。また、この資金は人格教育に関する学校のカリキュラムと指導方法を統合する度合を測定するためにも使用でき、その両方の有効性が評価される。こうした指針は、SEAとLEAが評価要件を満たす助けとなるために作られている。

　「科学的に厳密な評価を行なうこと」という連邦の指令は、人格教育に関わるプロジェクト・ディレクターや学校管理職に特殊な課題をもたらしてきた。初めに、評価の世界では、人格教育が促進する成果、すなわち子どもの肯定的な倫理的アイデンティティを育成するだけでなく、子どもや教師との間に人を思いやる環境を確立するということを評価した先例は少なかった。次に、評価に関する聞きなれない専門用語は、評価者とのコミュニケーションや関連資料を検討する際に障壁となった。例えば、「調査方法」「統計手法」「データ分析」「データに基づく意思決定」などを理解する必要があった。最後に、施設内に倫理委員会（IRB）を設置すること（第4段階を参照）は、多くのプロジェクト・ディレクターにとって馴染みがないものであった。それでも、人格教育の質を高め、科学的に評価するためには、こうした評価の過程と結果の分析が重要であることを理解する必要があった。

　2002年の教育科学改革法は、アメリカ教育省の「教育科学研究所（IES）」の中で制定された。IESの使命は、教育の実践および方針の土台となる、厳密な証拠を提供することである。2002年にIESは教育者、政策担当者、調査者、その他の関係者に対して、「教育では何が有効か」について信頼できる情報源を提供するために、「成功事例情報センター（WWC）」を設立した。

　教育科学研究所によると、「科学的見地に基づく調査」とは、以下の通りである。第一に、観察や実験を利用する系統的・経験的方法を用いて、一般的な発見を支持するのに妥当なデータ解析を伴い、信頼できるデータを提供する計測または観察的方

法に依拠することである。そして、無作為に割当てた試験、またはその他のデザイン（得られた結果において、そのようなデザインの限りでは実質上もっともらしい競合する原因が除去される）においてのみ因果関係を分析する。第二に、調査や方法が再現できるか、または最低限の調査の知見に基づき系統化を行なうかの機会を提供するように、十分詳細かつ明瞭に研究成果を発表することである。第三に、論文審査のある学術誌に受理されるか、または同等に厳密で客観的で科学的な審査を通じて独立した専門家の委員会に承認されるかすることである。第四に、提起された研究課題に適している研究デザインと方法を使用することである。

4　人格教育計画の評価

　科学的見地に根拠をおく調査に基づく計画の評価は、共有する知識ベースを増やし、アメリカ教育の有効性を改善するために寄与する。特に、これらの評価は、以下のものの助けとなる。その教育が望まれた目標を達成しているのか否かを決定するデータを提供すること。意思決定を支援し、実践を導き、計画を改善すること。教師、子ども、親、地域の取り組みを助長すること。さまざまな実施段階において親と地域と共に、計画の目的や参加者の利害について情報交換を行なうこと。資金提供者に対して彼らの投資の成果を知らせること。計画や政策決定に影響を与えること。人格教育において何が有効であり、何が有効ではないかについて知識ベースを構築することである。

　以上が人格教育で評価がなぜ実施されるべきかの理由であり、それに基づく人格教育計画の評価に関する8つの段階を以下で詳細に説明する。

（1）評価者と組んで評価チームを結成する

　評価の過程における最初の段階で重要なのは、評価チームの結成である。このチームはすべての利害関係者を代表すべきではあるが、鍵となるのはプロジェクト・ディレクターと評価者の2人である。彼らは共に、明瞭で効果的なコミュニケーションを促進する仕事上の関係を確立するだけでなく、責任について合意し、責任を明らかにする。

　プロジェクト・ディレクターは、補助金の申込みを準備する最初期の段階において評価者を特定し、できれば雇用すべきである。このアプローチによって評価者は、予定された計画を評価するため、適当な結果や方法などを含む適切なデザインを作成することができる。十分に開発されたデザインや計画は、その後の提案を評価する部分に組み込むことができる。プロジェクト・ディレクターは評価者を特定し、雇用するために以下のような手順に従う。

　ほとんどの場合は、プロジェクト・ディレクターが資格のある外部評価者を見つけ、人間関係を築くことになる。一部のプロジェクト・ディレクターは、組織内の評価部門の担当者など内部の者と関わりをもち、それを活用することができる。

　その他のプロジェクト・ディレクターは、外部の評価者を雇うという選択肢もあるが、その場合は競争入札という方法を通して行なわれる。その際、評価者との契約に関する組織の方針や手順をよく知ることによって、雇用のプロセスをより効率的にすることができる。評価者は、外部者であれ内部者であれ、計画を実行する側から独立し、切り離されてなければならず、評価の成果に既得権益があってはならない。

　評価者は、社会科学や評価方法の内の1つに関連する博士課程で専門的な教育を受けている必要があり、計画の評価調査を実行するだけでなく、成功した計画の評価部についてコメントした経験のあることが望ましい。評価者は、評価に影響を与える可能性がある法律や規定について熟知している必要がある。そうした法律や規定の中には、教育省が示す被験者の保護に関する規則（34 CFR97）、家族の教育上の権利とプライバシー法（FERPA）、子どもの権利の保護に関する修正案（PPRA）が含まれる。適任な評価者を特定するためには、出版された人格教育の文献を探したり、その他の人格教育プロジェクトからの推薦を要請したり、大学や非営利団体や調査会社と連絡をとる必要がある。

　候補者の専門知識、信頼性、対人関係のスタイルを評価するため、候補者と連絡を取る必要がある。すべての候補者から履歴書や職務経歴書を受け取り、候補者が評価実行の際にともに働いたプロジェクト・ディレクターから人物証明書を受け取り、評価報告書のサンプルを受け取る。理想的には、以下のような評価者を最低2名は確保する。一人は、評価技術やデザインについて幅広い知識があり、教育を評価する経験があり、評価を受ける集団と親交がある者である。もう一人は、優れた対人能力やコミュニケーション能力を有する者である。

　こうした候補者の中の最上の者に対して面接を行なう。評価者を選抜する際に、例えば「期間内で予算通りに評価を行なったか」という実績の他に、「学校、子ども、教師、親からの目標とされるデータの返送率をどれだけ達成したか」、「内部の倫理委員会や親の許可証をどのように扱ったか」などの実績も調べる。こうした調査は、対象集団、経歴、方針、内容、目標を含めて、提案された人格教育計画の詳細を議論するためだけでなく、正当で実行可能かつ倫理的な評価を作成するためには何が必要かを検討するためにも準備しておく。候補となる評価者が、必要な期間内にプロジェクトに援助する意思があり、その時間的余裕があるかも調べておく。

　評価の専門知識と前向きな仕事能力とのベストな組み合わせをもつ候補者を選択する。同等の資質をもつ候補者がいる場合、より近隣に在住する1人を選択する。近隣

に住んでいれば、計画を実行中に直接会って話し合えるからである。

　評価に助言し支援するために結成された共同チームには、学校の管理職、教師、親、子ども、地域社会のメンバーだけでなく、評価者、プロジェクト・ディレクター、プログラムと介入の教師も含む、すべての利害関係者グループの代表も含まれる。こうした利害関係者グループを取り込むことは、彼らが評価活動を受け入れ、評価をプログラムの目的や活動へと集中させる助けとなる。共同で仕事をすることは、利害関係者と関わる助けとなり、彼らが自らのプロジェクトに対する目標を表明し、プログラムの結果や意思決定が、どのような評価につながるかを理解する機会を与える。

　共同作業により利害関係者は、結果がどのように判断されるかをより完全に理解し、その成果をより有効に活用できるようになる。実際に、評価者は、過程を容易にし、プログラムを遂行するスタッフに評価について教育する責任がある。共同作業に利害関係者を関わらせることは、評価を通じて継続的な学習指導に取り組む学校文化を創り出すことになる。

（2）包括的なプログラムの説明書の作成

　第２段階では、補助金を申請するプログラムの説明書に何が含まれるべきかに焦点を合わせる。プログラムの説明書は、選ばれたプログラムの長所、その成果をもたらすことはどれほど見込まれるか、それが実行される学校や地域社会においてどのように適合するかを示す。

　また、プログラムの説明書は、評価計画の基礎を築く。補助金申請の提案書を書くことは、プロジェクト・ディレクターと評価者との間の最初の重要な共同作業である。プロジェクト・ディレクターは、評価者と協力して、プログラムの仮説や目標を詳しく説明する。例えば、「価値観に基づく学級での議論は、子どもの価値観に基づく推論能力や問題解決能力を促進するという目標に影響を与えるかもしれない」という仮説をプロジェクト・ディレクターが立てたとする。次に、調査計画やプログラムの目標が達成されたのか、どれほど達成されたのかについて評価するために用いられる調査計画や手段を含む評価計画について詳しく説明するために、評価者はプログラムの仮説と目標を用いる。第２段階の考察は、プログラムの説明書についてどのように考え、どのように書けばよいのかを説明し、第３段階は評価計画の書き方について検討する。

　実施の資金を得るために補助金申請の提案書を書く時、プロジェクト・ディレクターは、プログラムが何に重点を置き、何を仮定し、誰を対象とし、何を目標とするのか明確に説明する必要がある。一般に、人格教育は子どもにおける「人格形成」、「向社会的行動」、「学業成績の促進」に重点を置く。こうした教育は、通常、それらの目

標を達成するためには、学校に前向きな環境があり、教師は自身の教育内容に人格教育的なテーマを取り込み、子どもは自身の人格や学力の分野で資質・能力を発揮できる機会が必要であるという前提に基づいて行われている。

　人格教育が対象とするのは子どもであり、二次的に教師、親、地域社会である。提案書はこうした側面について、それらがどのようにデータ収集やデータ分析の指針として貢献する評価計画に組み込まれるかを詳しく説明する必要がある。さらに、提案書は助成を受ける期間の初めから終わりまでに、何が定期的に評価されるのかを明記することになる。

　明瞭で説得力のある補助金の申請書は、人格教育のプログラムが扱おうとする論点や問題について記載し、なぜ選択されたプログラムはそれらを扱うのに効果的な方法であるのかについても記載する。提案書は、プログラムの目標を明記し、「目標が達成されたか」、「目標がどれくらい良好に達成されたか」、「評価計画がどのように実施されるか」を説明する必要がある。プロジェクト・ディレクターと評価者は、プログラムや評価計画の詳細な説明を含んだ、論理的で有意義な提案書を書くという作業を共同して行なうことになる。

（3）評価プランの準備

　第3段階は、第2段階において述べられたプログラムの説明書を用いて評価プランを準備することに重点を置く。この第3段階には、評価調査についての質問事項を考えたり、最も効果的な評価デザイン（過程や結果の両方）と手順を決定したりすることが含まれる。評価調査についての質問に関する議論は、実験的か準実験的なデザイン、または別に承認されたデザインのどちらを用いるかを決定することにおいて、プロジェクト・ディレクターと評価者の助けとなる。

　人格教育プログラムに対する科学的に厳密な評価を実施するためには、プロジェクト・ディレクターと評価者の間における計画立案と持続的なコミュニケーションが必要である。計画の仮定と目標、調査についての質問、調査デザインと評価を実行する手順などを含む全体的な評価プランが作成され、提案申込書に記入される。評価の手順に関する詳細は、補助金の交付前に決定できないものもあるが、評価を実施する前に基本的データを集めることを可能にするため、交付後なるべく早期に決定することになる。

　第2段階は、チームのプログラムに関する基本的な理解とその期待される結果の推測が、どのようにプログラムの説明書に詳しく説明されるかを検討した。それに対して、第3段階は、取り組むべき評価についての質問の作成、可能な調査デザイン、評価実施のための手順についてより詳しく調べる。

　調査についての質問、調査デザイン、手順などを含んだ書面上の評価計画も、第2段階において述べられた計画の説明書が共有されたように、主要な利害関係者と共有すべきである。特に、二つの学校でプログラムを実施して比較や対照を行なう場合、両校の教師などを含めた利害関係者の考え方を取り入れることは、評価計画の信憑性を増加させ、より有効な評価となることに寄与する。

　こうした評価計画のデザインは、共同の取り組みでなければならない。プロジェクト・ディレクターと評価者は、チームの主要メンバーとして、何が評価を可能にするかだけでなく、何がそれを制限したり妨げたりする可能性があるかについての専門知識を共有しておく。これらの議論は、詳細を評価し、熟考し、合意を形成するための時間を要する。

　調査についての質問や調査デザインは、プログラムの説明書によって直接通知される。第2段階において触れたように、計画の説明はプログラムの目標と過程を詳しく説明する。それゆえ、プログラムの説明書は、評価調査についての質問を生み出す指針としての役割を果たすことになる。

　評価についての質問は、プログラムの実施に関してさまざまな利用者と利害関係者が必要とすることや知りたいことを提示する。初めに、第2段階において記載された領域1「背景」と関連する以下の質問について話し合う。これは調査プロジェクトの有用な基盤を築く助けとなる。「既存の調査は、有効な人格教育の実施について何を教えてくれるか」、「それらを実施するうえで最も重要な要素とは何であったか」、「あなたが実施する教育の最も重要な要素は何だと思うか」、「あなたが実施する教育の最も重要な要素の中で、いくつが最初の質問において述べられた既存の調査における有効な教育と同一あるいは類似していたか」、「上記の既存調査における教育の結果、学校、子ども、教師、家族、地域社会はどのように変わったか」、「あなたが実施する人格教育の結果、学校、子ども、教師、家族、地域社会はどのように変わるべきか」、「見直された人格教育の有効性を決定するのは何か」などである。

　プロジェクト・ディレクターと評価者が上記の質問について話し合っておけば、プロジェクトのためにより具体的な調査についての質問に集中できる。具体的な調査評価についての質問を作成することは、「それぞれの質問に取り組むためにどのような情報が必要か」、「どのようにその情報が集められるか」、「それぞれの質問に最も直接的に答えるために、何をどのように分析するか」に関するさまざまな提案を生み出すことになる。

　第2段階において述べられた領域2の「目標」と領域3の「プログラムの要件」に応じて挙げられた「選択されたプログラムの目標と特性」の詳細な説明書は、適切で明確かつ正確な調査についての質問を記述するために必要な情報を提供する。

　プロジェクトが異なれば、評価調査についての質問も多様になる。利害関係者からの情報を得て、プロジェクト・ディレクターと共に調査についての質問を記述した後、評価者は研究デザインを決定するための準備ができたことになる。

（4）施設内の倫理委員会からの承認

　第4段階は、施設内の倫理委員会（IRB）において被験者に関する連邦規則とコンプライアンス（法令遵守）に基づき、調査活動に承認を与えたり、調査活動の修正を要請したり、調査活動に反対したりすることである。IRBは、研究大学、民間企業、非営利団体、学区などで設立できる。IRBの主要な義務は、調査参加者を保護する連邦規則に対する組織や評価者の責任を課すことにより、調査参加者を守ることである。

　アメリカの教育省は、もし提案されたプロジェクトにおいて責任から免除されていない被験者調査が含まれていると判断した場合、その補助金申請者と連絡をとり、被験者の許可を得るために必要な資料の提出を要請する。次に、評価が開始される前に、（PCEPの補助金受領者を含む）補助金受領者は提案された調査計画に関する情報をIRBに提出し、審査を受け、承認を得る必要がある。IRBに提出される提案書には、評価プロトコル、データ収集の文書、募集の資料、同意書、その他のIRBが必要とする関連情報も含まれる。「責任から免除されていない被験者調査」は、連邦規則に従うための「連邦省庁共通の確約書（FWA）」、および提案されている特定の調査に対するIRBの承認も有していなければならない。アメリカ被験者保護政策または共通規定の下、IRBレビューにより責任から免除されたものと見なされるPCEP評価は非常に少ない。共通規定を採用した17の連邦機関において、それは調査における被験者の使用を管理する。加えてPCEP評価は、子どもの記録が使用される場合は、「家庭教育の権利とプライバシーに関する法（FERPA）」の要項を満たさなければならず、子どものアンケートが使用される場合は、「子どもの権利保護修正法（PPRA）」の要項を満たさなければならない。

　FWAとは、「責任から免除されていない被験者調査」を実施する場合、組織が被験者調査の保護のために連邦規制に従うという確約書である。組織はさまざまな連邦機関により資金助成された調査を実施する可能性があるため、教育省はFWAを用いる。FWAは、多数の連邦機関により資金助成された調査に有効であり、3年を経過した後の期限切れの時に更新することができる。

　ほとんどすべての研究大学、多くの研究会社、非営利団体、いくつかの都市部の学区は固有のIRBを有している。ほとんどの場合、評価者がIRBへの提出手続きをとる。評価者やプロジェクト・ディレクターが、固有のIRBを有する大学などの機関に所属していない場合は、別の組織のIRBに申込書を提出するか、営利的IRBのサービ

スを受けるために契約する。

　その後、IRB委員会は(a)予期される有益性と関連して、参加者のリスクは最小であり合理的であるかどうか、(b)参加者の選考が公正であるかどうかについて決定するため申込書を審査する。IRBは以下の3つの内の1つの措置を取る。(1)申込書を承認する。(2)修正や再提出のために返却する。(3)無条件で却下する。IRBが提出物を承認しない場合、その理由を述べて、補助金の受領者に対して、適切な文書の用意、または手順の変更を伴う再提出の機会を与える。

　IRBから承認の通知を受け取り、参加者の同意手順を終えた後、データ収集を開始できる。IRBの承認は1年間、有効である。もし調査が承認の失効日においても依然として進行中である場合、IRBからの延長の承認が必要となる。

（5）評価を実施するための適切な同意

　第5段階は、調査のためにIRBが要求する、同意を得るための要件を満たすことである。プロジェクト・ディレクターと評価者は、事前に調査の趣旨を参加者に説明し、被験者として参加する承諾を得なければならない。彼らはさらに参加者の匿名性や守秘義務を適切に維持しなければならない。

　連邦規制によって、調査研究に参加する者は誰でも、参加に同意する必要がある。彼らは参加するかどうかを自由に選択する機会を与えられる。もし子どもが未成年であり、調査研究がアメリカ教育省に支援されている場合、親にも子どもの参加を許可する機会が与えられなければならない。

　調査研究をするうえでインフォームド・コンセント（説明による同意）を得ることは重要である。単にノーと言わないことによる同意もある。IRBにおいては、子どもを参加させる学校調査のほとんどのケースにおいて親からのインフォームド・コンセントが必要となる。

　プロジェクト・ディレクターは、インフォームド・コンセントの手順が予算やスケジュールの両方に影響があることを認識しておく。参加者の基本データは、インフォームド・コンセントが得られた後でなければ収集できず、多くの場合はそれが得られるまで6～8週間かかる。インフォームド・コンセントを得るためには、親に同意書を郵送し、同意書を返送してもらい、必要に応じて個別に親と交渉する必要がある。

　子どもが調査に参加するためには親の同意が必要であるが、子ども自身の同意もあった方がよい。親と子どもの両方にどの参加も任意であり、調査への参加を拒否したとしても罰則はないことを明確に伝えておく。

　参加に同意するかどうかを決定するために、参加者と未成年の子どもの親は、評価

に関する情報を十分得ている必要がある。プロジェクトについて説明する手紙は、学校や学区の公式な便箋において送付するようにする。

　また、同意を得ることに加え、学校の教師と評価者は、すべての参加者が自らの回答により法的、感情的、個人的に危険にさらされないように保護されることを確約する。匿名性と守秘義務は、プライバシーに関する個人の権利を守り、参加へのためらいをなくすために大切になる。

（6）データの収集と管理

　第6段階は、データの収集と管理である。そこには(a)支援員、人格教育プログラムの開発者、対照群の参加を求めること、(b)パイロット・テストの実施、(c)データ収集者のトレーニング、データ収集のモニタリング、データ管理計画の作成と実行などが含まれる。

　学区や学校の管理職による初期の継続的な関与は、いかなる人格教育プログラムの評価の成功のためにも重要であり、以下の5点に留意する。学校は、(a)評価チームと強く継続した協力関係にある。(b)プログラムが実行可能であるだけでなく、その評価が信頼でき、調査の妥当性に自信がある。(c)プログラムの実施を通じて、調査が彼らの学校改善に導くと信じられる。(d)プログラムを実施したプラスの効果は、調査用の補助金の交付が終了した後も維持されると信じられる。(e)調査の参加校（または複数の参加校）に対する破壊的な影響を最小限に留める。

　こうした点を学区や学校の管理者がプロジェクト・ディレクターと評価者から評価計画の段階で聞いた場合、たいていは参加に同意し、評価デザインの基準に従う。

　効率的なデータ収集は、学校の管理職や教師だけでなく、プログラムの開発者にも関与してもらう必要がある。その関与を得るための方法の一つは、教師や開発者にデータ収集と実務計画を手伝ってもらうことである。特に、教師はプロジェクト・ディレクター、プログラム開発者、評価者が見落としているかもしれない実務の問題を予期するだろう。前もってこうした情報を得ておくと、評価者は調査の計画を調整することができる。

　プロジェクト・ディレクターは、教師の評価の質を高めることができる唯一の立場にある。伝達すべき重要なメッセージは、評価を実施することで教師が自らの人格教育を改善する助けとなるということであり、改善することにより子どもの行動や学力がさらに改善する可能性があるということである。こうした学校、プログラム開発者、評価グループが互いに良好な関係をもち、高品質で有用なデータを収集することに打ち込む時、評価はより成功する可能性が高い。

　プロジェクト・ディレクターと評価者は、対照群の参加を維持するための方略と、

調査期間を通じてプログラムの実施や対照条件の差異が記録・保存されるように配慮する必要がある。

データ収集の試験的な実施は、評価を開始する前に手順のあらゆる問題を特定し、修正する機会を提供する。試験的な実施は、評価チームが以下の5点を行なう助けとなる。

第一に、インタビュー、アンケート記入、観察を行なうために必要な時間を推定する。第二に、参加者がスタッフからの助けなしにアンケートを記入できるかどうか、あるいはどのような助けが必要かを特定する。第三に、学業成績に関するどのデータが入手可能で、全部そろっていて、常に維持されているかを特定する。第四に、文書が同一の事象を計測しているかを判断し、文化、発達、読解力に起因しているかもしれない差異を考慮に入れる。第五に、有効データが英語以外の言語に翻訳された文書から得られるかどうかを判断する。

試験的な実施は、ものによって異なることがあるし、必要でない場合もある。評価者はプロジェクト・ディレクターと協議し、その必要性や規模の大きさを決定することになる。

評価者はデータの品質やデータ収集の過程をモニタリングするための計画を作成する。データの収集者がデータの取扱いに関する計画をもっているならば、データを記録し、その正確性と完全性を精査する態勢がより整っていることになる。

データ管理の計画は、簡単にデータにアクセスして理解する必要のある情報を評価者に与える。多くの場合、評価者は特定の結果を評価するためにいくつかのタイプのデータを使用する。例えば、プログラムの説明では、「一つの目標が子どもの向社会的行動の改善である」と述べるかもしれない。それゆえ、評価者は向社会的行動を評価することに集中し、プログラムが開始される前に懲戒の照会に関するデータを収集するかもしれないし、学級内外の観察を実施するかもしれないし、また教師、子ども、学校管理者とのインタビューを実施するかもしれない。これらのデータは、人格教育を実施した学校と対照となる学校の両方で収集されることになる。評価者は直ちにこれらの異なる種類のデータを比較検討し、その向社会的行動を評価するための有用性を決定し、その後、どのデータを用いるか、またはどの組み合わせで用いるかを決定する。

データ収集が開始される前に、データ収集のツールを用いるすべての人に正式なトレーニングを提供する。評価者はデータ収集のマニュアルを作成し、収集の手順を詳細に調べる必要がある。評価者は実践に関する会合を設け、その中でデータ収集者も文書を完成させ、お互いにその文書を使用してみる。

データ収集を開始した後、その過程ではデータを頻繁にレビューし、データ収集者

が一貫して手順に従って計画に沿った進行がなされるように打ち合わせをしておく。評価者または評価チームは、完成した文書を、それぞれが正しく完全に答えられているかを確認するために、到着したらすぐ審査する。

（7）データの分析と解釈

　第7段階では、評価者はそれぞれのデータ解析が準備されている時、共通の課題をモニタリングし、データが収集された後に結果の分析とその解析を行なう。データを分析する際の焦点は、プログラムの目標と評価についての質問である。評価は以下の基本的な4つの質問に答える必要がある。

　第一に、プログラムの参加者は、知識、態度、信条、行動において要求レベルを満たしたか、または変化を示したか。第二に、学校はその風土や文化の要求レベルを満たしたか、または変化を示したか（例えば、学校の物理的環境、安全性、社会的雰囲気、規律問題の減少）。第三に、これらの観察されたレベルや変化は人格教育の実施に起因したか。第四に、人格教育から得られた結果と情報は、実践の指針としてどのように使用できるか。

　分析計画は、データの分析、要約、報告のための方法を概説する。分析計画には説明的な報告、特にインタビューしたデータの内容分析が含まれる。計画にはどのように説明的なデータをコード化し、要約し、報告するかをできるだけ正確に記述する必要がある。

　もしデザインが準実験的であるならば、分析計画には量または度合いのデータを明確にする必要がある。つまり、それぞれのプログラムはどれほど実施されたか、何人が関与したか、すべての結果変数に対して、各活動はそれぞれの参加者にどれほど実行されたか等である。さらに、分析計画には各活動にそれぞれの参加者が参加した回数、活動の時間（例えば15分間または2時間）、活動の期間や頻度（例えば、ある土曜日の朝、あるいは16週間にわたり週2回）の概要が含める。詳細な計画は、分析されるべき具体的なデータを明確に述べるため、評価者が異なる種類のデータを適切に分析することが保証される。

　評価デザインに対照群が含まれると仮定すると、分析は人格教育に参加した者における成果を、対照群の参加者における成果と比較できる。データ分析は、評価計画において明示されたように、プログラムの実施と予期された効果との関係を評価する。そして評価計画は、一般的な分析アプローチを明示する。例えば、もし評価チームが子ども、教師、親において異なる結果を明示した場合、分析計画はそれぞれの群からのデータを評価するために適切な別の手順を指定する。

　さらに、評価デザインは、結果のデータを評価するための適切な方法を指示する。

例えば、方法や比較群が選ばれた基準を用いて選択される準実験的デザインにおいては、トレーニングや量などのプログラムの特徴を分析することは、多くの場合で適切であり、必要である。逆に、実験的デザインにおいては、トレーニングや量の分析は多くの場合、不適切である。そのうえ、評価計画は、最終的な結果だけでなく、中間的な効果（例えば、プログラムが学校の風土に影響を及ぼし、その後、子どもの結果に影響を及ぼす）も検討するかどうかを決めておく。

　一般的に、データ分析における問題を防ぐ最良の方法は、提案書を作成する段階で注意深く計画を立てること、およびプロジェクトを実施する期間中に継続したチームワークを発揮することである。しかし、このうえなく入念に準備した計画でさえ、調査の有効性に影響を与えるような想定外の出来事によって失敗する可能性がある。評価デザインやチームは、調査結果が適切に解釈されるため、不可避な状況の変化に遭遇した場合は、柔軟に対応しなければならず、注意深くこれらの変化の背景や原因を記録しておく。

　プロジェクト・ディレクターは、調査の所見における正当性や有効性にマイナスの影響を与えうる共通の課題を認識する。そして第3段階において言及されたように、評価デザインの過程においてこれらの問題のマイナスな影響を最小限に抑えるための手順を明確にするため、評価者と密接に打ち合わせておく。

（8）評価結果を伝達する

　第8段階では、評価の結果を伝えるために効果的な方法を構想して実行する。単に情報の量やアクセスのしやすさを増やすだけでは、その知識を求める利害関係者がそれに意義を見出したり、役立つと感じたりすることは難しい。評価者は、利害関係者や意思決定者に対して、関連するわかりやすい用語を用いて報告し（たとえば変化率や学年レベルの増加）、利害関係者がその教育的意義を判断できるようにする。

　そのうえ、結果をうまく伝えるには、プロジェクト・ディレクターと評価者が人格教育の多様な利害関係者すべてに対して、情報を具体的に関連づける。評価の結果を伝達する手段としては、学術誌、新聞、ウェブサイト、正式な報告書、教育委員会や立法機関への報告、保護者や教師の組織への報告などがある。学術誌（時には新聞）での発表を除いて、通常はプロジェクト・ディレクターがその宣伝する役割を担当している。その際、プロジェクト・ディレクターは、特に評価の所見を誇張することを避けるため、評価者と相談しておく。

　評価のどの側面に興味をもつかは、利害関係者によって異なるため、それぞれの情報伝達の内容は、その聴衆に合わせる。何が伝達するかは、ある特定の聴衆に対してどの情報が最も有意義で価値があるかによる。発表の始めに最も説得力のある情報を

提供し、評価の所見に基づき特定の聴衆がとるべきあらゆる行動をはっきりと述べなければならない。

　情報の伝達は、望ましい結果を広く正確に伝えるために、メディア、人間関係、地域社会と協調する伝達の媒体は、多様なものであるべきである。利害関係者の間で内部でも外部でも普及させることができるように、書面での情報や電子メディアを含める。また、結果に関する利害関係者とのコミュニケーションは、プロジェクト・ディレクターと利害関係者の間の初期の段階（すなわち実施する前と実施している期間中）の継続したコミュニケーションを基盤として行なう。

おわりに

　人格教育の研究を厳密に評価することは、可能であるとともに有意義である。評価の成否は綿密な計画、利害関係者の強力な協調、チームの共同的努力、適切な資源によって決まる。アメリカの教育省は、現在と未来の人格教育プログラムにおけるパートナーシップの下で資金を得た多くの受領者のためだけでなく、自分たちの人格教育プログラムを科学的に評価しようという作業に乗り出している人々のためにも、こうした評価指針を提供している。

　評価が共同チームにとって管理できる仕事となり、評価過程の改善を行なうことで、人格教育プログラムやその結果は改良される。有効な人格教育プログラムは、我々の学校や地域社会においてより健全な環境を作り出すことができる。そこでこそ、子どもたちは能力を発達させ、知識や技術を学び、学力を獲得し、自分自身で成功し、地域社会に奉仕することに意欲的な優れた人格をもてるようになる。

（註）
(1) 柳沼良太『実効性のある道徳教育―アメリカ人格教育との比較から』、教育出版、2015 年、81–88 頁。
(2) U.S. Department of Education, *Mobilizing for Evidence-Based Character education*, 2007.
（参考文献）
Character Education Partnership, *11 Principles of Effective Character Education*, 2010 Revision.
The Social and Character Development Research Consortium, *Efficacy of Schoolwide Programs to Promote Social and Character Development and Reduce Problem Behavior in Elementary School Children*, 2010.

｜3節　アメリカの大学教育

はじめに

　アメリカでは国民の意識レベルでプラグマティズムの発想が広く浸透しているが、それはアメリカの大学でも同様である。アメリカの大学は、一方で効果的で卓越した

教育・研究をめざしており、毎年各種の国際的な大学ランキング調査においてアメリカの有名私立大学が上位を占めている。その一方で、アメリカには州立大学、リベラル・アーツ・カレッジ、コミュニティ・カレッジ、通信制大学等まで多種多様な大学が並立・乱立している。つまり、国民のニーズや高等教育の目的に応じて多種多様な大学が用意されていると言える。

　本節では、こうしたプラグマティズムの発想が生きているアメリカの大学における卓越性と多様性に着目しながら、その特質や課題をハード面とソフト面から追究することにしたい。その際、筆者が個人的にアメリカの大学や大学院に留学した経験や在外研究した経験も含めて、実感を込めつつ多角的に論じる。

　内容の構成としては、まず、アメリカの社会や歴史と関連づけて、アメリカの大学が生成・発展してきた過程を振り返る。次に、アメリカの大学における理念上の特徴を確認し、その典型的な形態として研究重視型の大学、教育重視型の大学、コミュニティ・カレッジ、通信制大学をそれぞれ検討する。第3に、アメリカの大学における教育上の特徴として、学生の側からは自主的で協働的な学習スタイルおよびTA制度の効用を取り上げ、大学教師の側からはテニュア制度やFD制度について取り上げる。最後に、日本の大学と比較考察しながら、アメリカの大学の魅力と課題を検討することにしたい。

1　アメリカ社会と大学

　まず、大学の国際ランキングを見るところから始めよう。イギリスの教育専門誌「タイムズ高等教育（Times Higher Education）」のTHE世界大学ランキング（2019年）は、教育力、研究力、研究影響力（論文の引用数）、国際性、産業界からの収入の5領域、13項目についてデータを収集し、総合的に評価している。86ヵ国1250校のうちで1位がオックスフォード大学（イギリス）、2位がケンブリッジ大学（イギリス）、3位がスタンフォード大学（アメリカ）、4位がマサチューセッツ工科大学（アメリカ）、5位がカリフォルニア工科大学（アメリカ）、6位がハーバード大学、7位がプリンストン大学、8位がイェール大学（アメリカ）、9位がインペリアル・カレッジ・ロンドン（イギリス）、10位がシカゴ大学である（参考までに日本でトップは、東京大学の42位、2位は京都大学の65位である）。イギリスの教育専門誌であることもあり、1～2位こそイギリスの大学が抜きん出ているが、3位以降は圧倒的にアメリカの大学が占めている。また、アメリカのランクイン数は172校であり、断然トップである（2位は日本の103校、3位はイギリスの98校）。

　また、上海交通大学の大学研究センターが発表する世界大学学術ランキング（ARWU 2018年）もある。この世界大学学術ランキングの評価基準は、ノーベル賞や

フィールズ賞を受賞した卒業生の換算数、同二つの賞を受賞した教員数、高被引用科学者数、雑誌 Nature と Science に発表された論文数、SCIE と SSCI に収録された論文数、教師の平均表現（部門パフォーマンス）の6指標に基づいて評価される。そこでの世界1,200以上の大学のうち、1位がハーバード大学（16年連続）、2位がスタンフォード大学、3位がケンブリッジ大学、4位はマサチューセッツ工科大学、5位がカリフォルニア大学バークレー校、6位がプリンストン大学、7位がオクスフォード大学、8位がコロンビア大学、9位がカリフォルニア工科大、10位がシカゴ大学である（日本でトップは東京大学の22位、京都大学は35位）。アメリカの大学は100以内に46校入っている（日本は3校）。

**研究重視の大学の例
ハーバード大学**

写真 1-1

　こうした世界規模の大学ランキングは、研究機関としての大学の貢献度を評価するもので、国際競争で評価されやすい大学（特に英語を使用言語とする理系の総合大学）に有利なようにできているところもある。それでも、例年アメリカの大学が上位を数多く占めていることは注目に値するだろう。アメリカの大学は、プラグマティズム的な発想から研究成果や大学教育の品質管理を徹底的に重視するため、それがこうしたランキング結果にも反映していると言える。

　アメリカでは国内でも大学ランキングが非常に盛んである。例えば、U.S.Newsのベストカレッジ・ランキングでは、私立大学、州立大学、リベラル・アーツ大学、そして地域や専門分野ごとにランキングを毎年公表している(1)。こうした各種のランキングは社会的評価に繋がり、学生の志願者数や寄付金にも影響するため、各大学は国内外で順位を上げるために鎬を削っている。

　こうしたアメリカの大学における効果的で卓越した傾向を理解するためには、その時代的かつ政治的な背景も理解しておく必要がある。アメリカでは国家的な危機に直面するたびに熾烈な国際競争に勝ち残れる人材を大学で育成しようという政治・経済的な要請が厳然とあった。

　例えば、1957年の「スプートニク・ショック」では、旧ソ連との宇宙開発競争

で敗北したことを受け、国家の威信をかけて軍事・科学技術の分野で優秀な人材を養成するために、1958年に国家防衛教育法（NDEA）を成立させ、数学・理科・外国語の教育を強化すると共に、専門職の養成に向けた大学院教育を強化した。

次に、1983年に「教育の卓越に関する国家委員会」が発表した「危機に立つ国家（Nation at risk）」では、大学進学率の急増による大学教育の質的低下や、当時の日本や西ドイツの経済的な追い上げによる財政的危機を克服するために、再び大学の質的向上や国際競争力の強化が要請された。

さらに、2011年に起きた同時多発テロ事件の後は、急激に愛国主義的な傾向を増し、翌年に「落ちこぼれ防止（No Child Left Behind）」法を制定すると共に、「頂上への競争（Race to the Top）」政策によって大学間で世界一をめざす国際競争に拍車をかけたのである。

その一方で、アメリカでは高等教育レベルでも機会均等がめざされ、大学の門戸開放が求められてきた。アメリカでは各州で大学設置を認可する制度があるため、4300校以上の多種多様な大学が次々と創立されてきた。その中には、上述した世界トップレベルの研究大学もあれば、十分な教育施設や教授陣が存在せず、学生数も定員割れを起こして、経営難に陥り閉校（倒産）する大学も少なからずある。

1970年代からアメリカでは世界に先駆けて万人に向けた高等教育制度を整備したが、それと同時に「大学淘汰の時代」に突入し、新設や統廃合を激しくくり返すことにもなった(2)。特に1980年代以降のアメリカでは、新自由主義の教育改革によって大学にも市場原理が持ち込まれ、規制緩和によって多種多様な大学や学部が乱立され自由競争を促されていった。

それと共に、アメリカの大学では教育の品質管理を行なうために、教育の使命（ミッション）、目標（ゴール）、標準（スタンダード）を明確に示して戦略的計画を立て、それを基づいて実践し、その成果を数値によって評価し、その改善的な措置を取ることも求められている。こうした大学教育のPDCAサイクルを妥協なく積極的に行なうことで、教育のアカウンタビリティ（結果責任と説明責任）を果たし、質の保証と向上を徹底していった。こうした歴史的経緯や政治・経済的要因が、アメリカの大学における効果的で卓越した教育・研究を生み出すと共に、自由で多様な取り組みを展開する素地を創っていったのである。

2　アメリカの大学の理念的特徴と諸形態

アメリカの大学における理念上の特徴としては、第一に、自由で創造的な教育・研究を行なうことであり、次に、学問の実用性を尊重することであり、第三に、高等教育でも機会均等を重視することである。以下でこうした三つの特徴をそれぞれ検討し

たい。

　まず、アメリカの大学は、既存の学問体系をただ継承し伝達するのではなく、時代のニーズに合わせて柔軟に改良を加え、独自に新たな分野を多方面に切り拓くことを重視する。それゆえ、アメリカの大学は、既存の学問領域（例えば文学、哲学、経済学など）にとらわれず、実験的な試みによって斬新で学際的な学問領域（例えば、情報工学、ジャーナリズム、スポーツ経営学など）を次々と創出している。こうした独自性や斬新性を尊重する自由で独創的な教育・研究環境がアメリカの大学に活力と魅力を与えている。

　次に、アメリカの大学は、伝統的な学問それ自体を純粋に追究するというよりも、学問を実社会で役立てようとする傾向が強い。これはアメリカの大学で実際の問題解決をめざすプラグマティズムが発展してきたことと関連があるだろう。そうした実学を志向するアメリカの大学から、特定の職域と結びついた専門職教育を行なうプロフェッショナル・スクールも誕生してきた。特に、ビジネス・スクール（経営大学院）やロー・スクール（法科大学院）などは、職域に応じた目的合理性を追求し、実際の現場で活用・応用できる専門知識や高度な技能を指導することに徹している点で特徴的である。

　第三に、アメリカの大学では、自ら学ぼうとする意欲がある人々に対して可能なかぎり教育機会を保障しようとしている。一般にアメリカでは、SAT（大学適性テスト）で一定以上の成績を取れば、希望する大学に入学できるシステムになっている。このSATは年に複数回あり、何度でも受け直すことができる。また、コミュニティ・カレッジであれば、年齢や成績に制限されず、誰でも自由に安価で入学できるし、通信制大学なら時間や空間の制限さえなくして柔軟に受講することができる。

　トロウ（Martin Trow）は高等教育の発展過程をエリート型（18歳人口の大学進学率が5％未満）、マス型（5％以上〜45％未満）、ユニバーサル・アクセス型（45％以上）に分けたが(3)、アメリカの大学は世界でも逸早くユニバーサル・アクセス型に到達したことになる。

　ただし、より実態に即して正確に言えば、アメリカの大学は、世界でトップレベルの優秀な研究を行なう総合大学（National University）、地域に密着して教育に重点をおく大学、一般教養を総合的に習得するリベラル・アーツ・カレッジ（私立）、2年制のジュニア・カレッジ（私立）、地域に密着した2年制のコミュニティ・カレッジ（公立）などに分かれている。さらに、特定分野の学問や技術の習得をめざす専門大学（Specialized Institutions）、部族大学（Tribal Colleges & Universities）、通信制大学、利益追求型大学（For-profit College & Universities）なども多数ある。

　当然ながら、世界的に有名な私立の研究大学は、高い学力だけでなく高額な入学金

や授業料も求められるが、コミュニティ・カレッジや通信制大学であれば、低額の入学金や授業料で学力に応じた高等教育を受けることができる。つまり、アメリカの大学では、理念別や目的別にエリート型とマス型とユニバーサル型が併存しており、一種のヒエラルキー構造を成しているとも言える。

　以下では、アメリカの大学を主に特徴づけていると思われる研究重視型の大学、教育重視型の大学、コミュニティ・カレッジ、通信制大学をそれぞれ検討していこう。

（1）研究重視型の大学

　まず、研究重視型の大学は、世界のトップレベルで最新の研究をする私立の総合大学に多いタイプである。こうした研究大学には、例えば、ハーバード大学、エール大学、プリンストン大学、コロンビア大学などのようなアイビーリーグ（アメリカ東部に位置する名門私立大学）をはじめ、スタンフォード大学、カリフォルニア大学バークレー校（州立）など世界屈指の有名な大学が数多くある。こうした研究大学には大学院（特に博士課程）を重視するため、学部教育は小規模であり、大学院生の数が学部生の数よりも多いところに特徴がある。例えば、ハーバード大学の場合、大学院生は13,000人に対して学部生が6,000人である。

　こうした研究大学は、潤沢な財源によって国内外から優秀な学者・研究者を呼び寄せ、破格の特別待遇を与えて優れた研究成果を上げている。そうすることで政府や各種研究機関や財団の競争的な外部資金（grant）を獲得すると共に、寄付金などの積み立てや大学基金の運用を行ない、独立した大学運営を行なうことができるのである。例えば、筆者が1990年代から師事していたリチャード・ローティ教授は、初めはプリンストン大学やバージニア大学の学部課程で哲学や比較文学を教えていたが、哲学界で名声を博した晩年にはスタンフォード大学に招かれ、哲学の大学院博士課程で優秀な研究者を数多く輩出していた。

　研究重視型の大学は、学生や院生の教育もまた世界のトップレベルとして評価されることが多い。そもそも大学ランキングは、研究業績だけでなく授業の質、授業料、奨学金についても評価するため、研究大学でも学生の指導や「経済的援助（Financial Aid)」にも力を入れている。研究大学は私立が多いため、裕福な家庭の子どもしか入学できないという印象を受けるが、実際のところは各種の奨学金や無償援助を利用して、多様な学生が進学できるように配慮している。そうした優れた教育・研究環境を求めて、国内外の優れた学生や研究者が集まってくるという好循環もある。

（2）教育重視型の大学

　次に、教育重視型の大学は、主に地域に密着した中規模の州立大学に多いタイプで

ある。もともと教育大学や職業学校として創設された大学も多いため、教員養成や職業訓練に力を入れており、各種のスポーツ競技や地域ボランティア活動も盛んな傾向にある。

　こうした教育重視型の大学は、上述した研究重視型の大学とは逆に、学部生が大学院生よりも多い。例えば、筆者が訪問調査したニューヨーク州立大学ニューパルツ校の場合、学部生が約6,200人に対して大学院生は約1,800人であった。学生は入学金や授業料で優遇される州内の出身者が多い傾向にあるが、留学生も400人ほどいた。ここの学部には教養学部、教育学部、美術工芸・芸能学部、理工学部、商学部があり、それに対応した大学院の修士課程として教育学、美術・芸能学、工学、ビジネスがある。

　こうした教育重視型の大学を卒業した者は、地元の企業や公共機関や学校に就職して地域社会に貢献しようする傾向がある。大学教師の方も国際競争に勝ち抜こうとするより、堅固な社会的意識をもって地元のコミュニティを支える優れた市民やリーダーを育成することに誇りをもって取り組んでいる。そのため、キャンパスの雰囲気も穏やかで、大学教師や学生の間では和気藹々とした人間関係が築かれている。

　ただし、教育重視型の大学にも世界的に高名な学者がいる。例えば、筆者が2010年度の在外研究で師事したリコーナ（Thomas Lickona）教授は、「人格教育の父」とも称され、国内外の教育実践を理論的に指導する著名な学者だが、ニューヨーク州立大学コートランド校の教授であり、同校の「第4第5Rs研究所」の所長を長年務めている。このように専門職の養成課程に関する実践研究では、教育重視型の大学に優秀な教授陣が揃っているのである。

写真2-1　教育重視の大学の例として　ニューヨーク州立コートランド校

（3）コミュニティ・カレッジ

　コミュニティ・カレッジは、地域に密着した万人向けの公立または州立の二年制大学であり、全米で1,700校以上もある。このカレッジには、単に「第二外国語としての英語（ESL）」を勉強する者から、4年制大学への編入学をめざす者、職業訓練プ

ログラムを受ける者、教養や娯楽として学習する者まで多種多様な学生がいる。

　もともとコミュニティ・カレッジは、高等教育の機会均等をめざして設置されたため、比較的容易に入学することができ、州の住民であれば大幅に入学金や授業料を免除される特典もある。また、成人（社会人）の学生も多いため、成人学習（Adult Learning）やリカレント教育に対応した科目も充実している。時間帯も成人用に夜間講義や夏季セミナーとして設置されることが多く、全期間を通して託児所（child care center）が格安で利用できる特典もある。

　かつて筆者が訪問調査したトンプキンス・コートランド・コミュニティ・カレッジ（略称、TC3）は、ニューヨーク州にある30校あるコミュニティ・カレッジの一つで、コートランドとイサカの境に位置していた。このカレッジには応用・純粋科学、ビジネスとマネジメント研究、創造的アートとデザイン、人文学、社会科学・コミュニケーション、建築・建設計画、コンピューター・数学科学、教育・トレーニング、保健・医学、法律、旅行・観光・ホスピタリティなど48の分野のコースにわかれている。その中で通学制が44分野で、通信制（オンライン）が4分野である。

　準学士号（associate degree）の取得をめざす正規の学生には、約70カ国から3600人が在籍し、卒業後は近隣のコーネル大学やイサカ大学を含めた国内外の大学へ編入学する学生も数多くいた。この他に、特定の科目やコースだけを受講して証明書（Certificate）の取得をめざす学生や、単位に関係ないワークショップやトレーニングにだけ参加する学生が3,000人近くもいるのが特徴的であった。

コミュニティ・カレッジの例として
トンプキンス・コートランド・コミュニティ・カレッジ

写真 2-2

　こうしたコミュニティ・カレッジは地方自治体の限られた予算内で運営されているため、上述した研究大学や州立大学と比べると、図書館やコンピューター室やスポーツ施設は小規模であり、専任講師の数も少ないため、研究環境としては厳しい状況にある。しかし、学生のニーズに合わせて多様な学科や科目を取り揃え、留学生への語学教育、4年制大学への準備教育、社会人の生涯学習にも柔軟に対応し、高等教育の機会を広く保障している点では、極めて貴重な大学として地域に親しまれ根付いている。

（4）通信制の大学

　近年のアメリカでは通信制の大学も急増している。通信制の大学は、かつては遠隔地で働いている勤労学生や生涯学習を求める成人学生を対象としていたが、今日では大学卒業（学位取得）をめざす学生、資格や免許の取得をめざす学生、編入学をめざす学生、趣味や教養を目的とする学生などが多様な目的に応じて利用している。また、従来の通信制大学では、郵送されてきた教材を自宅などで独学してレポートを書いて返送するやり方が一般的であったが、近年ではコンピュータのオンラインを用いて教材やレポートをやり取りしたり、映像で遠隔授業サービスを受けたりするやり方が普及している。

　アメリカの通信制の大学は、一般の通学制の大学に併設されている場合もあれば、通信制だけで独立している場合もある。その中には単に営利を目的とした大学があり、十分な教員数や施設を持たずに、社会人体験やレポートなどで簡単に学位（学士、修士、博士）を授与する（販売する）ところもあり、学位製造工場（Degree Mill）と呼ばれ批判の対象となっている。

　以上のようにアメリカの大学は一流の研究大学から通信制大学までさまざまであるが、その際、教育研究における品質管理がやはり大きな問題となる。そこでアメリカでは、地域や専門分野ごとに大学教育認定機関が創設されてきた。例えば、アメリカ北西部の大学なら北西学校・大学協会（Northwest Association of Schools and Colleges）、生涯教育の分野なら継続教育大学協会（University Continuing Education Association）などが設置されている。こうした専門家集団の第三者機関から正式な適格認定（accreditation）を授与することで、アメリカの大学は社会的な品質保証を行なっているのである。

3　アメリカの大学教育の特徴

　次に、アメリカの大学における教育上の特徴について、学生の側と教員の側からそれぞれ検討してみよう。

（1）学生の側

　まず、アメリカの大学は、学生の主体的で共同的な学習を重視するところに特徴がある。もともとアメリカには進歩主義教育からの影響が強くあり、子どもの自主性や個性を最大限に尊重して、自由で創造的な問題解決型の学修を推奨しようとする傾向がある。そこで大学の講義でも単に知識や技能を伝達するのではなく、学生が主体的に考察し、議論（ディスカッション）や発表（プレゼンテーション）することにも重

点をおくのである。例えば、2010年にNHK教育テレビで放映され大きな反響があった『ハーバード白熱教室』でも、サンデル（Michael J. Sandel）は、豊富な例題や実例を提示することで、学生一人ひとりが政治哲学上の問題を主体的に思考し判断し議論するよう促しているのが印象的であった。

　こうした講義では、事前に多くの課題が学生に提示されている。学生は指定された課題図書や参考資料を読み込んだ上で、そのテーマに関する議論に参加するよう求められる。こうした議論では、単に課題図書や資料を要約して述べても評価されず、「著者の意見ではなく、自分の意見を述べよ」と厳しく指導される。

　また、アメリカの大学では「剽窃（ひょうせつ）（plagiarism）」を厳しく罰することでも知られている。学生が軽い気持ちで著書や資料やインターネットから他者の意見をそのまま無断で借用すると、停学や退学など厳罰の対象となる。

　さらに、自分の意見だけでなくグループ内で協働的に探究し、総合的な見解をまとめるプロジェクト学習もしばしば取り入れられる(4)。こうした学術的な思考（論理的・批判的・創造的思考）や論文・レポートの執筆、議論や討論などのトレーニングを積むことによって、学生は膨大な情報を整理し、主体的に解釈・判断し、グループで議論し、論理的・批判的・多角的・創造的な意見をもつ習慣を身に付けていくのである。

写真 3-1　　　　　　　　　　　　　　　**対話的な講義の一例**

　近年の講義では、インターネット上のコース・サイトが有効に活用されている。アメリカの大学でも教科書（テキスト）を採用するが、それは教科内容の基準を示すものに過ぎず、各教員は自らの専門分野に対応させた膨大な参考資料（視聴覚資料を含む）をコース・サイトに掲載しておく。学生はこのコース・サイトで課題を確認し、コース内の専用メールでレポートを提出し、数日後に各教員からコメント付きで評価されて返却される。また、学生がプレゼンテーションしたりディスカッションしたりする様子を録画して、このコース・サイトに掲載されることもある。

　こうしたレポート、プレゼンテーション、ディスカッションについては、週毎に観

点別で各教員が形成的評価を行なっている。そのため、学生はコース・サイトを毎日チェックして、教師や他の学生と情報のやり取りを頻繁に行ない、自らの学習の進捗状況や暫定的な成績状況を理解することができるのである。

　また、近年ではオンライン型の授業も増加している。この種の講義はコンピューターさえあれば、学生がどこでも自由に講義を受けたりレポートを作成したりできる点で優れている。ただし、実際に学生がどれだけ講義を受けているか、学生本人がレポートを作成しているかを判断することが難しいところもあるため、単位取得の試験だけは大学で行なったり、レポートの内容を学生に個人面接で確認したりする方法も採り入れられている。

　学生の学習を支援するためにTA（teaching assistant）制度も充実している。アメリカの大学のTAは、学生の出席確認や資料整理をする「教務補助」ではなく、実際に授業を行なう「教育助手」の役割を果している。そのため、大学院生はTAを担当することで、大学での教授内容や技術に精通していく。また、大講義の前にはTAが学部生を小グループで指導し、基礎・基本を習得させておくこともある。前述したサンデルの大講義も、事前にTAが学生を基本的に指導しているから、即興的な対話をしても充実した議論になるのである。また、学生が講義やレポート課題を十分に理解できない場合も、TAが個別に指導をすることがある。さらに、博士課程の大学院生は、RA（Research Assistant、研究助手）として学位取得をめざしながら教員の研究を補助することもある。大学院生はこうしたTAやRAとして雇用されることで、授業料を免除されたり生活費を支給されたりしながら、教育職や研究職の経歴を積むことができるのである。

　この他に、アメリカの大学には一般にティーチング・センター（学習支援室）があり、数名のスタッフが常駐している。このセンターでは、授業の受け方、ノートの取り方、レポートや論文の書き方、テストの準備と復習などを個別に指導してくれる。また、コンピューターの使い方としてワード、エクセル、パワーポイントなどの基本的な使い方から、それを用いた学習方法や発表（プレゼン）方法まで教えている。このセンターには、学生が自主的に立ち寄る場合もあれば、教師に指示されて講義の補習をするために訪問する場合もあるが、学生の自主的な学びを精神的にも技術的にも支援してくれる貴重な役割を果たしている。

（2）教員の側

　アメリカの大学は徹底した業績主義であるため、教員を評価する際にも研究業績を優先する。大学に専任で就職した場合でも、初めの5年から7年ほどは暫定的な雇用であり、その後に研究成果を評価されてテニュア（終身雇用資格）を付与されること

になる。このテニュア審査は、基本的には書類審査であり、論文や著作や学会発表などの研究成果が評価される。アメリカの大学では、「publish or perish（研究業績を刊行せよ、さもなくば消え失せよ）」という有名な格言がある。優れた研究業績を公刊し続けなければテニュアを獲得できないため、大学から追放（雇い止め）されるというシビアな側面が厳然とある。

　ただし、近年のアメリカの大学では、研究業績だけでなく教育業績や学内業務（サービス）も教員評価の対象として重視されるようになってきた。教育実績としては、これまでどのような講義をどのような教授方法で行ない、学生にどのような評価を受けたか、どれだけ卒業論文や修士・博士論文を指導したか、どれだけ学生に論文掲載や学会発表を指導したかなどが評価される。これらを単なる教育業績リストとして示すのではなく、教授のポートフォリオとして具体的に内容を提示することになる。さらに、指導してきた学部生や大学院生からのコメントが審査の材料として参照されることもある。近年では、研究面だけでなく教育面で優れた成果を示した大学教師を「偉大な教師（great teacher）」として表彰する制度も広まっている(5)。

　こうした諸事情もあり、近年のアメリカでは大学教師の教育能力を高めるためにFD（Faculty Development）が活発に行われている。FDは参加が義務とされているわけではないが、毎回多くの大学教員が集合して相互に学び合い研鑽している。こうしたFDの中で特徴的なのは、「教育セミナー」と「教授法シンポジウム」である。

　まず「教育セミナー」とは、学期ごとに予定されている大学教師の学習会であり、さまざまなテーマによってそれぞれの専門家が交代で講義をする。筆者がニューヨーク州立大学コートランド校で参加したセミナーには、「カンニングを阻止する方法」、「異文化の学生を理解する方法」、「成績評価のインフレを是正する方法」などがあった。年毎に教員同士の関心のある実用的なテーマが選定され、学内外から専門家が招かれて話し合いがもたれる。

　次に「教授法シンポジウム」とは、毎年1回（1月末頃）に予定されている教授法の学習会である。ここではそれぞれの大学教師が自分の講義でどのような内容をどのような方法で指導しているかについて率直に発表し合うのである。毎年、50以上のテーマが発表され、学内外の教師やスタッフが自由に参加して、小型の教室で20人くらいのグループで活発な議論が交わされる一大イベントである。このシンポジウムは、他の講義の良し悪しを評価するのではなく、相互の講義を公開し合い、共通理解し合うと共に、互いに指導法を学び合うことを目的としている。教員同士が「この指導法は自分の講義でも使える」とメモを取ったり、「こうしたらもっと良くなる」と助言し合ったり、学部間や大学間で情報交換したりすることに役立てられている。

　また、前述したティーチング・センター（学習支援室）では、教師向けに教授法

を個別に支援している。例えば、論文の指導方法、大講義（100人～600人）の支援、IT教育の支援（前述したコースサイトの使用法）、オンラインの授業方法、レポート課題の出し方、レポートの効率的な評価方法、問題を起こす学生への対処法などを専門のスタッフが助言するのである。さらに、このセンターでは各講義を改善するために、学期の中間で学生に講義についてアンケートやインタビューで調査し、その結果を教師にフィードバックしている。その際、講義のビデオを撮影して、その録画を見ながら「どこが良かったか」「どこを改善できるか」を具体的に相談（consultant）することもある。

　こうしたFDは、大学教師が講義や演習を公正かつ効率的に行なうのに役立ち、テニュアの獲得や教授昇進の審査にも影響するため、積極的に実施されている。

大学のティーチング・センターで
助言を受けている例

写真 3-2

おわりに

　アメリカの大学は、学生・院生の能力を最大限に伸ばすために自由で創造的な教育・研究環境を整備し、多様な学問分野を多方面に展開している点では、類まれな魅力が随所に見られる。こうしたアメリカの大学が誕生した要因には、独特の社会的・文化的な背景もあるが、やはり常に国内外の大学とランキング争いをしながら研究資金を獲得すると共に、大学の品質管理や学術的誠実さを怠らないようにするアカウンタビリティ・システムが構築されてきたからである。こうした教育の品質管理や学術的誠実さを徹底的に追究するアメリカの大学の根底には、プラグマティズム的な発想があると言えるだろう。

　日本でも近年では、文部科学省が各大学に画一的に運営交付金や私学助成金を与えるのではなく、競争的資金を獲得させるシステムを導入してきたので、各大学も横並び意識を脱却して、特色ある大学教育プログラムを提供するようになってきた。しかし、そこにプラグマティズム的な発想が欠けていると、事務レベルの形式的な組織改革や公平な審査のない出来レースの研究競争に陥る可能性もあるだろう。

　また、アメリカの大学は、世界的にトップレベルの研究大学を数多く揃える一方で、教育を重視する大学や、誰でも自由に入学できるコミュニティ・カレッジや、通信制大学など多種多様な大学も併存している。アメリカの大学システムは、当初からこのように仕組まれていたわけではなく、歴史的な過程で社会的ニーズに対応しながらさまざまな大学淘汰や統廃合がくり編されてきた結果として現状に至っている。

　日本の大学システムは、アメリカと歴史的経緯が異なるため容易には比較できないが、研究を重視する一流の国立大学が大規模な学部教育も行なっていたり、有名な私立大学が通信教育や生涯学習センターも併設したりする点では独特である。ただし、今後ますますグローバルな規模での大学間の競争が激しくなる中では、各大学が独自のビジョンと特色を明確に打ち出して長所を一層強化していく必要があるだろう。

　学生の学習面に関しては、主体的に課題に取り組み、多くの文献を読み込んで、活発に議論したうえで、創造的なレポートや論文を書くようトレーニングしている点で、アメリカの大学は優れた特色をもっている。「入学は難しいが卒業は簡単」と言われてきた日本の大学でも、学生が主体的かつ積極的に学習するよう動機づける方法や制度をアメリカに倣って取り入れるべきであろう。また、アメリカのTA制度は、日本に導入された際に単なる「教務補助」のように変質した面もあるが、大学教育を担う有力な「教育助手」として有効活用する必要があるだろう。

　教員の教授法に関しては、テニュアの獲得や昇進審査を研究業績だけでなく教育業績にも関連づけ、定期的にさまざまなFDを積極的に行ない、教員の職能開発に取り組んでいる点で、アメリカの大学方式は参考になる。特に、外部の専門家による講演形式の研修会だけでなく、教員同士で教育成果を批評し合い研鑽し合う「教授法シンポジウム」は、日本でもぜひ導入したいところである。

　こうしたアメリカの大学の長所がある一方で、大学ランキングに気を取られて競争主義を重視するあまり、成果の出やすい研究分野で業績を安易に量産したり、学生の人気を取るために俗受けする講義にしたりする事例も見受けられる。また、学生が達成困難なほど膨大な課題を抱え込みノイローゼになって中途退学したり、優れた大学教師がいつまでも定職やテニュアを得られずに教育・研究職から離脱せざるを得なくなったりする事態もしばしば起きている。

　プラグマティズムが脈打つアメリカの大学では、自由で創造的な教育・研究を競争原理に基づいて活性化しながら、学術的にも精神的にも充実した教育・研究環境を整えようとしている。そうしたアメリカの大学の光と影は、日本の大学のモデルにもなれば反面教師にもなるだろう。

(註)

(1) U.S.News の大学ランキングに関しては次のサイトを参照のこと。http://colleges.usnews.rankingsandreviews. com/best-colleges

(2) 喜多村和之『現代アメリカ高等教育論』、東信堂、1994 年、226 頁参照。

(3) Martin Trow,"The Transition from Mass to Universal Higher Education," *Daedalus*, Winter 1970.

(4) こうした学習法については次の文献が参考になる。D.W. ジョンソン、R.T. ジョンソン、K.A. スミス『学生参 加型の大学授業』、関田一彦監訳、玉川大学出版部、2001 年。

(5) ハーバード大学の「偉大な教師」については、次のサイトを参照した。http://greatteachers.harvard.edu/

●おわりに

　本書は新旧のプラグマティズムを概観したうえで、昨今注目を集めている公共哲学、道徳教育（道徳授業）、宗教などと関連づけて多様に検討した内容をまとめたものである。1章では、新旧のプラグマティズムを理解するための学術研究として主に理論的な検討をしているが、2章以降はプラグマティズムの発想を現実の諸学問や教育実践に生かすと、どのように現状の諸問題を改善・改革できるかを探究している。特に、第3章や4章では道徳教育を中心に、第5章はアメリカの人格教育や大学教育を取り上げ、どのように指導法や評価法を変えればよいか具体的に踏み込んで考察し、提案している。

　本書のようなプラグマティズムの理論を教育や社会の諸実践と関連づけて吟味する研究に着手したのは、2002年頃であった。その後、プラグマティズムの応用範囲の広さゆえに実に多方面に関心が広まっていき、それらに共通するテーマを明確にして、全体像を示すに至るまでに長い時間がかかってしまった。

　それぞれの章は、日本デューイ学会や日本道徳教育学会や関東教育学会などでの個人研究発表、課題研究やシンポジウムでの発題、紀要論文での研究発表、そして教育雑誌の原稿を基にしている。本書全体のテーマに合わせて元の原稿を大幅に加筆・修正しており、中にはほとんど原形を留めていないものも多いが、参考までに各章・節に関わる諸論文の初出を以下に示しておきたい。

　1章2節…「新旧のプラグマティズム」『理想』第669号、2002年。

　1章3節…「ローティ」『プラグマティズムを学ぶ人のために』、加賀裕郎・高頭直樹・
　　　　　新茂之[編]、世界思想社、2017年。

　2章1節…「プラグマティズムと公共哲学」、第103回公共哲学京都フォーラム発表
　　　　　原稿、2011年6月10日。

　2章2節…「デューイの宗教論再考─自我の統合と民主主義社会の発展へ向けて」
　　　　　『日本デューイ学会紀要』第50号、日本デューイ学会2009年。

　2章3節…「教養教育における哲学の教育─デューイ、ローティ、そして高等教育」
　　　　　『日本デューイ学会紀要』第44号、日本デューイ学会　2003年。

　3章1節…「デューイの教育理論と道徳教育─道徳科における問題解決的な学習を
　　　　　求めて─」『日本デューイ学会紀要』第57号、日本デューイ学会2016年。

　3章2節…「道徳教科化の展開とその課題─教育学研究の視点から─」『関東教育学
　　　　　会』第45号、2018年。

　3章3節…「『考え、議論する道徳』の可能性と課題─アクティブ・ラーニングの視
　　　　　点から─」日本道徳教育学会紀要『道徳と教育』334号2017年。

3章4節…『生きる力を育む道徳教育』、（慶應義塾大学出版部、2012年）を一部参照。

3章5節…「生きる力を育む経験とは何か──問題解決学習の新たな可能性を求めて──」『経験の意味世界をひらく～教育にとって経験とは何か～』、東信堂、2002年。

4章1節…『「現代的な課題」に取り組む道徳授業──価値判断力・意思決定力を育成する社会科とのコラボレーション──』（柳沼良太・梅澤真一・山田誠編著）、図書文化社、2018年。

4章2節…「道徳科における問題解決学習のあり方」、一般社団法人日本理科教育学会編『理科の教育』平成30年7月号。

4章3節…「家庭科教育と道徳教育」、『家庭科』平成26年4号。

4章4節…「問題解決能力を育成する特別活動──デューイの教育理論に基づく特別活動のあり方──」、『岐阜大学教育学部研究報告人文科学』第58巻1号、岐阜大学教育学部2009年

4章5節…「新教科道徳はこうしたら面白い」『新教科道徳はこうすれば面白い』、押谷由夫・諸富祥彦・柳沼良太編、図書文化社、2015年。

5章2節…「アメリカ人格教育の評価指針──アメリカ教育省の見地から──」『岐阜大学教育学部研究報告（教育実践研究・教師教育研究）』第19巻1号2017年。

5章3節…「アメリカ合衆国の大学」『大学の生き残りと再生──その手がかりを求めて──』、あいり出版、2017年。

以上のように、本書は筆者がここ十数年間で書き綴った諸々の原稿をアンソロジー的にまとめ、統一テーマのもとに大幅に加筆・修正しながら統合しており、それ以外の箇所は新たに書き下ろしている。そのため、重要なトピック（例えばデューイの問題解決学習やローティの教育論など）は本書の中でも部分的に重複して出てくるところがあることを申し添えておきたい。できるだけ執筆時の勢いを残したいと考え、あえて修正せずに原型を留めたところもあるが、古くなって今日の時代状況に合わないところは全く新たに書き下したところもある。今振り返って思うと、これらの原稿に通底しているテーマは、本書の冒頭にも記したように「自分はどう生きればよいのか」「社会をどう築けばよいのか」という問題意識であり、また「プラグマティックな発想を生かすと、教育や社会をどう改良できるか」という探究意識である。本書はそれらについて考え続けることで得られた所産であり集大成でもある。そこには、「考えが変わると、教育が変わり、社会が変わる」という熱い信念が脈打っている。

本書を刊行する上での個人的な経緯を申し上げると、筆者は前に『プラグマティズ

ムと教育』（2002年）を刊行し、特に古典的プラグマティストと呼ばれるパース、ジェイムズ、デューイのプラグマティズムを詳細に検討し、ローティのネオ・プラグマティズムにどう継承されていったかを吟味した。次に、『ローティの教育』（2008年）を刊行して、今度はローティのネオ・プラグマティズムをメインにした教育論や政治理論を検討した。本書はそれらに続くプラグマティズム研究のシリーズ三番目の著書となる。

　前二著の研究成果は、要約した形で本書の第1章に生かされている。ただ本書ではプラグマティズムの理論をただ紹介したいわけではなく、プラグマティズムを今日の公共哲学や学校教育などに活用するとどうなるかに主眼を置いている。その意味で、本書は前二著のプラグマティズム研究をふまえた実践編あるいは応用編とも言えるだろう。

　わが国でも、近年では新旧のプラグマティズムに関するさまざまな研究成果が盛んに発表され、プラグマティズムの入門書も数多く刊行されている。ただ、そうした発表や著書では哲学や政治理論を専門にするものが多く、本書のように公共性や道徳に係る教育実践などにまで踏み込んだ研究は意外に少なかった。

　また、筆者自身も近年は文部科学省の委託研究を受けたり中央教育審議会等の専門委員や学習指導要領の作成協力者として従事したりすることが増え、従来のように純粋な教育哲学研究にゆっくり携わることもできなくなってきた。教育行政の分野では観念的な世界で理想や理念を抽象的に語っていればよいわけではなく、実際の道徳教育や生徒指導などアクチュアルな教育実践をふまえて具体的な指導方法や評価方法を解説することが求められてきた。そうした中でさまざまな教科・領域の研究者や実践者と共同で研究する機会にも恵まれた。そうした実践的な研究の成果が本書の3章と4章で示されている。道徳教育関連の学術的な著作で言えば、本書は前著『「生きる力」を育む道徳教育』（2012年）および『実効性のある道徳教育』（2015年）に続く第三弾ということになる。

　最後になったが本書の多くの内容は、日本デューイ学会、日本道徳教育学会、日本道徳教育方法学会、関東教育学会などの諸先生方からご指導ご助言をいただくことで完成させることができた。各学会の個人研究・課題研究・シンポジウムの時や査読の際に、厳しくも的確なご指導ご助言をいただいた多くの諸先生方に心より感謝を申し上げたい。

　とりわけ、本書は懇意にしていただいている山﨑英則先生からご推薦を賜り、あいり出版社社長の石黒憲一様にご快諾いただくことで幸いにも刊行の運びになった。山﨑英則先生が編著された『大学の再生と生き残り』に続いて、本書をあいり出版社よ

り刊行させていただくことができたことを大変光栄に思う。この場をお借りして刊行にご支援ご助力いただいた皆々様に厚く御礼を申し上げたい。

　プラグマティズムはそれ自体が理論や方法の固定化を避け、時代や環境に柔軟に対応しながらダイナミックに自らを更新し続ける哲学である。こうしたプラグマティズム自体も高尚な理論として崇め奉るのではなく、実際の公共問題や教育問題などに有効活用してこそ意味がある。今後もプラグマティックな発想を応用して、さまざまな時代的・社会的な問題解決に取り組み、多分野の研究者や実践者と協働しながら探究を続けたい。本書が冒頭で示した「人はどう生きるべきか」「社会をどう築くべきか」「人と社会をどうつなぐか」と言うテーマを考えるうえで、読者の皆様に少しでも有効活用していただければ望外の幸せである。

2019年1月15日
柳沼良太

【著者紹介】

氏名　柳沼良太

経歴

早稲田大学大学院文学研究科博士後期課程修了、博士（文学）。

早稲田大学文学部助手、山形短期大学専任講師を経て、現在、岐阜大学大学院教育学研究科准教授、兵庫教育大学大学院連合学校教育学研究科博士課程教員。

日本デューイ学会理事、日本道徳教育学会理事、中央教育審議会道徳教育専門部会委員、道徳教育の改善等に係る調査研究協力委員などを歴任。

著書

単著…『プラグマティズムと教育―デューイからローティへ―』、八千代出版、2002年。『問題解決型の道徳授業―プラグマティック・アプローチ―』、明治図書、2006年。『ローティの教育論―ネオ・プラグマティズムからの提言―』、八千代出版、2008年。『ポストモダンの自由管理教育―スキゾ・キッズからマルチ・キッズへ―』、春風社、2010年。『生きる力を育む道徳教育』、慶應義塾大学出版会、2012年。『問題解決的な学習で創る道徳授業　超入門』、明治図書、2015年。『実効性のある道徳教育―日米比較から見えてくるもの―』、教育出版、2015年。

共著…『道徳教育入門―その授業を中心として―』、教育開発研究所、2008年。『学校教育と道徳教育の創造』、学文社、2010年。編著『道徳の時代がきた！―道徳教科化への提言―』、教育出版、2013年。編著『道徳の時代をつくる！―道徳教科化への始動―』、教育出版、2014年。編著『新教科道徳はこうしたら面白い』、図書文化社、2015年。編著『考え議論する問題解決型の道徳授業 事例集（小学校編・中学校編）』、図書文化社、2016年。編著『問題解決的な学習で創る道徳授業パーフェクトガイド（小学校編・中学校編）』、明治図書、2016年。他多数。

プラグマティズム、公共、道徳
～教育の新たな可能性を求めて～

2019年 3 月 30 日　初版　第 1 刷　発行　　　　定価はカバーに表示しています。

著　者　　柳沼良太

発行所　　（株）あいり出版

　　　　　〒600-8436　京都市下京区室町通松原下る

　　　　　　元両替町259-1　ベラジオ五条烏丸305

　　　　　電話／ＦＡＸ　075-344-4505　http://airpub.jp/

発行者　　石黒憲一

組　版　　キヅキブックス

印刷／製本　　シナノ書籍印刷（株）